Gérard de Sède

Das Geheimnis der Goten

Von den Runen zu den Kathedralen

Gérard de Sède

Das Geheimnis der Goten

Von den Runen zu den Kathedralen

Die Originalausgabe erschien 1976
bei Editions Robert Laffont, Paris,
unter dem Titel «Le mystère gothique»
© Editions Robert Laffont S.A. 1976

Lizenzausgabe 1986 für
Manfred Pawlak Verlagsgesellschaft mbH, Herrsching
© 1980 Walter Verlag, Olten
Schutzumschlag: Bine Cordes, Weyarn
Gedruckt in Jugoslawien
ISBN: 3-88199-294-4

Inhalt

Dritter Teil
Von den Runen zu den Kathedralen
139

Vorwort

Versetzen wir uns einmal in das Europa des 4. und 5. Jahrhunderts nach Christi.

Von den Karpaten bis zum Felsen von Gibraltar, von den reißenden Wassern des Don bis zu den Ufern der lieblichen Loire reichte damals das Imperium, das ein einziges Volk geschaffen hatte: die Goten. China zitterte vor ihm und errichtete zum Schutz vor diesem Volk seine Große Mauer, der Prophet Hesekiel rief aus Angst vor den Goten seinen Gott um Hilfe an.

Die Ostsee (mer Baltique) wurde nach ihm benannt, und den Verfasser der Offenbarung des Johannes inspirierte es zum Schluß der Apokalypse. Alle Metropolen des Wissens und der Macht hat es erobert: Ephesus, Athen und Rom. Seine Könige regierten in Toulouse und in Toledo. Der Historiker Ferdinand Lot hat es so formuliert: «Man kann sagen, daß die Entwicklung der Antike im Abendland unter Führung des zivilisiertesten aller Völker, dem großen Volk der Goten, weitergeführt wurde.»[1]

Doch keine dreihundert Jahre später ist dieses gotische Imperium verschwunden. Zuerst im Osten den Angriffen der Hunnen, dann im Norden denen der Franken und schließlich im Süden denen der Araber ausgesetzt, verschwindet – gegen alle Voraussicht – dieses Reich zu

[1] Ferdinand Lot: La fin du monde antique et les débuts du Moyen Age

Beginn des achten Jahrhunderts aus der Geschichte. Sein letzter König taucht dort unter, woher sein erster gekommen war: im Mysterium und in der Sage.

«Das zivilisierteste aller Völker ...»

Was ist von ihm geblieben? In der Architektur in Frankreich der «Wisigoten-Turm» in der Stadt Carcassonne, in Spanien das Castillo Godo de Rosas, die Kirchen von Santa Comba de Bande und von San Pedro de la Nave, in Portugal das Heiligtum von Balsemao.

Von seiner Goldschmiedekunst blieb der Schatz von Pietroasa sowie der von Apahida und von Somoseni in Rumänien. Außerdem der Schatz von Fuente de Guarrazar in Spanien.

Über die Herrscher der Goten schrieben Jordanes und Sidonius Apollinaris, über ihr Heer Procopius, über ihr Bildungswesen sind wir durch das Brevier Alarichs informiert, und von ihrem alten Glauben erzählt die Edda. Von der neuen Religion, die den alten Glauben ablöste, berichtet Wulfila.

Diese Überlieferungen – leider viel zu wenige – sind dennoch beredt. Sie zeigen, daß die Goten – die «Barbaren», aber im griechisch-römischen Sprachgebrauch bedeutete diese Bezeichnung lediglich «mit einer anderen Sprache sprechend» – auf allen Gebieten, sowohl dem der sozialen Organisation als auch in der Kunst und im intellektuellen Leben überhaupt, ein erstaunlich hohes Niveau erreicht hatten.

Woher kam dieses außergewöhnliche Volk?

Viel wäre gewonnen, wenn wir seinen Weg zurück bis zum Ursprung dieser verschwundenen Zivilisation verfolgen könnten. Einer Zivilisation, die bei unseren französischen, italienischen, spanischen Nachbarn ebenso zuhause war wie in der Ukraine, auf dem Balkan und der skandinavischen Halbinsel. Mit Recht schreibt Eric Oxternstiern: «Das Rätsel der Herkunft der Goten ist einer der Ecksteine der Geschichte.»

Dieses Rätsel ist nicht leicht zu lösen, denn die Wanderungen der Goten verliefen – überträgt man sie auf eine Landkarte – in vielen Schleifen. Das macht es so schwierig, mit Sicherheit zu bestimmen, wo der Ausgangspunkt und damit die Wiege der gotischen Völker war. Man glaubte ihn in Nordeuropa, auf der skandinavischen Halbinsel, gefunden zu haben, aber ebensogut kann ihre Wiege auch im Südwesten Asiens, auf dem Hochplateau von Pamir, gestanden haben. Wir glauben, daß man durch Kombination der archäologischen, der sprachwissenschaftlichen und der mythologischen Erkenntnisse heute dieses Problem lösen, zumindest eine Antwort anbieten kann.

Verfolgen wir ihren Weg bis in historische Zeiten, zeigt es sich, wie wenig die landläufige Meinung stimmt, die Goten seien weiter nichts als ungeschlachte Grobiane und Raufbolde gewesen.

Im Gegenteil: die Goten treten in die Geschichte eher als «kriegerische Intellektuelle» ein. Die Zivilisation, die sie auf europäischem Gebiet um das Mittelmeer schufen und deren Größe und Perfektion die arabischen Eroberer verblüffte, kann mit der von Byzanz verglichen werden. Genau wie diese brach auch die gotische nur zusammen, weil sie sich selbst durch einen Exzeß von Raffinement der Grundlagen beraubte.

Doch ist dieses Volk, das von sich behauptete, es stamme von den Göttern ab, das ja auch deren Namen trug und den Himmel der Geschichte mit der Geschwindigkeit und der Leuchtkraft eines Meteors durchquerte, ist dieses Volk wirklich verschwunden ohne irgendeine Spur zu hinterlassen? Gibt es in der Zivilisation, die auf die der Goten folgte, gibt es im Mittelalter tatsächlich keinerlei Hinweise?

Ich persönlich meine: doch!

Blicken wir nur einmal zurück in das Europa des zwölften Jahrhunderts. Seit 400 Jahren ist das gotische Imperium verschwunden. Die Städte füllen sich mit Kathedralen und die Kathedralen mit sonderbaren Skulpturen. Die Kunst, eigentümlich in jeder Weise, hat ihre Impulse aus einer kollektiven Inbrunst: sie offenbart ein neues Weltverständnis. Deshalb, obwohl ihr Ursprung religiös ist, prägt sie auch die Architektur der weltlichen und militärischen Bauten. Kein anderer Stil kommt neben dieser Kunst bis zur Mitte des 16. Jahrhunderts auf. Der Name dieser Kunst: Gotik.

Bis jetzt hat niemand diesen Namen überzeugend erklären können.

Am häufigsten liest man, diese Bezeichnung sei nur ein Synonym für «barbarisch» – doch wohl eine zu simple Deutung!

Schlagen wir in irgendeiner Enzyklopädie nach, beispielsweise im Quillet, Ausgabe 1935, dann lesen wir dort:

«Die Bezeichnung ‹gotisch› für diesen architektonischen Stil ist in keiner Weise zutreffend. Niemals können die Goten die Konstruktion von Spitzbögen, noch den Architektur-Stil, der ihren Namen trägt, entwickelt haben, da er sich erst einige Jahrhunderte, nachdem die Imperien dieser Barbaren zerstört worden waren, herausbildete. Sie hatten keinerlei Einfluß auf die Kunst, außer dem, daß sie durch ihre Zerstörungswut die Bauten der Antike vernichtet haben.»

Um dieses Urteil abzurunden, fügt man gern noch das folgende Zitat von Rousseau hinzu:

«Die Figuren, die unsere Kathedralen schmücken, zeugen nur von der Verwirrung jener, die genug Geduld hatten, sie zu schaffen.»

Glücklicherweise hatte der grosse Jean-Jacques Rousseau sonst ein treffenderes Urteil!

Selbst Fulcanelli, der doch fast eine Lösung für das Rätsel der Kathedralen gefunden hatte, vertrat noch die Ansicht:

«Einige haben zu Unrecht behauptet, die Bezeichnung ‹gotisch› käme von den Goten, einem alten germanischen Volk.»

Doch solche Argumente und Behauptungen können nicht unwidersprochen bleiben. Wenn man sagt, daß die Goten keinerlei Einfluß auf die mihtelalterliche Kunst ausüben konnten, weil diese erst lange Zeit nach der Vernichtung des gotischen Imperiums hervortrat, dann ist das ebenso absurd als behauptete man, die griechisch-römische Antike habe keinen Einfluß auf die Renaissance ausüben können.

Es entspricht einfach nicht der Wahrheit, daß die Goten Barbaren, also «Unterentwickelte» waren und daß sie systematisch antike Bauten zerstört hätten.

Im Gegenteil: der Gotenkönig Theoderich zum Beispiel ließ viele dieser Bauwerke in Italien restaurieren; sogar die Namen seiner Architekten sind bekannt: Aloysius und Daniel.

Man sollte sich hüten, die Goten mit den Vandalen zu verwechseln, die Umgangssprache tut es ja auch nicht; in ihr bezeichnet das Wort «Vandalen» die Zerstörer, mit «gotisch» aber verbindet sich der Gedanke an bewundernswerte Bauwerke.

Die Bezeichnung «gotisch» für diese Bauwerke – selbst wenn es schwierig ist, sie auf Anhieb zu erklären – kann nicht zufällig entstanden sein.

Wenn es sich wirklich bei dem Begriff «gotisch» nur um einen abwertenden Ausdruck handelt, wie es die Nachschlagewerke behaupten, und der angeblich nur erfunden wurde, um die mittelalterliche Kunst zwischen dem 12. und 16. Jahrhundert zu bezeichnen, als man kein Verhältnis mehr zu ihr hatte, falls dies überhaupt zutrifft – warum hat man dann ausgerechnet den Namen von den Goten abgeleitet und nicht von den Vandalen, Hunnen oder Sueben? Oder von den Alanen oder irgendeinem anderen der vielen Völker, die zur Zeit der Völkerwanderung in unsere Gebiete kamen?

Wenn dem so gewesen wäre, dann wäre dies der einzige Fall, daß ein Völkername willkürlich für einen Stil benutzt wurde. Denn wenn wir von «romanischer» Kunst sprechen, dann meinen wir damit in der Tat eine Kunst, die in Ländern mit romanischer Sprache und durch deren Völker entstanden ist. Wenn wir noch genauer präzisieren und von romanisch-mozarabischer Kunst sprechen, dann meinen wir jene christlich-religiöse Kunst, die in Spanien entstand, als es unter arabisch-muselmanischem Einfluß stand.

Wir wollen beweisen, daß es sich bei der gotischen Kunst genau so verhält und daß es sich bei ihr um eine religiöse Kunst handelt, die in Westeuropa entstand, als die Goten hier auftauchten.

Die gotische Kunst jedoch ist eine verschlüsselte Kunst. Das heißt: die Skulpturen, die unsere Kathedralen und einige Profanbauten aus der gleichen mittelalterlichen Stilepoche schmücken, haben nicht nur einen allgemein verständlichen Sinn, der sich meist (aber nicht immer) auf das Alte und Neue Testament bezieht, sondern außerdem einen verborgenen, esoterischen[1] Sinn. Dieser doppelte Sinngehalt der gotischen Kunst ist seit langem bekannt. Bereits im 18. Jahrhundert verkündete Esprit Gobineau de Monthisant diese Eigenschaft in seinem Essay «Über einige merkwürdige Figuren, die sich am Portal von Notre-Dame in Paris befinden». Ihm und seinen Ausführungen folgten Grillot de Givry, der ebenso berühmte wie geheimnisvolle Fulcanelli, Robert Ambelain, Eugène Canseliet und viele andere.

Sie alle und viele ihrer Nacheiferer haben versucht, die gotischen Skulpturen mit Hilfe alchimistischer Zeichen zu interpretieren. Ihre Arbeiten sind fraglos spannend und ihre Hypothese enthält einen Funken Wahrheit, aber wie jede Symbol-Deutung birgt auch sie einen nicht geringen Nachteil: Ein Symbol bezieht sich immer auf ein anderes, das wieder mit einem dritten korrespondiert, und so weiter ... Dadurch wird jede Interpretation zu einem Rechenexempel, das nicht aufgeht und dessen Quotient am Ende niemand berechnen kann. Sie ist – im mathematischen Sinn des Wortes – irrational.

Um dies zu vermeiden, bin ich von einer völlig anderen Voraussetzung ausgegangen: Ich habe mich gefragt, ob vielleicht in der gotischen Kunst die Hinweise auf eine geheime, verschlüsselte Schrift versteckt sein könnten.

Um diese Hypothese zu erproben, müssen wir uns zuerst einmal mit dem Volk der Goten beschäftigen. Wir müs-

---

[1] esoterisch: geheim, nur für Eingeweihte bestimmt (A. d. Ü.)

sen nach ihrem Ursprung fragen, ihre Geschichte untersuchen, aber auch ihren ursprünglichen Glauben und das,
was davon im neuen Glauben erhalten blieb, den sie dann
annahmen. Mit ihrer Sprache und mit ihrer Schrift müssen wir uns beschäftigen. Dies vor allem. Und das ist ein
packendes Abenteuer.

Erster Teil

Auf den Spuren eines versunkenen Imperiums

Erstes Kapitel

Das Rätsel des Ursprungs

Ein merkwürdiger Mann war Jordanes. Dieser Gote, der Mitte des 6. Jahrhunderts lebte, war zuerst Notar, dann wurde er Mönch und am Ende seiner Karriere saß er – mit der Mitra auf dem Kopf – auf dem Bischofsstuhl in Ravenna, wo zur gleichen Zeit sein Landsmann König Totila regierte.

Mit der Gelehrsamkeit des Mönchs und der Genauigkeit des Juristen schrieb Jordanes die Geschichte seines Volkes in lateinischer Sprache nieder. Sein Buch *De origine actibusque Getarum* (Vom Ursprung und von den Taten der Goten), geschrieben um 555, ist die Zusammenfassung und Ergänzung eines anderen, heute verlorenen Werks, das ebenfalls von einem Mönch, von Cassiodor, geschrieben war. Dieser war Ratgeber des Goten-Königs Theoderich des Großen.

Jordanes Werk war lange Zeit die einzige Informationsquelle für alle, die der Frage nachgingen, in welcher Gegend dieser Welt wohl die Wiege der Goten-Völker gestanden haben mag, und die versuchten, für die Wanderungen der Goten ein chronologisches Schema aufzustellen.

Das Buch von Jordanes – aber hat man es auch richtig gelesen? – ist noch heute die Grundlage für die klassische Aufstellung der Goten-Züge. Danach verliefen sie folgendermaßen:

1. Aufbruch: Jüngeres Eisenzeitalter, Skandinavien (etwa 400 v. Chr., sog. La Tène-Zeit)
2. Ende des 1. Jahrhunderts v. Chr.: Delta der Weichsel
3. Mitte des 2. Jahrhunderts n. Chr.: Gebiet um den Pripet (rechter Nebenfluß des Dnjepr), danach Ukraine
4. 238 n. Chr.: an den Küsten des Schwarzen Meeres
5. Mitte des 3. Jahrhunderts n. Chr.: Ausbreitung bis Kleinasien

Aus drei Gründen sind wir der Ansicht, daß dieses Schema in Frage gestellt werden muß:

– weil es auf sehr umstrittenen archäologischen Grundlagen aufgebaut wurde, die mit einer irrigen Interpretation des Buches von Jordanes kombiniert wurden,

– weil archäologische Grabungen in Europa, besonders in Rumänien und in Asien, speziell in Indien, das klassische Werk des Jordanes erfreulicherweise vervollständigt und zum Teil korrigiert haben,

– weil das bisherige Schema auf einer sehr einseitigen Methodik basiert, die die Erkenntnisse der Anthropologie überhaupt nicht beachtet.

Jordanes beginnt seinen Bericht mit der Beschreibung einer Insel, die er Skanzia nennt. Er greift dabei auf Angaben antiker Geographen zurück. Er plaziert diese Insel «in die arktischen Gewässer des Ozeans» und präzisiert, daß der nördliche Teil «vierzig Nächte ohne Tage und vierzig Tage ohne Nächte» kennt.

Jordanes schreibt weiter:

«Von dieser Insel Skanzia kamen, wie aus einer Völker-Fabrik, einem Uterus für Volksstämme, der Sage zufolge die Goten mit ihrem König Bering. Wo immer sie ihre

Schiffe verließen und an Land gingen, gaben sie den Plätzen, an denen sie sich niederließen, Bezeichnungen mit ihrem Namen. Heute noch soll dieser Ort Gothiskanzia heißen.»

Aus dieser Textstelle folgerte man, daß Jordanes die Ansicht vertrat, die Wiege der Goten habe in Skandinavien gestanden. (Und diese Ansicht beeinflußte indirekt die Lokalisierung bei den Forschungen.) Untersuchen wir einmal, ob diese Auslegung einer exakten Interpretation des Textes standhält.

Diejenigen Forscher, die Skandinavien für die ursprüngliche Heimat der Goten halten, berufen sich in erster Linie auf die Ortsnamenkunde. Ohne Frage beschwören in Südschweden die Namen von Landschaften, Städten und Flüssen die Erinnerung an die Goten. Man denke nur an die Insel Gotland (früher: Gutland), an die Provinz Götaland, die die fruchtbarste Schwedens ist, an die Hauptstadt dieser Provinz Göteborg mit (heute) über 400 000 Einwohnern, die am Göta-Älv liegt, der den Vänern-See durchfließt, bevor er ins Kattegat mündet.

Genauso gut kann man die Provinzen Gottrop und Jütland in Dänemark anführen, in Deutschland die Städte Gotha, Göttingen und Godesberg, in Ungarn die Stadt Szentgotthard, in den Schweizer Alpen den Gotthard, im Languedoc die «Sylve Goudesque» und viele mehr. Sicher, all diese Namen erinnern daran, daß hier irgendwann einmal Goten durchgezogen sind, aber genauso wenig wie die Ortsnamen in Skandinavien liefern sie einen Hinweis, wo die Wiege der Goten gestanden haben könnte.

Vielleicht hilft uns die Archäologie weiter? Seit Beginn unseres Jahrhunderts versucht man, durch Ausgrabungen in Schweden die Bestätigung für die Theorie über die Herkunft der Goten zu erhalten, so wie man sie nach der Toponymie (Ortsnamenkunde) gefunden zu haben glaubte.

Diese Ausgrabungen wurden deshalb bewußt auf Gebiete mit gotischen Ortsnamen konzentriert: So grub man auf der Insel Gotland, in den östlichen und westlichen Teilen der Provinz Götaland und an den Ufern des Kattegats, in Värmland (an der Nordseite des Vänern-Sees), in Schonen und auf der kleinen Insel Öland, an den Küsten der Nordsee.

Viele Spuren wurden freigelegt, doch sie haben einen Nachteil: sie sind alle gleich! Es handelt sich ausnahmslos um Grabstätten.

Die Plätze dieser Grabstätten sind entweder durch Pfähle oder durch Erdhügel oder aufeinandergetürmte Steine gekennzeichnet.

Ungefähr tausend solcher Grabstätten wurden freigelegt, dabei hat man festgestellt, daß einige von ihnen nicht anderes als Zenotaphen[1] waren, in anderen wiederum fand man Überreste, mit deren Hilfe man die Beerdigungsriten rekonstruieren konnte.

Die Toten wurden verbrannt. Der Scheiterhaufen wurde in einer Grube unmittelbar neben der Grabstätte errichtet, die ebenerdig war. Die Asche des Toten wurde entweder in einer Urne aus Harz oder aus Baumrinde aufbewahrt.

In den Gräbern fand man lediglich Schmuck, teilweise aus Bronze oder aus Eisen, Waffen wurden nicht gefun-

---

[1] Zenotaph: Grabstätte, nur zum Gedenken an den Toten errichtet, ohne daß dieser dort begraben wurde. (A. d. Ü.)

den. Interessant auch und charakteristisch, daß auf den Friedhöfen sich Männer- und Frauengräber abwechseln. Alle diese Gräber stammen aus der La Tène-Zeit, also aus der Eisenzeit, die sich für dieses Gebiet zwischen dem 2. und 1. Jahrhundert v. Chr. ansetzen läßt und mit der die historische Zeit beginnt.

Aber auch an der anderen Küste der Ostsee, in der Umgebung der Weichselmündung, wurden Grabstätten freigelegt, die in ihrer Anlage den schwedischen entsprachen. Einige enthielten Schmuck (Fibeln und Haarspangen) aus dem gleichen Material und in gleicher Verarbeitung wie die in Schweden gefundenen Schmuckstücke. Diese Grabstätten sind nicht so alt wie die schwedischen, sie stammen aus dem 2. Jahrhundert n. Chr.

Grund genug für die Archäologen, erneut in den alten Geschichtsbüchern nachzuschlagen. Dabei stießen sie auf die Stelle bei Jordanes, in der er berichtet, daß einer der gotischen Stämme, nämlich die Gepiden, einst über das Meer in das Land der Ulmerugen vorgedrungen sei. In der *Geographie* des Ptolemäus fanden sie einen weiteren Hinweis, daß die Gepiden Ende des 2. Jahrhunderts n. Chr. sich an der unteren Weichsel angesiedelt hätten.

Eric Oxternstiern, der viele Jahre an der Freilegung der schwedischen Gräber beteiligt war, hat 1948 aus der Kombination dieser alten Texte und der Gräberfunde eine zweifache Schlußfolgerung zu ziehen versucht. Er glaubt, daß die ursprüngliche Heimat der Goten in Südschweden – genauer im westlichen Teil der Provinz Götaland – war. Da aber die Gepiden (die ja ebenfalls Goten waren) in das Land der Ulmerugen über das Meer gekommen waren und da Ptolemäus schreibt, daß es im 2. Jahrhundert Gepiden am Weichsel-Delta gab, kommt

Oxternstiern zu der Schlußfolgerung, daß hier am Weichsel-Delta das Land der Ulmerugen war. Auf Grund seiner Forschungen sollen die Wanderungen der Goten von Skandinavien zur unteren Weichsel Ende des 1. Jahrhunderts v. Chr. erfolgt sein. Als Ursache nennt er zwei Gründe: Bevölkerungsüberschuß und Verschlechterung des Klimas.[1]

Bewundernswert, diese Gewißheit!

Aber diese selbstsicheren Behauptungen Oxternstierns stehen auf wackligen Füßen. Sie lassen sich mit mehreren Gründen widerlegen:

1. Um mit Sicherheit eine protohistorische Ethnie[2] in einer bestimmten Gegend festzustellen, genügt es nicht, lediglich Grabstätten zu vergleichen. Hierfür sind viele Ausgrabungsfunde notwendig.

2. Die Sitte der Totenverbrennung kannten fast alle Völker der La Tène-Zeit. Man könnte also diese Grabstätten ebenso den Burgundern zuschreiben, die während dieser Zeit ebenfalls – genau wie die Goten – in Skandinavien siedelten.

3. Vor allem: Wenn Südschweden die Urheimat der Goten war und angenommen wird, die dort entdeckten Grabstätten seien tatsächlich gotische – wie erklärt es sich dann, daß keinerlei andere Spuren aus dem 2. Jahrhundert v. Chr. dort gefunden wurden? Es ist nicht nur merkwürdig, es ist fast schon absurd, eine Gegend für die Urheimat eines Volkes zu halten, in der es erst so spät aufgetaucht ist.

[1] Siehe: Eric Oxternstiern: Die Urheimat der Goten, Stockholm und Leipzig 1948
[2] Ethnie: Ähnlichkeitsvergleich zwischen verschiedenen Zivilisationen. Protohistorisch: vorgeschichtlich

Mit einem Wort: die Topynomie erbrachte zwar den Beweis, daß die Goten in Skandinavien *waren,* aber nicht den Beweis, daß dort auch ihre *Urheimat* war. Auch die Archäologie liefert keine neuen Erkenntnisse zu diesem Thema.

Die Wahrheit ist, daß die Behauptung Oxternstierns nicht auf indiskutablen archäologischen Angaben beruht, sondern auf seinem ungenauen gedanklichen Ausgangspunkt, indem er versucht, zwischen zwei völlig voneinander unabhängigen Tatsachen eine Verbindung aus Ursache und Wirkung zu konstruieren. Die eine Tatsache ist die Existenz von ähnlichen Grabstätten sowohl an der unteren Weichsel als auch in Südschweden, die alle aus der Zeit zwischen dem zweiten vorchristlichen und dem zweiten nachchristlichen Jahrhundert stammen können.

Die zweite Tatsache ist die Anwesenheit der Goten im 2. Jahrhundert n. Chr. im Gebiet der unteren Weichsel.

Oxternstiern und alle, die mit ihm in Skandinavien die Ur-Heimat der Goten sehen, haben Jordanes falsch gelesen und legen ihm Worte in den Mund, die er niemals gesagt hat.

Um zu einer ganz klaren Analyse des Textes zu kommen, zitieren wir nochmals den vollständigen Abschnitt von Jordanes, dessentwegen soviel Tinte vergossen wurde und der allzurasche Exegeten zu falschen Schlüssen führte: «Von dieser Insel Skanzia kamen, wie aus einer Völker-Fabrik, einem Uterus für Völkerstämme, der Sage zufolge die Goten mit ihrem König Bering. Wo immer sie ihre Schiffe verließen und an Land gingen, gaben sie den Plätzen, an denen sie sich niederließen, Bezeichnungen mit ihrem Namen. Heute noch soll dieser Ort Gothiskanzia heißen.»

Ganz klar: dies kann nicht der Landungsbericht von einer Schiffsexpedition sein, die die Goten von Skandinavien aus bis zur Weichsel-Mündung unternommen haben. Auch hätten die Goten dem Gebiet an der unteren Weichsel schwerlich den Namen Gothiskanzia – Skandinavisches Gotien – geben können, aus dem einfachen Grunde, weil diese Gegend nicht in Skandinavien liegt.

Das Land der Ulmerugen, wohin – wie Jordanes etwas später berichtet – die gotischen Gepiden vom Meer her kamen, kann niemals die untere Weichsel gewesen sein, da der Name Ulmerugen – *Holm Rygir* – wörtlich übersetzt «die Rygirs der Insel» bedeutet.

In dem Absatz, den wir noch einmal zitiert haben, bezieht sich der Ausdruck «dieser Ort» auf jene Stelle, an der die Goten an Land gingen, und damit kann nur die Insel Skanzia gemeint sein, denn sie ist der einzige Ort, der in diesem Absatz erwähnt wird. Das, was uns Jordanes erzählt, ist also nichts anderes als die Landung der Goten auf der Insel Skanzia, die sie «Skandinavisches Gotien» tauften. Noch heute trägt die Insel diesen Namen: Gotland.

Tatsächlich gaben die Goten allen Gebieten, in denen sie sich im Laufe der Zeit niederließen, den Namen Gotien, in Erinnerung an das ursprüngliche Gotien, das es noch geographisch anzusiedeln gilt. So gründeten sie z. B. im 4. Jahrhundert n. Chr. ein Gotien an der Donau – Dinigothia – und im 6. Jahrhundert tauften sie die alte römische Provinz «Erstes Narbonnien» in «Gotien» um.

Wenn Jordanes die Insel Skanzia, also Gotland, als eine «Völkerfabrik» bezeichnet, dann deshalb, weil die Goten von dieser Insel aus ganz Skandinavien bis nach Island besetzten. Deshalb präzisiert Jordanes auch, daß das Land der Ulmerugen (die man an der Südküste der Ostsee ansiedeln zu können glaubte!) an der Küste des Ozeans lag.

Was folgt aus all diesen Feststellungen?

1. Als die Goten auf Skanzia landeten, kamen sie vom europäischen Kontinent. Übrigens vertreten auch mehrere Historiker der Antike diese Ansicht, außerdem Dion Cassius und der Heilige Hieronymus. Auch aus einigen Stellen bei Jordanes geht dies hervor.

2. Die Goten besaßen bereits zu dieser Zeit ein Zivilisations-Niveau, das weit über dem anderer Völker in der La Tène-Zeit lag. Sie besaßen bereits eine Monarchie und eine Flotte.

Hören wir dazu Jordanes:

«Die Goten besaßen auch Männer, die sie in Wissen und Weisheit unterrichteten, unter den Barbaren waren sie die Gelehrtesten. Sie kamen fast den Griechen gleich, wie Dion Cassius berichtet, der ihre Geschichte schrieb und lange die Annalen führte.

Unter den Weisen, die die Goten lehrten, erwähnt Jordanes einen geheimnisumwitterten Mann namens Dicineus. Er war Priester, Ratgeber, Philosoph und Harfenspieler. Er lebte, schreibt Jordanes, «zur Zeit, als Sulla über Rom herrschte».

Sulla lebte vom Jahr 138 bis zum Jahr 78 v. Chr. Diese genaue Datenangabe ist wichtig, denn sie erlaubt uns, den hohen Grad der Zivilisation, von der Jordanes spricht, zeitlich präzise einzuordnen. Die Goten hatten ihn bereits zu einer Zeit erreicht, da Oxternstiern sie noch auf dem Niveau der Eisenzeit glaubte.

Sinnlos, diesen Lehrmeister Dicineus identifizieren zu

wollen: Er ist wahrscheinlich keine historische Figur, sondern einer jener mythischen Initiatoren, die bei allen Völkern als die großen Weisheitslehrer verehrt wurden, wie etwa der Thot bei den Ägyptern, der Cadmus der Griechen oder der Numa Pompilius der Römer.

Dicineus – das ist das personifizierte Synonym für die Kultur der Goten zwischen dem 2. und 1. Jahrhundert v. Chr. Und diese Kultur kann nicht in Skandinavien entstanden sein, sondern in Kleinasien oder im Süden Europas, was ja auch dieser Name anzudeuten scheint. Tatsächlich könnte der Name Dicineus aus den beiden griechischen Worten *Dike* und *Nous* gebildet worden sein, was etwa «wissenschaftlicher Geist» bedeutet.

Doch lesen wir dazu den Absatz bei Jordanes:

«Nachdem Dicineus erkannt hatte, daß die Goten eine natürliche Intelligenz besaßen, lehrte er sie alles aus der Philosophie, der Physik, der Moral und der Logik, denn er war ein Meister in allen diesen Wissenschaften. Er lehrte sie, die zwölf Tierkreise am Himmel zu beobachten, die Wanderung der Planeten durch diese Tierkreise sowie die gesamte Astronomie; wie die Mondscheibe ab- und zunimmt, um wieviel größer als die Erde der flammende Sonnenball ist. Er erklärte ihnen die Namen und Zeichen der 344 Sterne, die sich zum Himmelspol hin- oder wegbewegen, so daß sie entweder im Osten oder Westen verschwinden. Wie groß muß der Einfluß dieses Mannes gewesen sein, der es erreichte, daß kriegerische Männer vier Tage hintereinander – und dies mehrmals – ihre Waffen ablegten, um philosophische Lehren zu hören! Während der eine die Position der Sterne beobachtete, ordnete ein anderer Kräuter und Früchte, andere wieder beobachteten das Zu- und Abnehmen des Mondes, eine weitere Gruppe verfolgte den Lauf der Sonne und suchte nach einer Erklärung, wieso ein Stern, der im Osten steht, durch die Bewegung des Himmels in westlicher Richtung wandert. Wenn sie all diese Wunder der Natur beobachtet hatten, ruhten die Goten sich aus.»

Dieser hohe Wissensstand, den die Goten laut Jordanes schon im 1. Jahrhundert v. Chr. erreicht hatten, spiegelt sich auch in den Namen wider, die sie den beiden großen Stämmen ihres Volkes gaben: Ostrogoten und Wisigoten.

Gewiß, normalerweise ist «Ostrogote» das Synonym für grobschlächtig, für einen Menschen ohne Erziehung. Der Durchschnittsmensch denkt nun mal von der Grundschule an in Klischees. In der Schule wurde ihm gelehrt – auch wenn er Baske ist oder aus Martinique stammt –, daß die Gallier seine Vorfahren waren, die zwar viele gute Eigenschaften hatten, aber leider absolut undiszipliniert waren, und daß erst die Römer (die glaubten, die Zukunft aus den Eingeweiden des Geflügels lesen zu können!) in diesem Land den Samen des vornehmen Cartesischen Rationalismus' gesät hätten. Alle anderen – die berühmten «barbarischen Eindringlinge» – waren fürchterliche Wilde, z. B. die Wikinger, die Amerika lange vor Columbus entdeckten, oder die Araber, die immerhin die Algebra erfunden haben und denen wir das Gemüse verdanken, oder Attilas Hunnen, die Imperien errichteten, die Ostrogoten unter Theoderich dem Großen, unter denen Italien wieder zu Wohlstand kam, oder die Wisigoten unter Eurich und Rekkared, die Toulouse und Toledo bereits zu Pracht und Ansehen verhalfen, als Paris noch ein Marktflecken war.

Lange Zeit glaubte man, die Bezeichnung Ostrogoten

und Wisigoten seien nichts weiter als geographische Unterteilungen. Die Ostrogoten hielt man für die Goten des Ostens und die Wisigoten für die westlichen. Ludwig Schmidt und Ferdinand Lot haben nachgewiesen, daß dies nicht stimmt. Der Name Ostrogoten bedeutet in Wahrheit «glänzende Goten» *(Austr Goten)*, und Wisigoten bedeutet «gelehrte Goten» *(Weise Goten)*.[1]

Es gibt einen weiteren Beweis, daß der Hinweis auf die Begabung der Goten zu wissenschaftlicher Forschung keine schmeichelhafte Lobhudelei war, die Jordanes erfunden hatte, weil er selbst Gote war: bereits im 4. Jahrhundert traten die Goten – wie wir noch ausführen werden – zum Arianismus über. Der Arianismus[2] aber war eine christliche Ketzerlehre, die auf einer ungewöhnlich sophistischen Auslegung der Theologie basierte.

Wir haben es also mit einem Volk zu tun, das zu Beginn des christlichen Zeitalters, als einer seiner Stämme – die Gepiden[3] – Skandinavien verläßt und an die Südküste der Ostsee zieht, bereits eine so hohe Zivilisation besaß, wie sie unmöglich in dem ungastlichen Gebiet der Subarktik wachsen konnte, da die dort ansässigen Völker zu dieser Zeit noch im Eisenzeitalter lebten.

Diese Zivilisationsstufe müssen die Goten lange vorher und in einem anderen Gebiet erreicht haben. Aber wann und wo mag dies gewesen sein?

---

[1] Ferdinand Lot: La fin du monde antique et les débuts du Moyen Âge, Ludwig Schmidt: Allgemeine Geschichte der Germanischen Völker

[2] Arianismus: Lehre, nach der Christus nicht göttlich, sondern ein Geschöpf Gottes aus dem Nichts ist. (A. d. Ü.)

[3] Gepiden: wahrscheinlich die unbegabtesten und unentwickeltsten der Goten. Jordanes erklärt, daß ihr Name «langsam», «jene, die man hinterherzog», bedeutet

Um diese Fragen zu beantworten, müssen wir zuerst nach den ältesten Texten suchen, die uns dabei helfen und Auskunft über die Goten geben können.

Beginnen wir mit der Bibel. Das Erste Buch Mose, die Genesis (10,2), entstanden zwischen dem 9. und 7. Jahrhundert v. Chr., erwähnt mehrmals eine geheimnisvolle Persönlichkeit namens Gog. Er soll einer der Söhne Japhets[1] gewesen sein, also zu einem der nichtsemitischen Völker Kleinasiens gehört haben. Hesekiel, dessen Schriften im 6. Jahrhundert v. Chr. entstanden, berichtet ausführlicher von ihm. Er nennt ihn «Gog, aus dem Lande Magog, Prinz von Resch, Mesech und Tubal» (27,13 und 38-39). Er erklärt, daß Mesech und Tubal Länder im äußersten Norden Israels sind, welche Menschen und kupferne Gefäße nach Tyrus ausführten.

«Der Name Gog» – steht im *Bibel-Lexikon* von Vigouroux – «findet sich auch auf assyrischen Keilschrifttafeln. Es gibt keinen Grund, ihn für eine Erfindung zu halten.»

Das Land Magog konnte bis jetzt geographisch noch nicht fixiert werden, denn Magog bedeutet nichts weiter als «Land des großen Gog» oder «des alten Gog», es bezeichnet also lediglich die Heimat Gogs.

Mesech und Tubal jedoch, die auch in assyrischen Keilschriften erwähnt werden, sind die Namen zweier Länder an der Südostküste des Schwarzen Meeres. Nach Herodot, der im 5. Jahrhundert v. Chr. lebte, stammten ihre Einwohner vom oberen Lauf des Euphrat und von den Ufern des Thermodon, wo der Sage nach die Amazonen gelebt haben sollen.

---

[1] Japhet: jüngster Sohn Noahs, von dem nach der Völkerliste, Gen. 10, 2-5 die indogermanische Völkergruppe abstammt. (A. d. Ü.)

Und das Land Resch? Der Name bezeichnet kein Land, es ist lediglich ein Buchstabe des hebräischen Alphabets, der sich erst so ٩, dann so ⌐ᐟ, schließlich so ᒧschreibt und der «Kopf» bedeutet.

Also heißt es eigentlich bei Hesekiel: «Gog, aus dem Lande des alten Gog, Prinz des Höchsten von Mesech und Tubal»[1] – «Prinz des Höchsten»: mit Recht klingt dies wie eine geheimnisvolle Formulierung. Daß die Hebräer tatsächlich «des Höchsten» meinten, bestätigt die Verwendung des Buchstabens Resch, der eben nicht nur «Kopf» bedeutete, sondern auch die Idee eines höheren Wesens, eines Gottes! Da die Hebräer lange Zeit in Ägypten lebten, kannten sie – zumindest ihre Priester – bestimmt die Hieroglyphe ٩, die die Ägypter ebenfalls verwendeten, wenn sie ein höheres Wesen bezeichnen wollten. Aus diesem Grunde wählten sie wahrscheinlich das ähnliche hebräische Zeichen ٩.

«Gog, Prinz von Resch» bedeutet also in Wirklichkeit «Gog, Prinz Gottes». Doch Hesekiel schildert Gog als einen großen Feind Israels, zu dessen Untergang er durch Jahwe vorausbestimmt wird. Damit will er jedoch nicht ausdrücken, daß Gog durch Jahwe gesandt oder begnadet sei. Was er sagen will – und das ist ganz etwas anderes – ist: *In der Sprache von Gog* bedeutet der Name Gog das gleiche wie Gott.

Nun könnte aber das Wort «Gog» genauso gut die Goten bezeichnen. Tatsächlich heißt es in der *Jewish Encyclopedy*:

«Aus den biblischen Quellen und den Aufzeichnungen

---

[1] «Resch bezeichnet kein Volk, sondern das Höchste», schreibt auch Hieronymus, der die Bibel ins Lateinische übersetzte (Hieronymus lebte von 347 bis ca. 420, seine Bibelübersetzung ist die «Vulgata»)

der Rabbinnen kamen die Berichte von Gog zu den Kirchenvätern, und noch zur Zeit der ersten Gotischen Völkerwanderung im 1. Jahrhundert n. Chr. wurde Gog mit Goten gleichgesetzt.»[1]

Untersuchen wir, ob diese Gleichsetzung der beiden Worte zu rechtfertigen ist. Die Historiker der griechisch-römischen Antike bezeichnen die Goten als Geten. Auch noch im 6. Jahrhundert n. Chr. nennen die beiden Goten Cassidor und Jordanes, die in lateinischer Sprache schrieben, ihr eigenes Volk Geten (Geti).

Was wissen wir von diesen Geten?

Orosius macht aus dem Helden Telephos[2], der bei der Belagerung von Troja eine wichtige Rolle spielte, einen König der Geten von Mesa. Das könnte der Beweis für die Anwesenheit der Geten in den Ländern des Balkans im 7. Jahrhundert v. Chr. sein, wenn es nicht nur eine Sage wäre, die ein Schriftsteller 2000 Jahre nach dem Trojanischen Krieg niederschrieb.

Wesentlich ernster sind dagegen die Berichte von Herodot (5. Jahrhundert v. Chr.) und Strabo (1. Jahrhundert v. Chr.) zu nehmen. Beide unterscheiden verschiedene Goten-Stämme und geben sogar ihre Siedlungsgebiete an: Sargeten, Thyssogeten, Hyppogeten, Tyrogeten (Geten aus Tyrus, d. h. vom Dnjestr) und schließlich die Massageten.

Bleiben wir bei den Massageten. Herodot berichtet, sie seien aus der großen Ebene im Osten des Kaspischen Meeres gekommen (also aus dem Gebiet, das heute die

[1] Jewish Encyclopedy, Band 7, Stichwort «Gog»
[2] Telephos, Sohn des Herakles und der Auge, einer Priesterin der Athene. Telephos wurde ausgesetzt, von einer Hirschkuh gesäugt und vor Troja von Achilles verwundet

Sowjet-Republik Turkmenistan ist). Zur Zeit Strabos[1] siedelten sie zwischen Don und Donau, nachdem sie die Skyten aus diesem Gebiet vertrieben hatten. Um dorthin zu gelangen, hatten die Goten zwei Möglichkeiten: entweder das Kaspische Meer nördlich zu umgehen oder südlich, wobei sie Persien durchqueren mußten und Kleinasien, um schließlich am Bosporus überzusetzen.

Alles spricht dafür, daß die Massageten diesen zweiten Weg wählten. Erstens, weil es der kürzere war und zweitens, weil bereits Tacitus erwähnt, daß zu seiner Zeit[2] noch Reste eines getischen Stammes in Persien lebten. Als Hesekiel schrieb, müssen die Goten also in Kleinasien gewesen sein.

Wir wissen inzwischen, daß der Name Massageten aus dem Sanskrit kommt und «Stamm-Mutter der Geten» bedeutet, und dieser Name steckt auch in dem Wort Mesech, jenem Land, in dem – laut Hesekiel – der Prinz Gog lebte, der auch über Tubal herrschte. Tubal war, wie bereits erwähnt, jenes kleinasiatische Land, in dem die antiken Historiker die Heimat des berühmten Amazonen-Stammes vermuteten. Die Amazonen waren kriegerische Frauen, die sich die rechte Brust amputierten, um besser mit Pfeil und Bogen schießen zu können. Jordanes berichtet – nach Strabo – daß die Geten im frühen Altertum Amazonen zu ihren Frauen machten und gemeinsam mit ihnen bis in die Gegend an der Donau, ja, bis zum Kaukasus vorgestoßen sein sollen.

«Gog, aus dem Lande des alten Gog, Prinz von Mesech und Tubal» könnte demnach zu den Massageten, dem

---

[1] Strabo: griechischer Weltreisender aus Amascia, Geograf und Historiker, gest. 20 n. Chr. (A. d. Ü.)
[2] Tacitus lebte ca. 55 bis 120 n. Chr.

Mutterstamm der Goten, gehört haben, und zwar zu jener Zeit, als ihre Wanderungen sie an die Ostküste des Kaspischen Meeres und bis nach Kleinasien führten. Das war zwischen dem 6. und 5. Jahrhundert v. Chr.

Hesekiel hatte – wie sich zeigen wird – recht, als er die Meinung vertrat, daß in ihrer eigenen Sprache «Goten» oder «Geten» gleichzeitig die Namen für ihr Volk wie auch für ihre Götter waren.

Der Glaube der Goten vor ihrem Übertritt zum Christentum im 4. Jahrhundert ist uns vor allem durch Funde aus Nordeuropa bekannt. Hauptquellen sind die Edden, doch wurden sie erst niedergeschrieben, als die alte Religion nicht mehr erlaubt war und nur noch in Sagen als Erinnerung fortlebte. Die Edden fixierten zum ersten Mal schriftlich uralte mündliche Berichte.

Das Wort «Edda» bedeutet übrigens «Ahne» im Sinne von «Mutter allen Wissens». Die Edden gibt es in zwei verschiedenen Stilformen: poetische und prosaische. Die poetische ist eine Sammlung von vierzig Epen um Götter und Helden. Sie wurde im 11. Jahrhundert in Island von Saemund Sigfusson dem Weisen gesammelt und niedergeschrieben. Die prosaische oder Snorri-Edda kommentiert lediglich die poetische. Snorri-Edda heißt sie nach dem Historiker Snorri Sturluson, der sie zusammengestellt hat. 1241 ist er verstorben.

Regis Boyer und Evelyne Lot Falk bemerken zutreffend: «Es ist richtig, von den skandinavischen Texten auszugehen, aber – wiederholen wir es noch einmal – das bedeutet nicht, daß der Norden auch die Wiege dieser Religion ist.»[1]

[1] R. Boyer und Evelyne Lot-Falk: Die Religionen Nordeuropas, Paris 1974

Wie sah der Götterhimmel der Edda aus?

Ganz oben lebten die Godhs, die Götter und Göttinnen, insgesamt dreiunddreißig. Ursprünglich waren sie in zwei rivalisierende Clans gespalten, die sich bekämpften, aber schließlich doch versöhnten. Der eine Clan waren die Asen, der andere die Vanen, berichtet die Edda. Erst als diese Trennung in zwei verschiedene Lager nicht mehr existierte, hießen alle Götter Asen. Wotan war ihr Oberhaupt. Er ist im Besitz jener Zauber-Runen, die die Herrschaft über alle Dinge garantieren. Wotan hat nur noch ein Auge, denn er hat das andere geopfert, um dafür die Gabe, alles zu sehen, verliehen zu bekommen. Zwei Raben sitzen auf seinen Schultern, der eine versinnbildlicht den Geist, der andere das Gedächtnis. Die beiden Wölfe Geri und Treki sind immer um ihn. Sein wichtigstes Kennzeichen ist ein Ring, den zwei Zwerge für ihn geschmiedet haben. Es ist der berühmte Ring der Nibelungen.

Wotan zur Seite stehen Thor, der Ase mit dem Hammer, Herr über Donner, Sturm und Blitz, sowie Freyr, der Ase der Fruchtbarkeit, dessen Kennzeichen ein goldenes Wildschwein ist. Die Asen lebten in der Stadt Asgard, die im Mittelpunkt der Erde lag. Nach den Asen kamen die Jetten, Halbgötter, die Menschliches und Göttliches in sich vereinten. Sie entsprachen etwa den Riesen der frühen griechischen Mythologie.

Und auch die Elfen darf man nicht vergessen, Geschöpfe der Luft und das Gegenstück zu den Zwergen, den Erdgeistern aus der Unterwelt.

Das erstaunlichste aber ist, daß all diese Götterbezeichnungen Godh, Wotan, Jetten auch gleichzeitig Goten bedeuten.

Pierre Borel, ein berühmter Wissenschaftler des 17. Jahrhunderts, hebt in seinem Buch *Sammlung von gallischen und französischen Funden und Altertümern* hervor: «Seltsamerweise bedeutet in allen nördlichen Ländern das Wort ‹Got› gleichzeitig auch ‹Gott›. Eine andere Schreibart ist ‹Goth› mit vier Buchstaben, und auch Gog, eine Abwandelung des Worts Goth bedeutet Gott.»

Der Name jedoch, den die Goten sich selbst gaben, taucht in Runenschrift zum erstenmal auf einer Kette des Schatzes von Pietroasa auf, der im 4. Jahrhundert vergraben und erst im 19. Jahrhundert wiederentdeckt wurde. Dieser Name war: Gutanen. Ein Gote: ein Gutan. Gutan – das ist der gleiche Name wie Wotan.

[Das ist keine Hypothese, sondern entspricht dem Wechsel von w und g oder von o und u innerhalb der verschiedenen germanischen bzw. indogermanischen Sprachen. Dafür zwei Beispiele: das englische «war» (Krieg) entspricht dem französischen «guerre» und das englische «good» dem deutschen «gut».]

Ähnliches gilt auch für den Namen «Jetten». Über ihn schreibt Gérard in seiner *Geschichte der menschlichen Rassen in Europa*:

«Den Namen Jetten, mit dem in der skandinavischen Mythologie die Halbgötter zwischen den Asen und den Menschen bezeichnet wurden, halten einige Ethnologen für einen Anklang an den Namen Geten, den ursprünglichen Namen der gotischen Rasse. Die Jetten galten den Goten als ihre Anführer, die Wotans Sohn Sieg unterstanden.»

Wie recht Hesekiel hatte, als er schrieb, daß der Name «Goten» auch der ihrer Gottheiten war!

Der Name Goten erweist sich als eine perfekte Synthese

aus Gutanen und Jetten: die Gutanen kommen von Wotan (Söhne Wotans), sie halten sich für Halbgötter, für Jetten. Dieses Wort nun steckt in der Bezeichnung Geten, die ihnen später die Römer geben (und die sie selbst gebrauchen, wenn sie lateinisch schreiben). Außerdem kann «gotisches Volk» auch «gutes Volk» bedeuten. «Gut-Piuda» auf gotisch, ein Wortspiel, das zu nahe liegt, um ausgelassen zu werden.

Natürlich kann man dagegen einwenden, daß sich fast alle Völker der Vorzeit sehr großzügig eine göttliche Abstammung unterlegt haben (und sei es auch nur, um ihren Anspruch auf eine Führungsrolle zu begründen). Bei den Goten jedoch hilft die Behauptung, sie stammten von den Asen und Jetten ab, um Auskunft über ihren wahren Ursprung und über die einzelnen Etappen ihrer Wanderungen zu erhalten.

Denn der religiöse Inhalt der Edda-Epen reicht bis in die früheste Zeit der Antike, bis zu jener Epoche, als es in Zentralasien zur Völkerteilung kam. Man hat Wotan einen «Parvenü asiatischer Herkunft» genannt und nachgewiesen, daß die Edda-Epen mit indischen poetischen Texten verwandt sind.

Georges Dumézil hat auf besonders frappante Weise die Ähnlichkeiten zwischen Episoden aus der Edda und solchen im Mahabharata,[1] einem Epos, das zwischen dem 15. und 10. Jahrhundert v. Chr.[2] entstand, nachgewiesen. Besonders gilt dies für den Bericht von Baldurs Tod. Eine Geschichte von solcher Tiefe und poetischer Schönheit, daß sie verdient, erzählt zu werden:

[1] Mahabharata: ind. Epos über den Bruderzwist der Kurus und Pandawas im Gebiet des heutigen Delhi
[2] Siehe Dumézil: Die germanischen Götter, Paris 1969

«Baldur, einer der Söhne Wotans, ist ein Vorbild an Gerechtigkeit. Doch weder die Menschen noch die Götter sind im Besitz der vollkommenen Gerechtigkeit. Deshalb können die Menschen zwar die Entscheidungen der anderen Asen befolgen, doch die Baldurs als einzige nicht. Um jedoch das Ideal der vollkommenen Gerechtigkeit zu bewahren, ist Baldur unverwundbar – alle Lebenden und Toten haben geschworen, ihm niemals ein Leid anzutun. Auch bei den Kampfspielen, wie sie die Asen liebten, konnte auf Baldur eingeschlagen oder auf ihn gezielt werden, ohne daß man fürchten mußte, ihn zu verwunden oder gar zu töten. Aber in einem entlegenen Winkel der Welt gab es einen Mistelstrauch, der so jung war, daß man ihm noch nicht den Zauberspruch auferlegt hatte, durch den Baldur vor allen Angriffen geschützt war. Davon erfuhr der böse Zauberer Loki und hatte nichts eiligeres zu tun, als diesen Strauch aus dem Boden zu reißen und Hödr, den blinden Bruder Baldurs, aufzusuchen. Den fordert er auf, im nächsten Kampfspiel gegen Baldur anzutreten. Hödr erklärt, daß er unbewaffnet sei und daß seine Blindheit ihn hindere, genau zu zielen. Loki überredet ihn, gibt ihm den Mistelzweig und sagt ihm die Richtung, in die er mit seinem Speer zielen soll: getroffen sinkt Baldur zu Boden. Baldurs Tod hat eine Fülle von Katastrophen zur Folge.»

Nun, genau diese Erzählung findet sich auch im Mahabharata. In diesem Epos ist es der böse Magier Duryadhana, der den blinden Bruder Vidura des Gottes Dhritarashtra aufsucht und ihn mit List zum unfreiwilligen Brudermord verleitet.

Und diese Ähnlichkeit ist nur eine von vielen.

Das Ursprungsland der Asen ist demnach ... Asien.

Möglicherweise verdankt es ihnen sogar seinen Namen oder umgekehrt. So oder so – es macht keinen Unterschied.

Auch der Städtename Asgard, der Sitz der Asen im Mittelpunkt der Erde, erinnert an Aggartha, die mythische, unterirdische Stadt Asiens, die nach einer Hindu-Sage die Wohnung der «Meister der Welt» war.

Zahlreiche indische Ortsbezeichnungen haben Anklänge an den Namen Gutan. Erwähnen wir nur: den Fluß Godavari, die Städte Godhra, Gudiyatam in der Nähe von Madras, Gudjranwala im Pandjab-Gebirge usw.

Dies alles sind jedoch lediglich indirekte Beweise. Den greifbaren, direkten Beweis haben zwei Archäologen, der Engländer J. Burgess und der Inder Bhagwanlal Indraji erbracht. Sie wiesen nach, daß die Goten noch im 2. Jahrhundert in Indien waren. In Junnar, einem Ort in Westindien, entdeckten sie in Tempelgrotten Inschriften in Prakrit[1]. Zwei dieser Inschriften beziehen sich zweifellos auf die Goten.

Die erste liest sich so:

Ciltasa galâna bhojanamatapo deyadhama saghe

Und dies ist die Übersetzung:

«Schenkung eines Refektoriums an die Gemeinde von Cilta durch die Gatas»

Dies ist die zweite Inschrift:

Irilasa gatâna deyadhama be podhiyo

Sie besagt:

«Schenkung zweier Zisternen für Irila von den Gatas».

In einer Erklärung zu diesen Inschriften deutet der engli-

---

[1] Prakrit: mittelindische Mundarten, die Vorstufe der neuindischen Sprachen. Das Prakrit verdrängte bereits vor Christi Geburt das Sanskrit

sche Sprachforscher Sten Konow den Namen Cilta als Ableitung aus dem gotischen Namen Hilda, den man übrigens auch auf Runen-Inschriften in Tjurkö, Schweden, fand. Auch den Namen «Irila» (auch «Erila» geschrieben) entdeckte man auf Runen-Inschriften in By und Voblungsnes in Norwegen, in Kragehul in Dänemark und in Vernum und Luidholm in Schweden. Irila oder Erila – es sind in ihrer Substanz die gleichen Worte, so wie das englische «earl» dem alten «jarl» entspricht. Auch der völkerkundliche Name «Eruler» oder «Heruler» für einen Goten-Stamm, der an der Donau siedelte, liefert dafür ein Beispiel.[1]

Akzeptiert man diese Sprachverschiebungen, dann steht fest, daß das Wort «Gatas» auf den Inschriften von Junnar «Goten» meint. Es waren also zwei Goten, ein Mann und eine Frau – Irila und Hilda –, die durch ihre Gaben zur Errichtung von Tempelgrotten beitrugen.

Da man aber nur einer Religion Geschenke macht, die die eigene ist oder zumindest die der Vorfahren war, kann daraus gefolgert werden, daß noch im 2. Jahrhundert Goten in Indien lebten oder daß Goten-Stämme, die zu dieser Zeit durch Indien zogen, noch wußten, daß hier die Wiege der Religion ihrer Vorfahren gestanden hatte. Dies bestätigte die Ähnlichkeiten zwischen den Edda-Epen und dem Mahabharata, wie sie Georges Dumézil und andere dargestellt haben, auch auf religiösem Gebiet.

Nur um nichts auszulassen, erwähnen wir – allerdings unter Vorbehalt – jene chinesische Sage, nach der die Große Mauer lediglich zum Schutz vor der Einwande-

---

[1] Siehe: Sten Konow: Die Goten im alten Indien, *Journal of the Asiatic Society,* 1912

rung der Goten errichtet worden sein soll. Im 4. Jahrhundert v. Chr. müßte dies gewesen sein.

Das Rätsel, wo das ursprüngliche Heimatland der Goten gelegen hat und von wo aus ihre Wanderungen begannen, scheint damit gelöst.

Die Frage nach ihrem frühesten Ursprung ist eng verknüpft mit den Ursachen für die großen Wanderungen der Arier, die etwa im 17. Jahrhundert v. Chr. von Indien aus bis nach Europa zogen. Diese Arier-Wanderungen haben bekanntlich den Rassenwahn von Gobineau bis hin zu den Nazis genährt. Deshalb der Hinweis: Aus der Verbindung der Arier mit den Ureinwohnern sind *alle* indo-europäischen Völker hervorgegangen. Auch die Goten waren von Anfang an ein Konglomerat verschiedener Stämme, deren ohnehin sehr relative Einheit stärker durch die religiöse Bindung als durch eine völkische erreicht wurde. Mit anderen Worten: alle Forschungen in diesen längstvergangenen Zeiten der Arier-Wanderungen liefern nur wenig Hinweise auf die Goten. Erst vom 7. Jahrhundert v. Chr. an gibt es von ihnen verbürgte Spuren.

Herodot schreibt, die Goten seien einer von vielen Arier-Stämmen gewesen, der wahrscheinlich von Pamir in Turkmenistan in die Täler gekommen sei. (Erinnern wir uns, daß Arier «Bergbewohner» heißt.) Sie ziehen an der Südküste des Kaspischen Meeres bis nach Persien. Für ihre Anwesenheit in Persien gibt es übrigens einen verblüffenden Beweis: die erstaunliche Ähnlichkeit zwischen dem Namen des parthischen Gottes Mithras und dem des isländischen Asen Maituras (Maitur + As = ausgezeichneter Ase). Übrigens erwähnt dies bereits Tacitus!

Im 6. Jahrhundert v. Chr. haben die Goten Anatolien

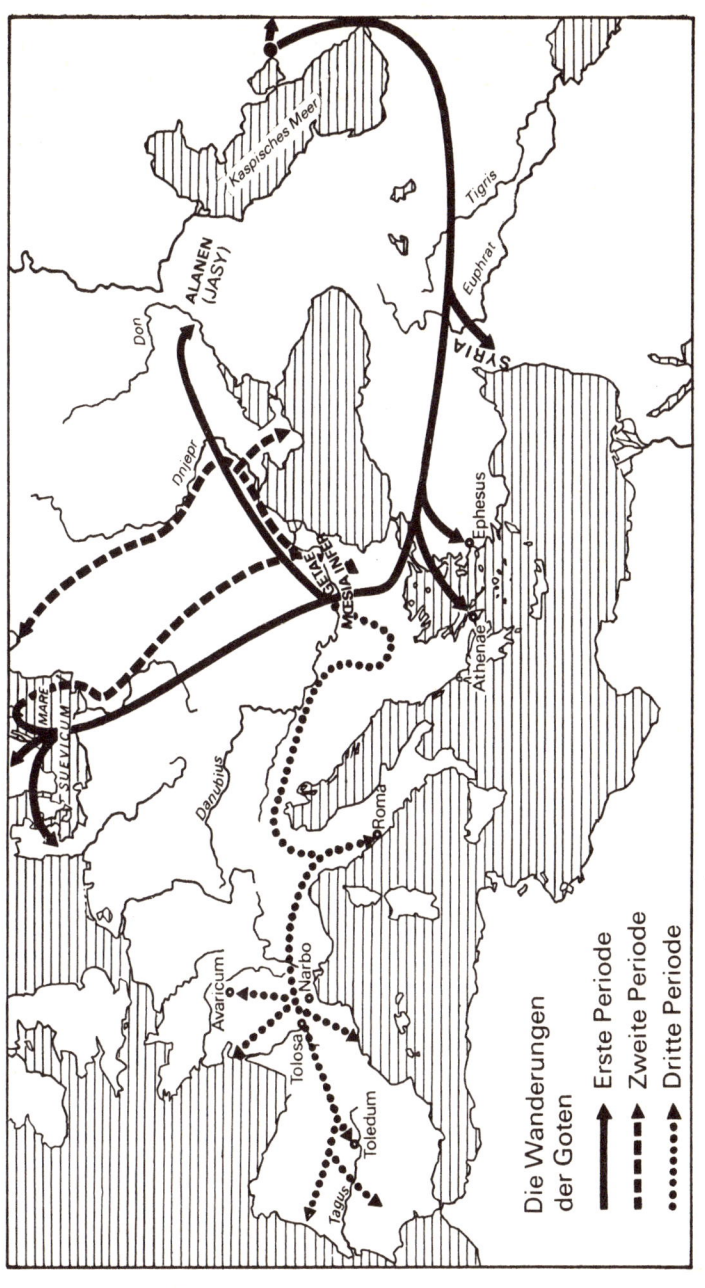

Die Wanderungen
der Goten

Erste Periode →
Zweite Periode →
Dritte Periode →

erreicht. Es ist jene Zeit, in der Hesekiel sie als die größten Feinde Israels bezeichnet. Denkbar auch, daß kleinere Gruppen weiter nach Süden vordrangen, bis nach Palästina, denn bei Josua (22,2) wird erwähnt, daß in einer Stadt namens Geth (!) die letzten Riesen lebten. Diese «Anaqim» waren die Kinder von Göttersöhnen mit Menschentöchtern, im Grunde also nichts anderes als die Jetten, diese Halbgötter-Riesen der gotischen Mythologie.

Wahrscheinlich sind sogar gelegentlich Goten zum israelitischen Glauben übergetreten, denn in der Ukraine fand man, nahe dem Ort Kherson, eine jüdische Grabinschrift mit dem Namen eines gotischen Priesters Herrfridil, der «Ha Cohen» genannt wurde.

Nach der gotischen «Saga» stieg Wotan aus dem «gastlichen Meer», um nach und nach Skythien, Germanien und Skandinavien zu erobern. Wann etwa mag dieses «Aussteigen aus dem gastlichen Meer», womit die Überquerung des Bosporus gemeint sein dürfte, anzusetzen sein? Eine Antwort darauf könnte die Sage von der Vermählung der Goten mit den Amazonen geben. Die griechischen Historiker berichten, daß der Tempel von Ephesus in Kleinasien im 5. oder 4. Jahrhundert v. Chr. zum ersten Mal von den Amazonen niedergebrannt wurde, bevor er im Jahre 356 v. Chr. (dem Geburtsjahr Alexanders des Großen) von Herostratos zerstört wurde. Die moderne Archäologie bestätigt diese Datierung und glaubt ebenfalls, daß die Goten viel früher in den Balkan-Ländern waren als man bisher annahm.

Da wir einerseits wissen, daß die Goten im 2. bis 1. Jahrhundert v. Chr. in Skandinavien waren, und anderseits, daß sie im 1. Jahrhundert n. Chr. auf dem Balkan waren –

in dieser Zeit war Plinius der Ältere ihr Anführer und von da an sind ihre Unternehmungen genau zu verfolgen und zu datieren –, folgt daraus, daß das bisher gültige klassisch-lineare Schema der ersten gotischen Wanderung nicht mehr aufrecht zu halten ist, sondern durch ein schleifenförmiges ersetzt werden muß, das folgendermaßen aussehen könnte:

Schema der Schleifen
der ersten gotischen Wanderungen

1. Ausgangspunkt: Pamir (?)
2. Anfang des 7. Jahrhunderts v. Chr.: Turkmenistan
3. Ende des 7. Jahrhunderts v. Chr.: Persien
4. 6. Jahrhundert v. Chr.: Kurdistan. Kurze Streifzüge bis Palästina
5. 5. bis 4. Jahrhundert: Überquerung des Bosporus. Thrakien, Ukraine, Krim. Streifzüge bis in den Kaukasus. Eine Splittergruppe durchquert Asien und stößt bis zur chinesischen Grenze vor(?)
6. 3. bis 2. Jahrhundert v. Chr.: Die Goten auf der Insel Gotland und danach auf der ganzen skandinavischen Halbinsel. Eine Splittergruppe kommt bis Westindien
7. 1. Jahrhundert n. Chr.: Zweite Überquerung der Ostsee. Norddeutschland. Zurück zu den Küsten des Schwarzen Meeres über Weißrußland und die Ukraine

Von diesem Zeitpunkt an beginnt die Geschichte eines Imperiums.

2. Kapitel

Von den Ufern des Dnjepr bis zum Tejo

Es genügt, die Geschichte dieser Wanderung in großen Zügen zu schildern. Vom Jahre 230 n. Chr. an haben die Goten, die mit den Germanen, Proto-Slaven, Thrakern und Sarmatern eine Art Staatenbund geschlossen hatten, systematisch die Ufer des Schwarzen Meeres besiedelt. Dreißig Jahre später, 260, eroberten sie das Königreich am Bosporus bis hin zum Taurusgebirge. Mit Schiffen überwinden sie das Meer und die Flüsse, zu Pferd durchqueren sie die Länder und dringen so über den Hellespont bis zum Ägäischen Meer vor, wenig später sind sie in Athen und Ephesus. «Die riesigen Schätze, die ihre Herrscher im Laufe dieser Eroberungen anhäuften, waren mit die Voraussetzung für einen ausgefallenen Stil, den man gotisch nennt», heißt es in der *Geschichte der Antike* von Diakov und Kovalec. Sogar das Geschirr ihrer Pferde schmückten sie mit Goldplaketten, in die Granatsteine, Türkise und vielfarbige Emaillestücke zu phantastischen Motiven eingelegt waren.

Anders als uns das Klischee der offiziellen Geschichtsschreibung über die «schrecklichen barbarischen Eroberer» glauben machen will, wurden die Goten in Wahrheit von den Völkern, die unter dem Joch des dekadenten Roms stöhnten, mit offenen Armen empfangen. Für sie waren die Goten Befreier.

Als der Goten-König Kniva an der Spitze von knapp

15 000 Kriegern zum ersten Mal die Donau überquerte und in die römischen Balkanprovinzen einfiel, schlossen sich ihm die Bauern und Sklaven freiwillig an. Sie gruppierten sich zu Fußvolk und Reiterei, verstärkten das Goten-Heer, so daß König Kniva die Stadt Philippopoli, die größte Mazedoniens, im Sturm erobern konnte. Als Kaiser Decius im Jahre 251 das Goten-Heer aufzuhalten versuchte, wurden seine Legionen geschlagen. Er und sein Sohn fielen in der Schlacht. Erst unter Aurelian und dessen Nachfolgern konnte das Vordringen der Goten ins «Gelobte Land» des Südens und des Westens einigermaßen aufgehalten werden. Um diese Zeit, Mitte des 4. Jahrhunderts, zieht Hermanerich, den die Römer den Alexander der Goten nannten, von den Ufern des Dnjepr in Richtung Norden. In einem Zeitraum von wenigen Jahren baut er ein gewaltiges Imperium auf, dessen Grenzen vom Schwarzen Meer bis zur Ostsee reichen.

Die Ostrogoten wählten ihre Könige aus der Familie – oder Kaste – der Amaler, die Wisigoten aus der der Balten. So war auch Hermanerich genau wie seine Vorgänger ein Amaler. Seine Erfolge, sein Ruhm und seine Popularität waren groß – nicht nur zu Lebzeiten, auch nach seinem Tod feierten ihn die germanischen, angelsächsischen und skandinavischen Dichter als Helden ihrer Sagen.

Die älteste dieser Sagen macht ihn zum Rivalen des eigenen Sohns bei der Werbung um die schöne Svanehilde, der Tochter von Königin Gudrun, die die Gabe hatte, sich in einen Schwan zu verwandeln. Nach der Sage starb Hermanerich im Alter von 135 Jahren. In Wirklichkeit war er erst vierzig Jahre alt, als er im Jahre 375 starb. Wahrscheinlich hat er sich selbst in sein

Schwert gestürzt, aus Schmach, daß es ihm nicht gelungen war, die Hunnen zurückzuschlagen. Die Hunnen unterjochten die Ostrogoten, bis diese sich nach dem Tod des Hunnenkönigs Attila (453) von ihren Unterdrückern befreien konnten.

Die Vertreibung der Hunnen gelang zwei Brüdern, den Prinzen Teudemer und Widumer, deren gutes Verhältnis zueinander Jordanes gefühlvoll beschreibt. Am gleichen Tage, da sie die Hunnen besiegten, wurde Teudemer ein Sohn geschenkt: Theoderich der Große (454–526), unter dem die Ostrogoten zum zweiten Mal Geschichte machten.

Als Theoderich noch in den Kinderschuhen steckte und am Hof von Konstantinopel erzogen wurde, saß dort ein unbedeutender Mann auf dem Herrscherthron: Zenon. In Wirklichkeit hielt bereits damals Theoderich die Macht in seinen Händen. Er eroberte Mazedonien zurück und vertrieb – unter dem Vorwand, wenigstens das zu retten, was dem Namen nach noch das Römische Reich war – die Heruler aus Italien.

An der Spitze eines Heeres von 250 000 Mann zog er die Donau und die Save hinauf, besiegte so nebenbei die Gepiden, überquerte im Jahre 489 die Julianischen Alpen und stand nun dem Heruler-König Odoaker gegenüber. Der Kampf um den Besitz Italiens dauerte vier Jahre, ohne daß es zu einer Entscheidung kam. Im Jahre 493 muß Odoaker, dem nur noch Ravenna gehört, kapitulieren. Theoderich läßt sich zum König von Italien ausrufen. Er gewährt jedoch den Besiegten ungewöhnlich großzügige Bedingungen: er ist bereit, mit ihm die Krone gemeinsam zu tragen. Doch der Dank Odoakers ist eine Verschwörung gegen Theoderich. Theoderich, rechtzeitig gewarnt, läßt Odoaker gefangennehmen und hinrichten.

Die Sage will wissen, daß Theoderich selbst bei einem Festgelage Odoaker mit seinem Schwert mitten entzwei hieb und danach verächtlich feststellte: «Dieser Waschlappen hatte noch nicht einmal Knochen.» Doch diese Schilderung paßt nicht zu einer so feinsinnigen Persönlichkeit wie Theoderich, von dem man weiß, daß er Ravenna, seine Hauptstadt, zum Mittelpunkt einer blühenden Zivilisation machte, Bauten restaurieren ließ, Historiker und Architekten um sich versammelte und darauf bedacht war, daß seine Goten vor dem Gesetz nicht besser gestellt waren als die anderen Untertanen.

Im ganzen gesehen, entwickelt sich das ostrogotische Königreich unter der 35jährigen Regentschaft Theoderichs des Großen besser als der südliche Teil des dekadenten Imperiums. Dort gab es nach wie vor Sklaven, und die Kultur verfiel, während bei den Ostrogoten die antike Kultur erneuert und die Gesellschaft reformiert wurde.

Mitte des 5. Jahrhunderts kam es jedoch zu einer für das weitere Schicksal der Goten folgenschweren Entwicklung: Die meisten von ihnen traten zum Christentum über. Aber nicht zum päpstlichen, sondern zu einer Abart, die der Priester Arius verkündete, der von der Kirche als Ketzer ausgestoßen worden war.[1] Dadurch geriet Theoderich, der immer um ein gutes Verhältnis sowohl mit dem Papst wie mit dem Kaiser bemüht war, in Gegensatz zu beiden.

Kaiser Justinian, von Papst Johannes I. ermutigt, machte Front gegen das Reich der Ostrogoten in Italien, in dem

---

[1] siehe das folgende Kapitel

die Anhänger des Arius und papsttreue Katholiken friedlich nebeneinander lebten. Im Jahre 553, kurz nach Theoderichs Tod, brach es unter den Angriffen, die General Belisar leitete, auseinander.

Kaiser Justinian dankte diesen Sieg seinem General schlecht: Er mußte sich als Bettler durch Almosen, die er in seinem Kampfhelm sammelte, Geld für seinen Lebensabend verschaffen.

Noch heute kann man in Ravenna das Grabmal Theoderichs des Großen besichtigen. Dieses Bauwerk ist ein architektonisches Wunder. Seine aus einem Stein gearbeitete Kuppel gibt den Archäologen noch immer Rätsel auf. Nach Theoderichs Tod übernahm die Kirche das Grabmal und weihte es als «Santa Maria della Rotonda». Außerdem öffnete man den Porphyrsarg des Königs, ließ seine sterblichen Überreste verschwinden und brachte den Sarkophag in ein Kloster.

Was mag aus dem Leichnam geworden sein? Ein seltsames Erlebnis, daß 1884 Arbeiter hatten, die ungefähr hundert Meter vom Mausoleum entfernt einen Graben aushoben, könnte vielleicht diese Frage beantworten. Sie stießen bei ihren Grabungen auf ein Skelett, das in einer goldenen Rüstung eingeschlossen war. Der Helm, ebenfalls aus Gold gearbeitet, war mit Edelsteinen besetzt. Neben dem Skelett lag ein Schwert, dessen goldenen Knauf ebenfalls Edelsteine schmückten. All dies fanden die Arbeiter auf einem alten Friedhof, der Leichnam lag jedoch direkt unter der Erde, nicht in einem Grab bestattet; ein Beweis, daß man diesen Toten verscharrt hatte, ohne ihm die letzten religiösen Weihen zu geben.

Die Arbeiter setzten alles daran, damit ihr Fund nicht in der Öffentlichkeit bekannt wurde. Schließlich erfuhren

Das Grabmal Theoderich des Großen in Ravenna (aus dem Werk von
Henry Bradley: Die Goten – von ihren Anfängen bis zum Ende ihrer
Vorherrschaft in Spanien. London 1888)

die Behörden doch davon, da allerdings war es fast schon zu spät: nur noch wenige Reste der Rüstung konnten sichergestellt werden, alles andere war bereits zerbrochen, eingeschmolzen und verkauft worden.

Wer auch immer diesen Leichnam aus seinem Grab gezerrt haben mag, er hat es nicht aus Habgier getan, sonst wären dem Toten wohl kaum Rüstung, Helm und Schwert geblieben. Nein, die Triebfeder muß eine andere, aber nicht weniger verabscheuungswürdige gewesen sein: religiöser Fanatismus.

Die geschichtliche Rolle der Wisigoten war von längerer Dauer als die der Ostrogoten. Der Einfluß der Wisigoten reichte weit über Italien hinaus, bis nach Gallien und dann sogar bis Spanien. Um ihn zu ermessen, müssen wir in der Zeit einen Schritt zurück tun.

Um 376 überschritten die Wisigoten die Donau und stießen auf römische Legionen, die sie völlig aufrieben. In der Schlacht vor Adrianopel besiegten und töteten sie den römischen Kaiser Valens. 410 erobert der Wisigoten-König Alarich der Ältere Rom, und als er ein Jahr später gegen Karthago ziehen will, wird er in der Nähe von Cosenza vom Tod überrascht.

Sein Nachfolger ist Athaulf, der sich bis über beide Ohren in die Tochter des unbedeutenden Kaisers Honorius verliebt. Tochter Placidia erwidert Athaulfs Liebe, und beide heiraten 414 in Narbonne, das er kurz zuvor erobert hat. Athaulf gründet ein wisigotisches Königreich, zu dessen Hauptstadt er Toulouse macht. Bereits fünf Jahre später gehören im Westen Aquitanien mit Bordeaux, Agen, Saintes, Périgueux und Poitiers zu seinem Reich und im Süden Katalonien mit Barcelona. Im Osten reicht es bis zum sogenannten Septimanien, also bis zum mediterranen Languedoc. Nur Narbonne kann zeitweise von den Römern zurückerobert werden.

Die Beziehungen zwischen dem wisigotischen Königreich von Toulouse und dem römischen Reich sind sehr wechselhaft: Spannungen und Freundschaftsbündnisse lösen sich ab. Erst als die Hunnen, die Erbfeinde der Goten, in Gallien einfallen, kommt es zu einem echten Bündnis. In der Schlacht auf den Katalanischen Feldern, in der Nähe von Châlon (451), fällt Theoderich I., König von Toulouse, im Kampf gegen Attilas Hunnenheer. (Theoderich I. ist nicht zu verwechseln mit Theoderich dem Großen, König von Italien.)

So groß ist die Bewunderung des verbündeten römischen Generals Aetius für diesen todesmutigen Krieger, daß er dessen Sohn Thorismund einen kostbaren Schatz übergibt: das Missorium.[1]

Es ist in der Tat beruhigend, das Heer der Wisigoten auf seiner Seite zu wissen. Ihre schnellen Reitertruppen und ihre Wurfschleudern sind gefürchtet, ihr Mut ist legendär. Die Wisigoten sind anspruchslose Krieger, aber wie es zu Angehörigen eines hochzivilisierten Volkes paßt, sind sie auch auf ihren Feldzügen auf Sauberkeit bedacht. Ein Detail belegt dies überzeugend: Wisigotische Krieger führten immer einen Beutel mit Kamm, Schere, Pinzette und Ohrenreiniger mit sich. Das ist für diese Zeit ohne Beispiel.

Der Bischof von Clermont-Ferrand, Sidonius Apollinaris, hat eine genaue Beschreibung des Wisigoten-Königs

---

[1] lat. schildförmige Platte aus Silber oder Gold. Durchmesser zwischen ein Viertel und drei Viertel Meter, oft mehrere Kilo schwer, mit ziselierten oder getriebenen Bildwerken, Goldschmiedearbeiten aus der römischen Kaiserzeit

Theoderich II. verfaßt. Sie ist äußerst schmeichelhaft, doch kann man dem Bischof schwerlich Schönfärberei unterstellen, denn er hatte seine liebe Not mit dem König, der ihn sogar für kurze Zeit gefangen nehmen ließ. So schildert er ihn: «Theoderich ist wohl proportioniert, seine Stirn ist hoch, die Haare gelockt, seine Zähne sind weiß und gerade, seine Lenden kräftig, seine Beine muskulös, doch dieser kräftige Körper ruht auf einem kleinen Fuß.»

«Er trug einen Purpur-Mantel, ein rot-grünes Wams, darunter ein weißes Seidenhemd mit Goldbordüren.
Ging er auf die Jagd, fand er es unter seiner Würde, selbst den Bogen zu tragen. Hatte er ein Tier ausgemacht, ließ er sich von einem Gefolgsmann einen Bogen reichen, dessen Saite jedoch noch nicht gespannt sein durfte, denn er hielt es für unmännlich, dies nicht selbst zu tun. Er wählte selbst den Pfeil aus, spannte selbst den Bogen, zielte und schoß.»
Theoderich hat weder seine Aufgaben als Staatsmann noch die täglichen Verpflichtungen, die sein Amt von ihm forderten, mit der linken Hand erledigt. Außerdem war er sehr fromm:
«Vor Tagesanbruch geht er bereits ohne große Begleitung mit seinen Priestern zum Gottesdienst, den er sehr genau einhält. Die restlichen Vormittagsstunden werden von der Verwaltungsarbeit für das ganze Königreich ausgefüllt. Dabei steht sein Schildknappe (écuyer) hinter seinem Sitz. Die Garde, ganz in Leder gekleidet, tritt an; nachdem der König sie inspiziert hat, entläßt er sie, um in Ruhe zu arbeiten. Wenn Volksvertreter zu ihm kommen, hört er ihnen genau zu und antwortet mit knappen Worten; bedarf eine Angelegenheit sorgfältiger Überle-

gung, vertagt er seine Entscheidung; doch muß etwas sofort entschieden werden, urteilt er ohne Zögern. Ohne nach der Mahlzeit zu schlafen, führt er die Regierungsgeschäfte bis zum Abendessen weiter.»

Aber dieser Theoderich II. ist durchaus nicht stolz und steif, sondern versteht es sehr wohl, sich zu amüsieren: «Das Würfelspiel ist für ihn wie ein Kampf, auch dabei ist er entschlossen, zu gewinnen. Während des Spiels gibt er sich ungezwungen, ohne königliche Attitüde, und ist gelöst wie einer der anderen. Er ermahnt seine Partner, ehrlich zu spielen und nicht etwa aus falscher Höflichkeit absichtlich zu verlieren. Seine Freude an diesen kleinen Abwechslungen hat schon oft die Lösung wichtiger Angelegenheiten erleichtert. Er errötet öfter aus Scham als aus Wut. Das einzige, wovor er Angst hat, ist, gehaßt zu werden.»[1]

Zu einer Zeit, als Paris noch nicht viel mehr ist als ein großer Marktflecken, entwickelt sich Toulouse unter den gotischen Königen bereits zu einer reichen, großen Stadt, voller Leben und Glanz; Mittelpunkt der Zivilisation und des Austauschs. Zeitgenössische Historiker vergleichen dieses Toulouse mit Byzanz.

Die Goten-Herrscher lassen sich einen Palast bauen, das Château Narbonnais, und eine Kirche, die heute noch «Daurade»[2] heißt; damals war sie vergoldet.

Wieder ist es Sidonius Apollinaris, der dieses wisigotische Toulouse beschreibt, in das man von allen Enden der Welt kommt, um es zu bestaunen:

«In Toulouse traf man den blauäugigen Angelsachsen,

---

[1] Sidonius Apollinaris, *Briefe VI*
[2] Daurade = dorade = vergoldet (franz. Wortspiel)

der gewohnt ist, sein Leben auf dem Meer zu gefährden, neben alten Skiren, deren Köpfe nach ihrer Niederlage kahlgeschoren worden waren und auf denen erst allmählich wieder Haare wuchsen, nachdem der Friedensvertrag ihnen die Freiheit wiedergab. Es drängten sich Herkuler mit blau tätowierten Wangen und einer Hautfarbe wie Meerwasser, neben Burgundern, sieben Fuß groß, Ostrogoten, denen man ihren Stolz auf die Waffenhilfe, die König Eurich von Toulouse gegen die Hunnen geleistet hatte, ansah, auch Abgesandte des Königs von Persien fehlten nicht. Selbst Rom bat Toulouse um Unterstützung im Kampf gegen die Völker aus dem Norden, die an allen Grenzen eindrangen. Die Garonne schützte den geschwächten Tiber.»

Gotien, mit seiner Hauptstadt Toulouse, besaß schon damals eine Gemeindeordnung, die in vieler Hinsicht ihrer Zeit weit voraus war.

So ordnete Alarich II. an, daß seine Juristen die besten Gesetze des Römischen Rechts zusammenstellten, und in Kriegszeiten mußten alle Bürger ihren Wehrdienst leisten, auch die arianischen Priester, die dann ihre Rotfuchs-Pelze gegen Rüstung und Helm umtauschten.

Bei ihrer Krönung mußten die Könige schwören, daß sie Sitte und Brauchtum der Völker in ihrem Herrschaftsbereich respektieren und schützen werden. Diese angestammten Rechte und ortsüblichen Freiheiten hießen im Norden der Pyrenäen «fors», im Süden «fueros». Auf die «von den guten Goten-Königen eingeräumten Freiheiten» berief sich Toulouse noch unter Ludwig XIV., als dieser das Gebiet mit absolutistischen Herrschaftsprinzipien zu bedrängen suchte.

Ende des 5. Jahrhunderts gehören zum Wisigoten-Reich

von Toulouse die Provence, die Auvergne und Berry, seine Grenzen sind die Loire, der Ebro, der Atlantik und die Alpen. Doch als die Franken eindringen, ändert sich mit einem Schlag alles. Im Jahre 507 wird Alarich II. bei Vouillé, nahe Poitiers, von Chlodwig besiegt und getötet. Einmal mehr wird religiöser Fanatismus den Goten, die seit anderthalb Jahrhunderten bereits Christen sind, zum Verhängnis. Die Kirche unterstützt die Franken, die wenige Jahre zuvor noch Heiden waren, gegen die Goten, nur weil sie deren Glauben für «ketzerisch» hält.

Die Franken erobern Toulouse und zerstören es. Nur weil Theoderich der Große, der die Herrschaft im Königreich Alarichs II. mitübernommen hatte, solange dessen Sohn Amalarich noch minderjährig war, aus Italien Unterstützung schickte, konnte das stark befestigte Carcassonne, wo der Königsschatz aufbewahrt wurde, gerettet werden. Nördlich der Pyrenäen bestand Gotien bald nur noch aus Septimanien, jenem Gebiet, das heute mediterranes Languedoc heißt und das bis ins 12. Jahrhundert Gotien genannt wurde.

Das Zentrum gotischer Macht verlagerte sich nach Spanien. Sechzig Jahre dauerte es, bis die Wisigoten-Könige Spanien den Sueben, den wilden Alanen und den Vandalen, von denen sich der Name Andalusien ableitet, entrissen hatten. Erst 476 beherrschte König Eurich die ganze Halbinsel. 531 wurde Sevilla Hauptstadt des Wisigotenreichs, dann Toledo, noch später verlegte man sie an die Ufer des Tejo. Zum fünften Mal wurde ein neues Gotien, diesmal das spanische, gegründet; Septimanien – nördlich der Pyrenäen – war nun nur noch eine seiner sieben Provinzen.

Wie bereits das von Toulouse, so zeichnete sich auch

dieses neue Wisigotenreich durch eine straffe Ordnung und eine durchdachte Aufteilung aus, wie sie in keinem anderen barbarischen Königreich existierte. Schon gar nicht bei den Merowingern.

«Die öffentliche Ordnung», schreibt Desdevises von Dézert, «ist perfekt; sie ist der Ausdruck eines hohen politischen Ideals. Die Verwaltung ist einfach, die öffentlichen Leistungen ausreichend organisiert, die Lebensbedingungen der Bevölkerung sind besser als zur Zeit des Römischen Reichs, das Eigentum ist durch strenge Gesetze gesichert. Die höheren Beamten erhalten eine feste Besoldung, und die Klosterregeln verlangen, daß die Mönche täglich mindestens sechs Stunden praktische Arbeiten verrichten. Die Verfassung ist einerseits aristokratisch, anderseits garantiert sie die Gleichberechtigung: *Alle* freien Menschen haben gleiche Rechte. Und wenn auch alles militärisch rauh zugeht, hat es doch Stil und Größe.»[1]

Auch in diesem neuen Gotien wird der König vom Adel und von den Bischöfen gewählt. Sie müssen schwören, daß sie sich weder durch Intrigen noch Geschenke bestechen lassen, der König verpflichtet sich seinerseits, allen gegenüber gerecht zu sein und sich im Kriege durch Tapferkeit auszuzeichnen. Nach seiner Wahl wird er in Toledo feierlich zum König gesalbt. Bei dieser Zeremonie trägt er einen Purpurmantel und kunstvoll bemalte Schuhe. Er sitzt auf einem silbernen Thron, über seinem Kopf hängt, mit Ketten an der Decke befestigt, die goldene, reich mit Edelsteinen verzierte Krone. Sie ist zu schwer, als daß er sie aufsetzen könnte. Mit der Inthroni-

---

[1] G. Desdevises du Dézert: Die Wisigoten, Caën 1891

sation wird er fast zu einer göttlichen Persönlichkeit, aber keineswegs zu einem absoluten Monarchen.

Während der gesamten spanischen Herrschaftszeit achteten die Wisigoten darauf, daß ihre Sitten unverfälscht erhalten blieben und es nicht, wie bei den Römern, zu einem Sittenverfall kam. Dies gilt besonders auf sexuellem Gebiet. So wurde der Ehebruch, genau wie Homosexualität, sehr streng bestraft. Die Stellung der Frau war erstaunlich liberal. Sie konnte aus eigener Entscheidung vor Gericht gehen, die Rechte des Ehemanns waren durch Gesetze genau festgelegt, und die Ehefrau konnte von sich aus die Scheidung einreichen. Unter König Rekkeswinth waren Mischehen zwischen Goten und Angehörigen anderer Völker erlaubt.

Die wirtschaftlichen Vorteile des Adels sind begrenzt, Ämter sind nicht erblich. Leibeigene können testamentarisch über die Hälfte ihres Besitzes verfügen. Und dies alles im 6. Jahrhundert! Um in Frankreich diese Privilegien durchzusetzen, dauert es noch weitere 700 Jahre!

Dabei ist dieses Königreich, das auf sozialem Gebiet seinen Nachbarn soviel voraus hat, durchaus wohlhabend und schätzt den Luxus. Die vielen Goldminen Spaniens erlauben es dem Fiskus, die Steuern zu senken und viele, die unter den Römern erhoben wurden, ganz zu erlassen.

Nichts sprach dagegen, daß das spanische Wisigotenreich auf lange Zeit sich immer weiter erfolgreich entwickeln würde. Nichts, bis auf eines: Wegen seines ketzerischen Glaubens war es die Zielscheibe ständiger Intrigen der katholischen Kirche. Um diese Feindschaft zu beenden, wechselte König Rekhared im Jahre 589 vom Arianismus zum offiziellen katholischen Glauben. Dadurch geriet sein Königreich mehr und mehr unter den Einfluß der romtreuen Bischöfe, was schließlich – 128 Jahre später – zu seiner Auflösung führte.

Die päpstlichen Konzilien, die immer öfter in Toledo tagten, übernahmen mehr und mehr die Funktion einer Nationalversammlung. Die Bischöfe jedoch waren noch halbe Barbaren, oberflächlich, intolerant und abergläubisch. Die Themen ihrer Streitgespräche liefern dafür deutliche Beweise: Wie die Kutte zu tragen sei, wie die Kantaten gesungen werden sollen, selbst über die richtige Form der Tonsur ereiferte man sich.

Der Bischof von Toledo, Ildefons, machte sich durch eine Schrift über die Unbefleckte Empfängnis einen Namen, und bald verbreitete sich das Gerücht, die heilige Jungfrau habe ihm dafür ihre Gunst geschenkt. Diese wenig schmeichelhafte Legende lieferte das Motiv für ein Gemälde Murillos, das heute noch im Prado hängt.

Den größten Schaden aber, den die Intoleranz der katholischen Bischöfe anrichtete, war die von ihnen ausgelöste Judenverfolgung. Titus hatte viele Juden nach der Zerstörung des Tempels zu Jerusalem (70 n. Chr.) nach Spanien deportiert, und hier hatten sie sich nicht nur vermehrt, sondern auch einflußreiche Positionen besetzt. Unter den toleranten, arischen Wisigoten hatten sie ungestört ihren Geschäften nachgehen können. Erst als sie verfolgt wurden, lebte bei ihnen die Erinnerung an ihre Glaubensbrüder wieder auf, die in Afrika mit den Muselmanen friedlich lebten. Kein Wunder, daß sie die Araber, als diese in Spanien einfielen, als Befreier begrüßten und ihnen als Spione und ortskundige Führer quer durch Spanien zur Seite standen.

Ein «pronunciamento» (Aufstand, A. d. Ü.), von denen

es dann so viele in der spanischen Geschichte gab, leitete das Ende des Wisigoten-Königreichs von Toledo ein. Im Jahre 710 verjagt der Führer des Gotenheeres, Roderich – wir kennen ihn auch unter den Namen Rodriguez –, seinen König Witiza und setzt sich selbst auf den berühmten Silberthron. Witizas beide Söhne fliehen nach Afrika zum Kalifen Moussa, der ihnen anbietet, bei der Rückeroberung des Throns behilflich zu sein. Sie nehmen an, und das Verhängnis nimmt seinen Lauf. Unter Führung des Feldherrn Tariq landet 711 ein achttausend Mann starkes Heer am Fuße des berühmten Felsens, der zur Erinnerung an dieses Ereignis den Namen Gibraltar bekommt (Djebel al Tariq = Berg des Tariq).

Die entscheidende Schlacht findet am 26. Juli 711 an den Ufern des Guadalete in der Nähe von Jerez statt. Rodriguez (Roderich) führt selbst das Goten-Heer an. Er steht in einem elfenbeinernen Kampfwagen, der von acht Schimmeln gezogen wird. Die rechte Flanke seines Heeres befehligt Graf Julian, ein Offizier, der dem alten König Witiza noch immer treu ergeben ist. Julian läuft mit seiner Truppe und allen Waffen ins feindliche Lager über. So geschwächt, kann Roderichs Heer dem Angriff der Araber nicht lange standhalten, es wird in die Flucht geschlagen. Wenige Monate später fällt auch Toledo.

Arabische Historiker berichten, daß Tariq dort im Palast der wisigotischen Könige auf einen Saal stieß, der durch 33 Riegel verschlossen war. Als man ihn endlich betreten konnte, fand man darin eine Truhe, angefüllt mit «geheimnisvollen Schriften». Auf einer war zu lesen: «Wenn dieser Raum entriegelt und diese Lade aufgebrochen wird, dann werden die Goten ihr Königreich verlieren.»

Was aus Roderich wurde, konnte nie ganz geklärt werden. Er blieb bis zum bitteren Ende auf dem Schlachtfeld von Jerez. Einige glauben, er sei gefallen, andere meinen, er sei im Guadalete ertrunken, weil man dort seine goldenen Stiefel und den Kadaver seines Pferdes Orelio fand, und Jahrhunderte später will der Historiker Sebastian von Salamanca in dem portugiesischen Ort Viseu das Grab eines Mönchs entdeckt haben, auf dem folgende Inschrift zu lesen war:

Hic requiescit Rodericus, ultimus rex Gothorum

(Hier ruht Roderich, der letzte König der Goten).
Den Verrat des Fürsten Julian aber erklärt die Sage als Racheakt: Roderich, dessen engster Ratgeber er war, hatte ihm die Ehefrau, deren Name Lacava auf eine Spanierin schließen läßt, abspenstig gemacht.

3. Kapitel

Vom heiligen Wagen zum Gott des Arius

Um die Geschichte der Goten zu verstehen, muß man ihre religiöse Entwicklung kennen.

Jene Verrückten, die ihren Namen – und ihre Verbrechen – mit der «Theorie» von den großen, blonden Ariern verknüpften und dadurch traurige Berühmtheit erlangten, mögen sich im Grabe umdrehen: Es gibt keine Anhaltspunkte über die völkische Herkunft der Goten, die vor mehr als dreißig Jahrhunderten das Hochplateau von Pamir verließen.[1]

Die ersten Goten, die eine historische Rolle spielen, sind bereits kein homogenes Volk mehr, wie auch der Name Geten oder Goten keine völkische Bezeichnung ist, sondern religiösen Ursprung hat. Die Goten waren eine Vereinigung von Nomadenvölkern, Hirten und Jägern, die in Wagen lebten und sich nach den Sternen orientierten.

Im Laufe ihrer Wanderungen paßten sie ihre Reisegewohnheiten den landschaftlichen Gegebenheiten an. Sie lösen sich von den Landwegen, bauen hölzerne Schiffe, mit denen sie die Flüsse hinabfahren. Sie kommen durch fruchtbare Landstriche, lernen frühe Formen des Acker-

---

[1] Die Goten scheinen eine Art Nachhut der sogenannten arischen Wanderung gewesen zu sein, die sieben Jahrhunderte früher begann. Aber der Name Arier bedeutet lediglich «Bergvolk» und meint keinesfalls irgendeine Rasse

baus kennen und übernehmen diese. In solchen anbaubaren Gebieten siedeln sie sich an und verlassen sie nur unter dem Druck anderer Völkerstämme, die genau wie sie aus Zentralasien nachstoßen.

Schließlich, am Ende ihrer Wanderung, sind sie ein Volk geworden, das das technische und kulturelle Erbe Persiens, Griechenlands und das von Byzanz und Rom angetreten hat. Sie sind im ursprünglichen Sinn des Wortes «urbanisiert», und sie selbst waren es, die sich eine eigene sozial-religiöse Ordnung geschaffen haben.

In jeder ihrer drei Entwicklungsstufen entfalteten sie spezifische religiöse Vorstellungen.

ERSTE STUFE:

Die Griechen nannten die Goten *amaxoluoi,* was soviel wie «Männer des Wagens» heißt. Doch das hatte eine doppelte Bedeutung. Zuerst bezog es sich ganz sicher auf die Wagen, mit denen die Goten wanderten, denn diesen Hirten-Nomaden waren ihre Wagen Mittelpunkt für das allgemeine und familiäre Leben. Jeder Wagen war gleichzeitig ein Zuhause, und wenn bei einer Rast die Wagen im Kreis aufgestellt wurden, bildeten sie die heilige Wagenburg der Gemeinschaft, Symbol einer vergänglichen Stadt in der großen Weite der Steppe, Symbol auch des «Gelobten Landes». Ein heiliges Zeichen, die Rune ᚱ, bedeutete auch «Wagen», *raida,* und es ist bestimmt kein Zufall, daß auf den Rädern von Wotans Wagen diese Rune eingeschnitzt war. Jedenfalls berichtet dies die Edda.

Aber das Wort *amaxa* bezeichnet bei den Griechen nicht nur den Wagen, sondern auch die beiden Sternbilder des Großen und des Kleinen Wagens, die auch der Große und der Kleine Bär genannt werden. So kann der Name

Amaxoluio für Goten auch bedeuten: Menschen, die sich nach den Sternbildern des Wagens oder des Bären orientieren, die sie vielleicht anbeteten. Denn für die Goten wie für alle Hirten-Nomaden war der gestirnte Himmel die einzige Orientierungshilfe. Fester Punkt war der Polarstern, den man mit Hilfe des «Kleinen Wagens» fand.

Das deutsche Wort «Bär» könnte auch im Gotischen der Name für dieses Sternbild sein; englisch heißt es «bear», flämisch «beer» und in den skandinavischen Sprachen «björn». In diesem Wort steckt – neben dem indogermanischen *bhero für ‹braun› – die Idee der Geburt, «gebären», gotisch (ga-)*baíran;* es bezeichnet damit auch eine Urgottheit, die am Anfang aller Schöpfung steht.

Diese Überlegungen könnten eine Erklärung für den eigentlichen Sinn des Wortes «Barbar», altindisch ‹barbara› («stammelnd»), liefern. Ein Barbar wäre dann «der Sohn des Bären», auf gotisch *bair baúr,* und dieser Begriff ‹Söhne des Bären› bezeichnet «geborene Männer», nämlich ‹im gleichen Stamm geboren› (Einge*bor*ene) und dadurch edel (edel*bür*tig).

So war auch der Bär das Wappentier der Goten; noch bei der Schlacht von Vouillé (507) schmückte er ihre Standarten. Der Bär findet sich aber auch als Wappentier in zahlreichen Emblemen von Städten, die die Goten erobert oder gegründet haben. Um nur einige zu nennen: Björneborg, Hammerfest, Nowgorod, Madrid.

ZWEITE STUFE:

In der Edda wird berichtet, daß Wotan der Sohn Börs und der Riesin Besla gewesen sei, das aber heißt, daß der Glaube an die Asen, jene Religion, die die Goten entwikkelten, als sie Bauern geworden waren, zurückgeht auf die alte Religion des Wagens oder des Bären, wie sie sie als Nomaden hatten.

Fast das Gleiche, nur in etwas anderer Form, berichtet die griechische Mythologie. In ihr ist *Boreas*, Gott des Nordwindes, der Sohn eines Titanen und der Morgenröte. Tatsächlich sind die Sprachforscher heute der Ansicht, daß der Name Asien, das Land der Asen, aus der Sanskrit-Wurzel *ushas* kommt. Ushas aber bedeutet Morgenröte.

Allerdings verstanden die Völker der Antike unter Asien geographisch ein anderes Gebiet als wir. Ihr Asien begann am Don, den wir noch zu Europa rechnen, und endete vor dem Indus. Für die Goten stand fest, daß Wotan und die Asen an den Ufern des Don geboren worden waren und von dort aufbrachen, um Nordeuropa zu erobern. Oder, wie Desdevises du Dézert schreibt: «Erst die Goten haben dem Odin-Glauben seine endgültige Form gegeben.»

Da die Goten zwischen dem 5. und 4. Jahrhundert v. Chr. zum ersten Mal auf der Krim auftauchen, muß sich in jener Zeit dieser neue Glaube herausgebildet haben.

Zur selben Zeit beginnen sie auch, mit stabilen Booten die Flüsse zu befahren, und das schlägt sich in der Rune ᚨ *ansus* nieder, die sowohl «Asen» wie «Flußmündung» bedeuten kann. Es ist die gleiche Zeit, in der die Goten in fruchtbaren Gegenden seßhaft werden und Ackerbau und Viehzucht betreiben. In der Lehre von der Erschaffung der Welt, wie sie die Edda schildert, schimmert dieser Übergang von einer Entwicklungsstufe zur anderen durch.

Am augenfälligsten ist dies bei der Schöpfungsgeschichte zu erkennen. Wotan hat mit Hilfe seiner beiden Brüder Vile und Ve den Riesen Ymir getötet und formt aus dessen Körper die Erdkugel. Aus den Knochen des Riesen werden die Berge, aus seinen Zähnen die Felsen, aus seinem Schädel die Himmelskuppel und aus dem Gehirn die Wolken. Das Blut Ymirs löst eine gewaltige Überschwemmung aus, in der das ganze Geschlecht der Riesen ertrinkt, bis auf Bergelymir, der sich in einem Backtrog retten kann.

Begriffe wie Befriedung durch das Blut und Rettung durch einen Brotkasten zeigen, welche wesentliche Rolle der Ackerbau in der Vorstellungswelt der damaligen Goten bereits spielte.

Aus dem Stamm der heiligen Esche Ygdrasil formt Wotan den ersten Menschen, Ask, aus dem Stamm der Heiligen Buche erweckt er die erste Frau, Embla. Die Esche Ygdrasil ist der Baum allen Lebens, Angelpunkt des Weltalls, seine Wurzeln reichen bis zu den Asen, seine immergrünen Blätter rahmen den Himmel ein.

Im Laufe der Zeit entwickelt und verändert sich der Asen-Glaube. Als man lernt, Metall zu verarbeiten, kommt es in der Asenstadt Asgard zu einer Palastrevolution: Thor, der Ase mit dem Hammer, nimmt nun Wotans Platz ein. Dies alles geschieht in jener Zeit, als die Goten in Skandinavien leben. Adam de Brême schreibt nach der Besichtigung des Heiligtums von Uppsala:

«In diesem, zur Gänze mit Gold ausgelegten Heiligtum, verehrt das Volk drei Götterbilder: das mächtigste gehört Thor, der in der Mitte sitzt, zu seiner rechten thront Wotan, zu seiner linken Freyr. Und dies sind ihre Eigenschaften: Thor halten sie für den Beherrscher des Himmels, er regiert über Donner und Blitz. Wotan, was soviel wie «Wut» heißt, ist der Gott des Kampfes, er verleiht den Menschen den Mut gegen ihre Feinde. Freyr, der dritte, schenkt den Sterblichen Frieden, aber auch Wollust. Er hat einen gewaltigen Phallus.»

DRITTE STUFE:
Wie groß die intellektuelle Entwicklung der Goten gewesen ist, läßt sich am besten daran ermessen, daß sie im 4. Jahrhundert zur abstraktesten und spitzfindigsten Version aller theologischen Doktrinen des Christentums übertraten: zur Lehre des Priesters Arius.

Arius gehörte zur christlichen Kirche von Alexandrien. Im Jahre 318 stellte er sich gegen den Bischof Alexander, den er für zu lasch in theologischen Fragen hielt. Alexander lehrte, daß Gottes Sohn genau so göttlich und unsterblich sei wie Gottvater selbst. Arius sah darin eine schwere Ketzerei, die übrigens bereits auf dem Konzil von Antiochia (270) verdammt worden war. Arius argumentierte folgendermaßen: Da der Vater den Sohn gezeugt hat – und die gesamte Kirche ist dieser Meinung –, muß er logischerweise *vor* ihm existiert haben. Wer also behauptet, auch der Sohn sei ewig, und nicht zweifelt, daß der Vater ihn gezeugt hat, macht sich der Ketzerei schuldig, weil dadurch nicht ein einziger Gott, sondern deren zwei als existent angenommen werden. Arius kommt zu folgendem Schluß: da der Sohn dem Vater nicht gleich sein kann, ist er auch nicht göttlichen Wesens.

Arius wird von Alexander exkommuniziert, aber er kämpft weiter mit den einzigen, ihm zur Verfügung stehenden Waffen, denen der Vernunft, und sammelt in kurzer Zeit Mitstreiter aus allen Kirchen des Ostens um sich. Um das Gefüge der Kirche nicht noch mehr zu erschüttern, wird unter Kaiser Konstantin im Jahr 325 das Konzil von Nicäa einberufen. Die Delegierten werden aufgefordert, rasch zu einer Entscheidung zu kommen, damit durch diese religiösen Streitereien nicht der Frieden im Kaiserreich gefährdet wird. Das Konzil entscheidet sich für ein Glaubensbekenntnis, das der Bischof Athanasius entworfen hat. In ihm heißt es: «Der Sohn wurde erschaffen, aber nicht erzeugt, er ist also vom gleichen Wesen wie der Vater.» Die Arianer werden verdammt und außer Landes gewiesen, ihre Bischofssitze enteignet. «Es ist eine ebenso bedeutsame wie besorgniserregende Tatsache», schreibt der Historiker Ferdinand Lot, «daß das erste große Kirchenkonzil unter dem Druck eines Mannes beraten und entschieden hat, der kurz vorher noch ein Heide war.»[1] (Gemeint ist Kaiser Konstantin, der erst auf dem Totenbett die christliche Taufe empfing, sich allerdings bereits zu Lebzeiten für das Christentum einsetzte. A. d. Ü.)

Doch es blieb nicht bei der Entscheidung von Nicäa. Bereits drei Jahre später, auf dem Konzil von Thyrus, wird die Doktrin des Bischofs Athanasius verdammt und die arianischen Bischöfe werden wieder eingesetzt. Aber damit noch nicht genug! Auch die Kaiser sind einmal Anhänger des Athanasius, so Konstantin, dann wieder Arianer wie Constans. Selbst zwei rivalisierende Päpste gab es: den nicäanischen Liberius und den arianischen Felix II. Vereinfacht kann man sagen: Kaiserreich und Kirche des Westens sind für Athanasius, die des Ostens

---

[1] Ferdinand Lot: Das Ende der antiken Welt und der Beginn des Mittelalters

sind für Arius. Als beide Parteien der Streitereien müde sind, einigen sie sich auf einem neuen Konzil. Die Arianer verzichten darauf, zu behaupten, der Sohn sei vom Vater gezeugt worden, und die Nicäaner bestehen nicht mehr darauf, daß beide wesensgleich seien; ein Kompromiß, an den sich die Extremisten aus beiden Lagern, die kein Jota von ihrer Überzeugung preiszugeben bereit sind, natürlich nicht halten. Der Kompromiß steht nur auf dem Papier.

Bei diesem intellektuellen Hinundher spielen die Goten eine entscheidende Rolle. Als der Arianismus im Westen bereits ausgeschaltet scheint, füllen ihn die Goten mit neuem Leben. Nicht nur durch die Zahl ihrer Anhänger, sondern auch durch ihre politische Macht, die gerade in voller Blüte steht. Wo immer gotische Könige, selbst eine Art geistlicher Würdenträger, ihre Herrschaft ausüben, in Italien, Oczitanien oder auf der iberischen Halbinsel, folgt ihnen «die Kirche im Pelz», arianische Priester in ihren Rotfuchs-Pelzen, die ihren Glauben verkünden. Doch die römische Kirche sorgt dafür, daß es teuer zu stehen kommt, in Jesus nur den Menschensohn sehen zu wollen.

Eines jedoch darf bei dieser Entwicklung nicht übersehen werden: ob die Goten dem Glauben des Arius folgten oder ob Rekhared, der Wisigoten-König, zum Katholizismus übertrat – niemals haben die Goten ihren ursprünglichen Glauben ganz aufgegeben.

Noch im 6. Jahrhundert war die Bezeichnung für die oberste Adelsschicht unter den Wisigoten in Spanien «Ansen» oder «Asen», so wie es von jeher üblich war.

Auch die Legende, die sich um den Untergang des Wisigotenreichs Spanien rankt, daß nämlich der Graf Julian

König Roderich nur im Stich gelassen habe, weil dieser ihm die Frau weggenommen, hat eine Parallele in einer alten Edda-Sage, nach der König Sigurd Sleva von seinem Vertrauten Thork getötet wird, weil er dessen Frau vergewaltigt hatte.

Hierher paßt auch die Theorie, daß eine kleine Gruppe der Goten im 5. Jahrhundert dem Ansturm der Hunnen ausweichen konnte, auf die Krim floh und dort ein neues Gotien gründete, das als kleine, abgesonderte Gemeinschaft über zehn Jahrhunderte existierte. Als die anderen Goten sich zum Arianismus bekannten, wurden diese Goten katholisch. Bis ins 16. Jahrhundert entsandten sie ihre eigenen Bischöfe zu den verschiedenen Konzilien. 1562 drang der flämische Gelehrte de Busbecq, ein weitgereister Mann, bis zu ihnen vor und brachte von dieser Reise ein kostbares Vokabular[1] der gotischen Sprache mit, die sie auch zu jener Zeit noch als Umgangssprache benutzten.

Zwei Jahrhunderte später wurden diese Goten von türkischen Seeräubern überfallen und als Gefangene weggeführt. Ein mitleidiger Jesuit, Pater Mondorf aus Wien, löste sie 1750 aus. Er stellte fest, daß sie noch immer gotisch miteinander sprachen. Sie erklärten dem Pater zwar, daß sie gute Katholiken seien, doch als er sie aufforderte, diesen Glauben näher zu erläutern, gestanden sie, daß sie – genau wie ihre Landsleute auf der Krim – noch immer dem Kult um eine sehr alte Esche anhingen. Fünfzehn Jahrhunderte Christentum waren nicht ausreichend gewesen, den Baum Ygdrasil, aus dem Wotan einst die Runen geschaffen hatte, zu entwurzeln ...

---

[1] de Busbecqs Liste umfaßte 86 Wörter

Zweiter Teil

Die Schätze der Goten

Die Goten haben nur wenige schriftliche Dokumente über ihre Kultur und Zivilisation hinterlassen. Das bedeutendste ist das Werk des Wulfila, eine Übersetzung der Bibel und somit kein eigenständiges Werk aus gotischem Geist. Es ist zwar in gotisch geschrieben, aber in einer «modernisierten» Schrift und Sprache. Von dieser Bibelübersetzung existieren nur noch Fragmente. So bleibt die ursprüngliche gotische Schrift und Sprache rätselhaft und geheimnisumwittert.

Die architektonischen Zeugen sind zwar etwas zahlreicher, aber, abgesehen von einigen Bauten in «Fischgrätmuster», zeigen auch sie meist fremde Einflüsse. Es ist eines der großen Rätsel, wieso der gotische Geist sich erst lange nach dem Untergang der Goten in der Architektur darstellt. Wir kommen noch darauf zurück.

Am deutlichsten kann man die eigenständige Handschrift der Goten in ihrer Goldschmiedekunst erkennen. Auf diesem Gebiet haben sie Meisterwerke geschaffen, die seit einigen Jahren unsere modernen Goldschmiede formal beeinflussen, was besser als alles andere beweist, wie unvergänglich sie sind. In den Schmuckstücken haben die Goten offensichtlich all ihre Gefühle ausgedrückt. Das allein wäre ein ausreichender Grund, um sich mit diesen Schätzen zu beschäftigen.

Aber das kann weder der einzige noch der wichtigste

sein, denn die Geschichte der Goten-Schätze ist gleichzeitig die ihres Leids, ihrer Taten und ihres Glaubens. Diese Geschichte ist spannender als ein Roman, sie steht nicht nur in vergilbten Chroniken, sondern so außergewöhnliche Entdeckungen wie die von Pietroasa und von Fuente de Guarrazar lassen sie uns als Augenzeugen miterleben. Doch bevor wir davon berichten, müssen wir klarstellen: Der Staatsschatz der Goten bestand aus dem königlichen und dem «Alten Schatz». Es waren also eigentlich zwei von einander verschiedene Schätze.

Der Königsschatz bestand aus des Königs persönlichem Besitz, insbesondere aus seinem Schmuck und aus dem, was ihm als Tribut gezahlt wurde. «Die gotischen Könige» schreibt Desdevises du Dézert, «hatten genau wie die römischen Kaiser große Schätze, um die Interessen ihres Landes zu wahren. Wie groß diese Schätze gewesen sein müssen, kann man daran ersehen, daß bis zum Untergang des Gotenreichs die Könige ihren Reichtum bewahren konnten. Die wesentliche Einnahmequelle für diesen Schatz waren Geldstrafen, die nur der König verhängen durfte. Einige betrugen bis zu fünfhunderttausend Gold-Sous. Von solchen Strafsummen konnten die Könige erhebliche Teile für sich selbst behalten.»[1] Nur der König konnte über den Schatz verfügen, aus dem die laufenden öffentlichen Ausgaben bezahlt wurden.

Ganz anders verhielt es sich mit dem Alten Schatz. Er bestand aus Beutestücken bei Feldzügen, durch welche die Erinnerung an die Heldentaten der Vorfahren wachgehalten wurde. Der spanische Historiker Abadal de la Vinhyas meint: «Der Alte Schatz war der Talisman des

[1] Desdevises du Dézert: Die Wisigoten, Caën 1891

Königreichs, der Garant für seine Rechtmäßigkeit und für seinen Bestand.»[1]

Während der königliche Schatz zur Begleichung der laufenden Staatsausgaben benutzt werden konnte, war der Alte Schatz für die Goten magisch und heilig. Er war unantastbar, nicht einmal die Könige durften sich seiner bedienen, außer wenn die Existenz der Nation auf dem Spiel stand.

Zu den Schmuckstücken des Alten Schatzes gehörten zwei ganz außergewöhnliche Kunstwerke: Der Smaragdtisch und das Missorium. Die Herkunft des Smaragdtisches ist unbekannt. Auch dürfte er nur «Smaragdtisch» genannt worden, in Wahrheit aber aus einem einzigen Stück eines nicht so kostbaren Steins gemeißelt gewesen sein. Vielleicht sogar aus jenem Glasplasma, daß gotische und byzantinische Goldschmiede gelegentlich statt Edelsteinen verwendeten. Auf alle Fälle muß es ein beeindruckendes Stück gewesen sein, das in den Tausenden von Erzählungen der Zeitgenossen immer schöner und schöner wurde. So behauptete der Erzbischof Roderich von Toledo, daß die Tischplatte von 365 Füßen aus purem Gold getragen worden sei... Das Missorium war ein Gefäß – wahrscheinlich eine Vase oder eine Schüssel – aus massivem Gold, es war reich mit Edelsteinen geschmückt und wog fünfzig Pfund. Im Laufe der Zeit haben die verschiedenen Chronisten der 50 eine Null hinzugefügt, aber 500 Pfund hat es bestimmt nicht gewogen. Das Missorium war ein Dankgeschenk des Aetius an den Wisigotenkönig Thorismund, dem Sohn Theode-

---

[1] Abadal de las Vinhyas: Vom Königreich zu Toulouse zum Königreich von Toledo, Madrid 1960

richs I., für dessen entscheidende Waffenhilfe bei der Schlacht auf den Katalaunischen Feldern gegen Attila und seine Hunnen.

Der Alte Schatz ging in den Besitz der Wisigotenkönige von Spanien über, die von sich aus weitere Schmuckstücke sammelten. Sie waren bei religiösen Festen, die mit großem Pomp begangen wurden, zu besichtigen.

Im dritten Band seiner «Allgemeinen Geschichte Spaniens» schreibt Menendez Pidal: «Die Wisigoten standen in dem Ruf, den reichsten Goldschatz zu besitzen, und ihre Gotteshäuser hatten kostbarere Kultgefäße als andere Kirchen.»

Zu den hohen Würdenträgern, die sich zum 8. Konzil von Toledo versammelten, gehörte auch der «Graf der Verschwiegenheit» (Secrets), dessen einzige Aufgabe es war, über die Reliquien, Schmuckstücke und Paramente der königlichen Kapelle zu wachen. Alle diese Kostbarkeiten wurden ständig in einem besonderen Raum, dem

77 Wisigoten-Schatz von Pietroasa (Rumänien): die große Fibel (Foto: Museum der Altertümer, Bukarest)

78 *Oben:* Wisigoten-Schatz von Pietroasa (Rumänien): die große Opferschale (Nationalmuseum für Altertümer, Bukarest. Das Foto stammt aus dem Werk «Rumänien», Coll. Arch. Mundi – Editions Nagel). *Unten:* Der Bär war das Emblem der Goten. Fast immer ist er Bestandteil der Wappen jener Städte, die sie gegründet haben. Die Wappen von Nowgorod(1) und von Björneborg(2) (Cl. Edition Artia, CSSR). Die Rune «Odal», die Wotan geweiht war, im Fenster der Kirche von Etelhem in Schweden(3) (B.N.-cl.E.R.L.)

79 Runen-Stein von Hunnestad (Historisches Museum von Lund – Foto: Claus Hansmann)

80 Das «Kreuz des Geheimnisses» auf einer wisigotischen Säule (Museum zu Narbonne – Foto: Henry)

Sakrarium, aufbewahrt und mit Tüchern zugedeckt. Nur zu hohen kirchlichen Festen wurden sie vorgezeigt.

Zum Schutz ihrer Schätze hatten die wisigotischen Könige außergewöhnliche Sicherheitsmaßnahmen getroffen. Der arabische Chronist Aben Adhari, genannt der Marokkaner, berichtet darüber:

«Im Palast von Toledo gab es einen Raum, der durch 24 Schlösser verriegelt werden konnte. In ihm wurden die Schätze und die vielen Beutestücke aufbewahrt. Zu den Schätzen gehörten geheimnisvolle Amulette und seltsame magische Figuren, die unversehrt erhalten werden mußten, da von ihnen angeblich das Geschick des von Athaulf gegründeten Imperiums abhing. Deshalb wurden diese Talismane in einer ebenso schönen wie kostbaren Marmortruhe aufbewahrt, die mit symbolischen Zeichen geschmückt war. Jeder Fürst, der den Thron bestieg, ließ ein weiteres Schloß an die Tür anbringen, um den Schatz vor einer Entweihung durch Fremde zu schützen.»

Dieser erstaunliche Bericht gibt einen interessanten Aufschluß über Sinn und Zweck des Alten Schatzes. So groß ist dessen Bedeutung, daß 625 Dagobert[1] dem wisigotischen König Swinthilla den Krieg erklärt und bis Saragossa vorstößt, nur um das berühmte Missorium zu erbeuten. Swinthilla muß auf seinen Thron verzichten, und sein Nachfolger Sisenand, ein Günstling der Franken, liefert das Missorium den Gesandten Dagoberts aus. Aber die Wisigoten nehmen diese Entweihung nicht hin; sie verfolgen die Begleitmannschaft, die das Missorium nach Frankreich bringen soll, überfallen die Truppe und

[1] Dagobert, Merowinger-König der Franken

bringen das heilige Stück im Triumph nach Toledo zurück.[1]

Der Smaragdtisch wurde von den arabischen Eroberern unter Führung Tariqs 711 erbeutet. Sie waren von seiner Pracht so fasziniert, daß sie dem Dorf, in dem sie ihn entdeckt hatten, den Namen Medina Al Meyida gaben, was auf deutsch «Stadt des Tisches» heißt. Auch das Missorium fiel in ihre Hände. Beide Stücke erhielten Ehrenplätze auf einem von dreißig Wagen, die in Tag- und Nachtarbeit in Algeciras gebaut wurden, damit die Schätze der Wisigoten von Toledo quer durch Afrika bis nach Damaskus gebracht werden konnten. Dort legte sie Tariq feierlich dem Kalifen Walid zu Füßen. Von da an verliert sich ihre Spur. Aber zum Alten Schatz gehörten zwei weitere Stücke, die noch wertvoller waren. Sie sind weltberühmt und faszinieren uns noch heute.

---

[1] Chronique de Frédégaire 23

1. Kapitel

Die phantastische Odyssee des Schatzes von Pietroasa

An einem Aprilmorgen des Jahres 1837 verlassen Ion Lemnar und sein Schwiegervater Stan Avram wie so oft ihre Strohhütte bei Pietroasa, um in den Steinbrüchen einige *Leis* zu verdienen. Immer wenn ihnen die Feldarbeit Zeit dazu läßt, tun sie dies. Auch heute haben sie ihr eigenes Werkzeug dabei, um Gestein aus dem Istanzia-Berg zu schlagen.

Pietroasa im Distrikt Buzau liegt im Nordwesten der Walachei. Seinen Namen erhielt es von den Steinbrüchen in seiner Umgebung. Es ist einer jener Flecken, in denen außer Hochzeiten, Taufen, Begräbnissen und Wirtshausraufereien zwischen Betrunkenen nichts, aber auch gar nichts passiert. Schon gar nicht in jener Zeit, in der unsere Geschichte spielt.

Die Sonne brennt. Langsam, denn ein harter Arbeitstag steht ihnen bevor, klettern die beiden Männer an den Ufern des Orgaya die Steilhänge hinauf. Die wenigen Lärchenbäume bieten kaum Schutz vor der sengenden Sonne.

In den Steinbrüchen am Istanzia wird seit Jahrhunderten gearbeitet. Das weiche Kalkgestein des Berges hat schon immer guten Ertrag gebracht. Deshalb gibt es nur noch wenige Stellen, die von früheren Generationen noch nicht abgetragen worden sind.

Die, an der Ion und Stan im Auftrag eines Steinmetzes

arbeiten, ist eine der letzten, die noch nicht ausgebeutet wurden. Sie liegt in der Nähe der Weinberge von Ardelians – ein Beiname, den die Bewohner der Walachei ihren Nachbarn, den Transsylvaniern, gegeben haben.

Stumm arbeiten Schwiegervater und Schwiegersohn. Der eine schlägt einen Spalt in den Stein, der andere stemmt einen Pfahl in die Spalte und versucht, den Felsblock zu lösen. Sobald ein Felsstück sich vom Bergmassiv lockert, stoßen die beiden Männer, bevor es sich endgültig löst, den traditionellen Alarmschrei aus. Den langgezogenen, auf und ab schwellenden Ruf hört man bis ins Tal.

Plötzlich stutzt Stan, der erfahrenere von beiden: vor ihm liegen Steinblöcke, die bereits behauen sind. Allerdings ragt nur ein Stück dieser Blöcke aus der Erde, zwischen den einzelnen Felsen ist schwarze Erde aufgeschüttet, wie sie auf dem Istanzia nicht vorkommt. Verwundert legen die beiden Männer einen Steinblock nach dem anderen frei, bis sie erkennen, daß es die Decksteine für eine Art kleines Hünengrab sind. Im Inneren des Grabes: glänzende Gegenstände. Eine gewaltige Menge!

Ion und Stan sind von diesem unerwarteten Anblick so überwältigt, daß sie sich nur anschauen können, ohne daß einer auch nur ein Wort über die Lippen brächte. Was sie gefunden haben, sind goldene Schmuckstücke, die meisten edelsteinbesetzt. Allmählich registrieren sie die einzelnen Stücke: eine kleine Statuette, Schalen, Krüge, Becher, Halsketten, Armbänder, Ringe, Broschen. Insgesamt sind es 23 Stücke, die zusammen ungefähr vierzig Kilo wiegen.

So kam es, daß zwei Bauern, des Schreibens unkundig, durch puren Zufall einen riesigen Schatz fanden; den einzigen Schatz der Goten, der, außer dem von Fuente de Guarrazar, erhalten blieb.

Auf dem Gipfel des Istriza sind die Abende kühl. Deshalb hatten Ion und Stan immer zwei große Wolldecken bei sich. Am Tage trugen sie sie zusammengerollt quer über die Schulter, so wie sie es beim Militär gelernt hatten, wo sie mit dem Zusammenrollen der Decken von arroganten Offizieren oft genug schikaniert worden waren. Jetzt waren sie froh, die Decken dabei zu haben. Sie breiteten sie auf der Erde aus und legten die Schmuckstücke, nachdem sie sie notdürftig mit Gras gereinigt hatten, hinein. Dann warteten sie vorsichtshalber auf den Einbruch der Dunkelheit. Erst dann machten sie sich mit ihrer «vierknotigen Last» auf den Heimweg nach Pietroasa.

Als sie Stunden später den Inhalt ihrer beiden Decken auf dem Familientisch ausbreiteten, wollten die Verwunderungsrufe ihrer Angehörigen kein Ende nehmen. Dies alles hatten sie gefunden:

1. Eine Schale aus massivem Gold, gehämmert und mit eingravierten Verzierungen, 56 Zentimeter im Durchmesser, Gewicht: 7,154 Kilogramm.

2. Eine Schüssel, ebenfalls aus massivem Gold, mit einem Durchmesser von 26 Zentimetern, mit 17 ebenfalls massiven Goldskulpturen verziert. Gewicht: 1,941 Kilogramm.

3. Eine Statue aus purem Gold, die eine sitzende Göttin darstellt, wahrscheinlich Cybele. Ihre Höhe: 7,5 cm, ihr Gewicht: 109 Gramm. Die Statuette ist auf einer kleinen Erhöhung in der Mitte der Schale plaziert. Dieses Kunstwerk ist unter dem Namen «Große Opferschale von Pietroasa» bekannt.

4. Ein Weinkrug *(oenochoe)* aus zisliertem und graviertem Gold. Höhe: 26 cm, Gewicht: 1,715 Kilo.

5. Ein achteckiger, goldener Korb mit durchbrochenem Dekor, dessen beide Henkel zu Panthern geformt sind. In ihren Augenhöhlen sind Rubine eingelegt. Gewicht: 2,409 Kilo.

6. Ein zwölfeckiger, goldener Korb, ebenfalls mit durchbrochenem Dekor, mit Granaten und Saphiren verziert; beide Henkel sind als Panther gearbeitet, in deren Augenhöhlen Lapislazuli-Steine eingelegt sind. Gewicht: 1,518 Kilo.

7. Eine Goldbrosche *(Fibel)* in der Gestalt eines Raubvogels, mit Granat-Cabochons und vier Anhängern aus Bergkristall geschmückt. Gewicht: 0,817 Kilo. Sie ist als «Große Fibel von Pietroasa» bekannt.

8. Eine Goldfibel in der Form eines Ibis, mit Rubin-Cabochons eingelegt und Anhängern geschmückt. Höhe: 25 cm, Gewicht: 540 Gramm.

9. Eine weitere Fibel von gleicher Form. Gewicht: 525 Gramm.

10. Eine Fibel in der Gestalt eines Raubvogels, Goldgeflecht, mit Ornamenten aus Cabochons und Edelsteinen, sowie Gehänge. Höhe: 12,5 cm, Gewicht: 204 Gramm.

Die eine große wie die drei kleinen Fibeln in Gestalt von Vögeln regten die Phantasie der rumänischen Bauern derart an, daß der gesamte Schatz von Pietroasa bei ihnen den Spitznamen «Die Henne mit den goldenen Küken» bekam. Nicht im entferntesten konnten diese Bauern ahnen, daß es tatsächlich eine goldene Henne mit Küken nicht allzuweit von ihnen, im Schatz der Kathedrale von Monza, Italien, gab. Diese goldene Henne war ein Geschenk der Wisigoten-Königin Theodelinde.

11. Ein Halsband aus Goldgeflecht, mit Edelsteinen geschmückt. Durchmesser: 20 Zentimeter, Gewicht: 219 Gramm.

12. Ein goldenes Halsband in der Form eines zylindrischen Rohres. Durchmesser: 17 Zentimeter, Gewicht: 128 Gramm.

13. Ein goldenes Halsband, das dem vorhergehenden entspricht, das aber eine Inschrift trägt.

    Dieses Halsband ist zerstückelt, es ist nicht das spektakulärste aus dem Schatz von Pietroasa, aber das wichtigste Stück für das, was wir in diesem Buch beweisen wollen. Wir kommen darauf ausführlich zurück.

Mit diesem Stück ist die Aufzählung dessen, was vom Schatz von Pietroasa übrigblieb, abgeschlossen.

Auf dem Tisch der Familien Lemnar und Avram allerdings lagen an dem denkwürdigen Abend auch noch die anderen Stücke, die sehr bald danach für immer verschwanden, von denen aber Ion und Stan in ihrer einfachen Sprache eine genaue Beschreibung gaben. Nämlich diese:

14. «Ein goldener Reif, groß wie ein Hutband, mit Verschluß, aber ohne Edelsteine.»

15. Ein «goldener Reif», identisch mit dem vorher genannten, aber voller Inschriften.

16. «Ein dünnerer goldener Reif».

17. Ein zweiter Weinkrug «mit einem Fassungsvermögen von einer halben *Oca* (0,7 l) und «so hoch wie die Spanne einer ausgewachsenen Hand» (24 cm). Wahrscheinlich ein Pendant zum ersten (Nr. 4).

18. Eine Schale, «so groß wie das Innere eines Hutes», aber ohne Figuren.
19. Eine Fibel in Form eines Vogels «mit Steinen, so groß wie Leinsamenkörner».
20. Ein Goldreif, «so groß wie ein Hut ohne Krempe, mit Steinen verziert».
21. Ein Goldreif wie der vorherige, aber ohne Steine.
22. Ein flaches Armband mit einem eingefaßten Edelstein «von der Größe einer *para*» (1,2 cm). Der große Stein fehlte, aber er war von «kleinen roten Steinen» eingerahmt.
23. Ein weiteres Armband, das mit diesem identisch war.

Man muß sich die Szene an diesem Abend in der Hütte vorstellen:

Beim spärlichen Licht der Petroleumlampe schienen sich Gold und Rubine in Glut und Flammen zu verwandeln, die kurz und bedrohlich aufleuchten. Alle waren erregt und gleichzeitig verängstigt, besonders die Frauen, denn damals waren die rumänischen Bauern noch überzeugt, daß der Fund eines verborgenen Schatzes am Ende dem Finder doch nur Unglück bringt. Auch in diesem Fall bestätigte sich dieser Volksglaube.

Was sollte mit dem Schatz geschehen? Ihn der Erde zurückgeben, die ihn Jahrhunderte lang vor der Habgier der Menschen beschützt hatte? Daran dachte an diesem Abend keiner in der Familie. Diese Menschen waren viel zu arm, als daß sie nicht hofften, durch diesen Fund ihr Leben völlig zu verändern. Auf keinen Fall jedoch durfte das Gold im Hause bleiben, das war zu gefährlich.

Die Familienmitglieder berieten, besprachen und verwarfen alle Möglichkeiten, bis Ion und Stan beschlossen, ihren Verwandten Nikolas Baciu und seine beiden Söhne ins Vertrauen zu ziehen. Diese erklärten sich bereit, den Schatz auf ihrem Speicher zu verstecken. Dort blieb er fast ein Jahr lang, und nichts änderte sich an der Lebensweise derer, die ihn gefunden hatten.

Nachdem sie noch immer keine Idee hatten, was mit diesem Glücksfund geschehen solle, erzählten sie eines Tages dem Steinmetz, für den sie gelegentlich im Steinbruch arbeiteten, unter dem Siegel der Verschwiegenheit davon. Der Mann war ein Albanier namens Alexander Verussi. Er überedete Ion und Stan, ihm wenigstens eine der Halsketten anzuvertrauen, die er in Bukarest einen ihm bekannten Goldschmied namens Probaca zeigte.

Nach Pietroasa zurückgekehrt, ließ er sich den ganzen Schatz zeigen und bot für alles 4000 Piaster. Eine absolut lächerliche Summe, sie entsprach, nach heutigem Wert, etwa tausend D-Mark. Das Geschäft kam zustande. Doch Baciu war klug genug gewesen, wenigstens den großen zwölfeckigen Korb, der mit Rubinen, Lapislazuli und Saphiren besetzt war, vor Verussi zu verbergen.

Was sich nun auf dem Speicher von Nikolas Baciu abspielt, ist finsterster Vandalismus: der Albanier, eine Axt in der Hand, zerschlägt einige Stücke, andere drückt er platt; er ist nur am Verkauf des Goldes interessiert. Die Cabochons und Edelsteine, die bei diesem Wüten aus den Fassungen springen, beachtet dieser Besessene nicht, er hält sie für Glasstücke. Erst einige Tage später, nachdem sein Helfershelfer, der Goldschmied, ihm klar gemacht hat, was er da hat liegen lassen, kommt er erneut zu Baciu und verlangt die Herausgabe der Steine. Doch Baciu hat die größten bereits für sich auf die Seite gebracht und überläßt Verussi nur noch einige kleinere.

Die ganz kleinen aber hat Baciu doch tatsächlich auf den Misthaufen geworfen!

Sie dort zu suchen ist müßig, denn die Schweine haben sie inzwischen beim Herumschnüffeln freigelegt, Kinder haben sie gefunden und aufgehoben, und bald munkelt man im ganzen Dorf, daß es bei Nikolas Baciu nicht mit rechten Dingen zugehen könne.

Auch der Gutsbesitzer Gheorghe Frunza-Verde hört davon. Da er der Arbeitgeber von Baciu ist, knöpft er ihn sich solange vor, bis Nikolas es mit der Angst zu tun bekommt und alles gesteht. Der Gutsbesitzer läßt sich sofort den kostbaren Becher aushändigen und fährt zu Verussi, um ihn zu erpressen. Das gelingt. Der Albanier gibt ihm eine der goldenen Halsketten und einen kleinen Geldbetrag, um damit sein Schweigen zu erkaufen. Doch Frunza-Verde fühlt sich betrogen und erstattet Anzeige bei der Polizei.

Dies alles spielt sich im Jahre 1838 ab, vergessen wir das nicht! Seit zwei Jahrhunderten ist Rumänien zersplittert, nachdem Michael der Tapfere ermordet worden war. Es gibt keine Zentralregierung. Die Walachei, Kern des Staates, ist in dieser Zeit nichts als ein Fürstentum, vom Sultan abhängig. Regiert wird es von einem *Hospodar,* der vom Adel gewählt wird, aber in Wahrheit bestimmen Rußland und die Türkei die Geschicke der Walachei.

Die Nachricht von diesem bedeutenden Fund hält der Hospodar Alexander Ghyka für wichtig genug, eine Untersuchungskommission einzusetzen. Sie hat eine doppelte Aufgabe zu erfüllen: weitere Grabungen in der Umgebung der Fundstelle durchzuführen und alle zu befragen, die mit dem Fund und seinen Folgen zu tun hatten.

Die Grabungen verliefen ergebnislos. Bei den Verhören aber hatte die Kommission Erfolg, denn sie wurden nach Methoden durchgeführt, die man von der ottomanischen Verwaltung gelernt hatte. Sie waren alles andere als sanft und höflich. Ion Lemnar, Stan Avram, Nikolas Baciu, Anastasius Verussi und selbst Gheorghe Grunza-Verde, der die Anzeige erstattet hatte, wurden gefoltert. Erfolg: Der zwölfkantige Becher und zwei goldene Halsketten wurden unversehrt herausgegeben. Doch das war nur der Anfang.

Am längsten hielt der Albanier Verussi seine Lügen aufrecht. Er behauptet, er habe den Schatz an einen unbekannten Wanderhändler für 8000 Piaster weiterverkauft. Aber die Polizei hatte in Bukarest Briefe abgefangen, die sich Verussi und sein Komplize, der Goldschmied Procaba, geschrieben hatten. Mit diesen Briefen als Beweis ließ der Fürst Ghyka, ein Bruder des Hospodar Alexander, die beiden Männer gegenüberstellen. Glücklicherweise war dieser Fürst ein großer Kenner und Liebhaber der Archäologie, dem man nichts vormachen konnte. Durch die Fragen und Beweise zermürbt, gestanden die beiden Männer, daß sie bei Beginn der Untersuchungen aus Angst, verhaftet zu werden, alles, was sie vom Schatz noch besaßen, in größter Hast in einem Loch versteckt hätten, das sie am Ufer des Calneu ausgehoben hatten.

Tatsächlich fanden dort die Behörden weitere zehn, allerdings stark beschädigte Stücke. Zusammen mit den drei, die die Kommission bereits vorher entdeckt hatte, kann man sie heute im Nationalmuseum von Bukarest bewundern. Mehr blieb vom sagenhaften Goten-Schatz von Pietroasa nicht übrig.

Zehn andere Stücke blieben für immer verschwunden. Unter ihnen das zweite Halsband mit der Inschrift. Sein archäologischer Wert dürfte unschätzbar sein, wenn man es an dem mißt, was erhalten blieb. Von diesen zehn Stücken sind einige sicherlich von dem Goldschmied Probaca eingeschmolzen worden, aber Alexander Odobescu, der Ende des vorigen Jahrhunderts Direktor der Antiquitätensammlungen von Rumänien war, glaubt, daß auch einige verkauft worden sind. Vielleicht hilft auch hier – wie schon so oft in der Archäologie – der Zufall, und eines Tages tauchen die Stücke weiß Gott wo wieder auf.

Doch mit der Verhaftung der Schatzräuber waren die Ärgernisse um den Schatz von Pietroasa noch lange nicht beendet. Im Gegenteil: jetzt begannen sie erst richtig.

Nur die sieben Kilo schwere Schale, der zwölfeckige Becher und eine Halskette waren unversehrt. Alle anderen Stücke waren beschädigt oder zerbrochen. Außerdem hatte Verussi die Smaragde, Rubine, Saphire und Perlen an Gott und die Welt verkauft, lediglich von Baciu erhielt man Karfunkel, Lapislazulisteine, Türkise und Bergkristalle zurück. Alexander Odobescu lieferte diese Stücke aus dem Schatz an einen Pariser Goldschmied, dessen Name geheim gehalten wurde. Er sollte die Stücke restaurieren. Das war im Jahre 1867.

93 Krone von Sonnica (Museum von Cluny – Foto M. Beck – E.R.L.)
94/95 Der Schatz von Guarrazar (bei Toledo): Kronen gotischer Könige, 7. Jahrhundert (Foto: Roger-Viollet)
96 Der Riese Finn, ein Held der gotischen Mythologie, Säulen-«Heiliger» in der Krypta der Kathedrale von Lund, Schweden (Foto Zodiac)

Die restaurierten Stücke wurden zur Weltausstellung in Paris ausgestellt. Man hatte dafür eigens eine Stahlkassette angefertigt, die mit einem komplizierten System von Schlüsseln und Kurbeln gesichert war. Den Schaukasten hatte man jedoch auf ein so hohes Podest gestellt, daß die einzelnen Stücke kaum zu erkennen waren. Ein Jahr später wurde der Schatz in London ausgestellt.

Dieses Herumreichen des weitaus kostbarsten Schatzes, den Rumänien besaß, hatte im Land einen Sturm von Protesten ausgelöst. Odobescu wurde von den Zeitungen aufs Korn genommen. Die einen beschuldigten ihn, für die rumänische Regierung Kontakte geknüpft zu haben, um den Schatz an Frankreich oder England zu verkaufen, andere behaupteten sogar, der Verkauf sei bereits erfolgt und nach Rumänien kämen nur noch Kopien zurück, die ein Pariser Goldschmied unter dem Vorwand, die echten Schmuckstücke zu restaurieren, angefertigt habe.

Diese Gerüchte erhielten neue Nahrung, als bekannt wurde, unter welchen Umständen der Goten-Schatz von Fuente de Guarazzar, der nur wenig später als der von Pietroasa gefunden worden war, von Spanien nach Frankreich geschmuggelt wurde. Jedenfalls kam der Schatz von Pietroasa 1872 nach Bukarest zurück, wo man ihn in der Spezial-Kassette in den Räumen der Senatsbibliothek aufstellte.

Doch auch hier sollte der Schatz von Pietroasa nicht zur Ruhe kommen: in der Nacht vom 2. zum 3. Dezember 1872 verschwand er aufs neue.

An diesem Abend hatte der Wächter, als die letzten Besucher den Raum verlassen hatten, die komplizierten Verschlüsse der Kassette nicht ordnungsgemäß verriegelt. Der Dieb muß das beobachtet oder gewußt haben.

Mit Nachschlüsseln drang er ins Erdgeschoß ein, sägte eine Öffnung in die Holzdecke und konnte sich so ins Obergeschoß, wo der Schatz aufbewahrt wurde, hochziehen. Ihn zu rauben war dann ohne Schwierigkeiten möglich. Auf seiner Flucht verlor der Dieb den zwölfkantigen Becher, am nächsten Morgen fand man ihn in einem öffentlichen Park.

Die Spur führte zu einem ehemaligen Seminaristen, der einschlägig vorbestraft war. Die Polizei überführte diesen Mann, dessen Name Pantalescu war. Seine Beutestücke hatte er in seiner Wohnung im Klavier versteckt, aber um die sperrigen Stücke, die zusammen 19 Kilo wogen, während seiner Flucht in der Hose verstauen zu können, war ihm nichts besseres eingefallen, als sie zusammenzudrücken. Zum zweiten Mal war der Schatz von Pietroasa zerstückelt worden. So hatte Pantalescu die große Goldschale, sieben Kilo schwer, in vier Stücke zerteilt und eines davon bereits in seinem Schmelztiegel zerschmolzen, bevor die Polizei ihn verhaften konnte. Es blieb nichts weiter übrig, als die Stücke ein zweites Mal zu restaurieren.

Mit dieser Aufgabe betraute man diesmal einen Berliner Goldschmied, dessen Name ebenfalls wie der seines Pariser Kollegen geheimgehalten wurde. Er nahm von allen Stücken Abdrücke, fertigte Kopien an und restaurierte die Originale. Aber auch damit waren die Irrwege des Schatzes noch nicht zu Ende.

Als im August 1944 die Rote Armee in Rumänien einmarschierte, beschlagnahmten die sowjetischen Behörden den Schatz und brachten ihn in die UdSSR. Der Befehl dazu soll von Stalin persönlich erteilt worden sein. Dem alten Diktator des Kreml ging es dabei nicht so sehr um den nicht abzuschätzenden Handelswert, sondern mehr um die geheimnisvollen Inschriften auf dem Halsband, denn in den vierziger Jahren hatte er eine eigene Theorie über die «Sprache Jahwes» entwickelt. Der Schatz blieb zwanzig Jahre in der Sowjet-Union, ohne jedoch öffentlich ausgestellt zu werden. Erst nach Stalins Tod kam er nach zähen Verhandlungen wieder nach Rumänien. Zu welchen Bedingungen? Niemand weiß es. «Wir haben auf seiner Herausgabe bestehen müssen», sagte mir ein in Paris lebender rumänischer Diplomat.

Heute befindet sich der Gotenschatz von Pietroasa wieder im Nationalmuseum für Altertümer in Bukarest. Doch die Gerüchte wollen nicht verstummen, daß dort nur Kopien aufbewahrt werden, während sich die Originale (je nach Leseart) in England, Deutschland, der UdSSR oder der Schweiz in einem Safe befinden. Den Gipfel der Mystifikation erklomm die französische Wochenzeitschrift *Charivari,* die 1973 behauptete, die Fotos vom Schatz von Pietroasa seien die des Schatzes von Rennes-le-Château!

Wer Gelegenheit hatte, den Schatz von Pietroasa eingehend zu betrachten, kann über diese Berichte der Regenbogenpresse nur lächeln. Denn die Anfertigung von Kopien der Schmuckstücke aus dem gleichen Material hätte mindestens genau so viel gekostet, wie der Verkauf der Originale eingebracht hätte – wo also wäre da der Vorteil? Vor allem aber zeigen einige der Stücke des Schatzes trotz ihrer Restaurierung noch immer Spuren ihrer mehrmaligen Beschädigung. Zum Beispiel die Große Platte und der Weinkrug; ihre nur schlecht retuschierten «Narben» sind unwiderlegbare Beweise ihrer Echtheit. Andererseits braucht man sich über diese zahlreichen, wildwuchernden Gerüchte nicht zu wundern, denn die vielen unglaublichen Ereignisse um den Pietroasa-Schatz haben ihm einen einmaligen Ruf verschafft, der wiederum nur das Echo auf die Bewunderung und Verehrung für ihn ist.

Doch dieser Schatz ist nicht der einzige Beleg für gotische Goldschmiedekunst, den man im alten Thrazien gefunden hat. Außer ihm gibt es:

– die zwei Schatzfunde von Apahida, mit ihrem silbernen oenochoe (Weinkrug), das mit bacchantischen Szenen geschmückt ist, ihrem Adler, ihrer goldenen Rosette, mit Amandinen verziert, ihren Armreifen, ihren Fibeln, ihren Ringen und Ohrgehängen,

– die zwei prächtigen Gürtelschnallen mit Adlerkopf, beide aus Gold und mit Amandinen und Smaragden geschmückt, die in Cipau und in Fundatura gefunden wurden,

– der Schatz von Somoceni mit seinen Ohrgehängen.

Sie alle aber übertrifft der Schatz von Pietroasa, nicht nur wegen seiner Größe, sondern vor allem wegen seines historischen Wertes.

Daß es sich bei ihm um einen Goten-Schatz handelt, ist zweifelsfrei. Alexander Odobescu schreibt dazu:

«Die ungewöhnliche Zusammenstellung der Edelsteine und die seltsame Form der Gefäße bei den Stücken des Pietroasa-Schatzes schließen aus, daß es sich bei ihnen um Luxusgegenstände der byzantinischen oder orientalischen Massenproduktion handeln könnte. Die meisten Stücke des Schatzes weisen eindeutig auf gotische Herkunft.»

Auch in jüngster Zeit bestätigte dies Professor E. Condurachi, Direktor des Archäologischen Instituts von Bukarest:

100

«Der Schatz von Pietroasa belegt auf verblüffende Weise die wesentlichsten Züge der Kunst dieser Epoche. Diese Kunst entstand an den Küsten des Schwarzen Meeres. Ihre reifsten Werke, von den Goten in ganz Europa bis ins entlegene Spanien verbreitet, wurden zur Grundlage der gesamten mittelalterlichen Kunst.»

Der Schatz von Pietroasa war fraglos ein gotischer Königs–Schatz. Darüber sind sich alle Archäologen einig. Ihre Meinungen gehen nur darüber auseinander, welchem der Könige er gehört haben mag. Für die eine Gruppe (zu der auch Odobescu gehört) war es der Schatz des Wisigoten-Königs Athanarich, der in der zweiten Hälfte des 4. Jahrhunderts regierte, für die andere Gruppe (zu der Condurachi zählt) sind es Grabbeigaben für einen noch nicht identifizierten Ostrogoten-König, der im 5. Jahrhundert gelebt haben soll.

Doch letztere These steht auf wackeligen Füßen. Einmal ist sie sehr ungenau, zum anderen ist es kaum möglich, den Pietroasa–Schatz als Grabbeigabe zu bezeichnen, denn weder wurde er in einem Grab gefunden, noch entdeckte man Gräber in seiner Umgebung. Auch wissen wir, daß – wie das Beispiel von Alarich dem Großen beweist – die gotischen Könige nicht in den Bergen, sondern in einem Flußbett bestattet wurden.

Für die Theorie, daß es sich beim Schatz um den Athanarichs gehandelt haben kann, spricht eine Stelle im Werk des lateinischen Historikers Ammius Marcellinus, der zur gleichen Zeit wie Athanarich lebte und ein Waffenbruder des Kaisers Julian war, also im 4. Jahrhundert. Im 31. Buch seiner *Geschichte,* Kapitel 3 und 4, stehen Berichte, die durch die Entdeckung von Pietroasa bestätigt werden.

Athanarich, ein mächtiger und kämpferischer König, hatte lange Zeit dem römischen Kaiser Valens Widerstand geleistet. (Valens kam übrigens später durch die Goten um.) Die Ostrogoten beherrschten damals ein Gebiet von der Ostsee bis zum Schwarzen Meer, das sie den Sarmatern abgenommen hatten. Als die Hunnen 375 in dieses Reich eindrangen, leistete ihnen Athanarich an der Spitze der Wisigoten, die in der Gegend um den Dnjestr ansäßig waren, heftigen Widerstand. Er versuchte, die Hunnen in eine Falle zu locken, indem er sein Heer auf beide Ufer des Flusses verteilte. Wie es weiterging, erzählt Ammius Marcellinus: «Aber die Hunnen durchschauten die List. Obwohl sie wußten, daß sich das feindliche Heer ganz in ihrer Nähe befand, errichteten sie ihr Nachtlager, als wären sie ahnungslos. Bei Mondenschein überquerten sie heimlich den Fluß an seiner seichtesten Stelle, die außerdem noch die günstigste war, um das Lager der Goten zu stürmen, noch ehe ein Späher Athanarich hätte warnen können. Der Angriff kam so überraschend, daß Athanarich in die Berge fliehen mußte, nachdem die meisten seiner Männer getötet worden waren. Diese unerwartete Niederlage hatte ihm sein Selbstvertrauen geraubt, und er ließ zum Schutz gegen weitere Überfälle das ganze Gebiet zwischen den Ufern der Gerase, quer durch das Land der Taifalen bis hin zur Donau, durch Wälle befestigen.»

Für die Richtigkeit dieses ersten Berichts des Ammius Marcellinus zeugen die Ruinen einer Festung des Athanarich zwischen dem Fluß Sereth (der früher Gerase hieß) und dem Pruth, der die Grenze zu den taifalischen Skythen und der Donau war. Diese Befestigung erstreckte sich über drei Hektar, vom Barteschsee bis nach Serghina; eine dortige Ziegelei lieferte das Material für die Fortifikation, die Dinigothia genannt wurde, was soviel wie «das Gotien der Donau» hieß.

Trotz dieser Bollwerke – erfahren wir weiter von Ammius Marcellinus – ließ der Druck der Hunnen nicht nach, und die Wisigoten mußten sich weiter zurückziehen. Ein Stamm der Goten, geführt von Fritigern, verhandelte mit Rom, um sich südlich der Donau auf römischem Gebiet ansiedeln zu dürfen. Aber wenn man Ammius Marcellinus Glauben schenken darf, gehörten Athanarich und sein Heer nicht zu dieser Gruppe: «Athanarich, der keine Absage der Römer einstecken wollte, zog sich weiter zurück. Zu genau erinnerte er sich, wie respektlos er Valens gegenübergetreten war, als dieser mit ihm verhandeln wollte, und daß er damals geschworen hatte, niemals auch nur einen Fuß auf römische Gebiete zu setzen. Mit dieser Begründung hatte er Valens gezwungen, die Friedens-Verhandlungen in der Mitte des Grenzflusses zu führen. Da zu fürchten stand, daß Valens diese Schmach nicht vergessen hatte, zog er lieber mit seinen Männern nach Kalkland, aus dem er allerdings zuerst die Sarmaten vertreiben mußte. Dort, umgeben von Wäldern und hohen Bergen, war er vor Angriffen sicher.»

Die Karte des alten Dacia zeigt, daß Dinigothia in einer Ebene lag und daß das heutige Pietroasa am Fuße der Karpaten ungefähr 60 Kilometer westlich am anderen Ufer des Sereth liegt. Dies war sarmatisches Gebiet, *extra provinciam* seit 118. Da der Weg nach Osten und Norden durch die Hunnen versperrt war und da Athanarich Fritigern nicht in den Süden folgen, sondern in die Berge ziehen wollte, blieb ihm nur der Weg nach Westen auf die

Karpaten zu. Ammius Marcellinus schreibt, daß er sich nach «Kalkland» zurückzog. Was dieser Name ethymologisch bedeutet, ist unschwer zu deuten: es ist das Land der Kalkfelsen (latein.: calx, calcis) und damit ist er das genaue Synonym zu Pietroasa.

All dies spricht dafür, daß der Schatz von Pietroasa der Schatz des Wisigoten-Königs Athanarich gewesen ist. Sogar das Jahr, in dem er vergraben wurde, kann festgelegt werden: 380. Denn in diesem Jahr gab Athanarich seine Zurückgezogenheit auf, überquerte die Donau und zog nach Konstantinopel, wo er kurze Zeit später starb.

Die Trennung zwischen den Wisigoten unter Fritigern und denen unter Athenarich war nicht nur durch die unterschiedliche politische Einstellung zum Römischen Reich bestimmt, sondern hatte auch religiöse Gründe. Ammius Marcellinus berichtet an anderer Stelle, daß die Wisigoten Fritigerns von Ulfila zum Christentum bekehrt worden seien, während die Stämme unter Athanarich «ihrem alten Glauben treu blieben».

Dieser Hinweis wirft aber auch ein Schlaglicht auf jenes Kunstwerk aus dem Schatz von Pietroasa, das – zumindest aus dem Blickpunkt unserer Untersuchung – das wichtigste ist: die mit einer Inschrift versehene zylinderförmige Goldkette.

Durch diese Kette können wir beweisen, daß der Schatz von Pietroasa nicht nur ein königlicher, sondern auch ein heiliger gewesen ist.

Und zwar ein ganz besonderer heiliger Schatz, mit einer geheimen und magischen Botschaft.

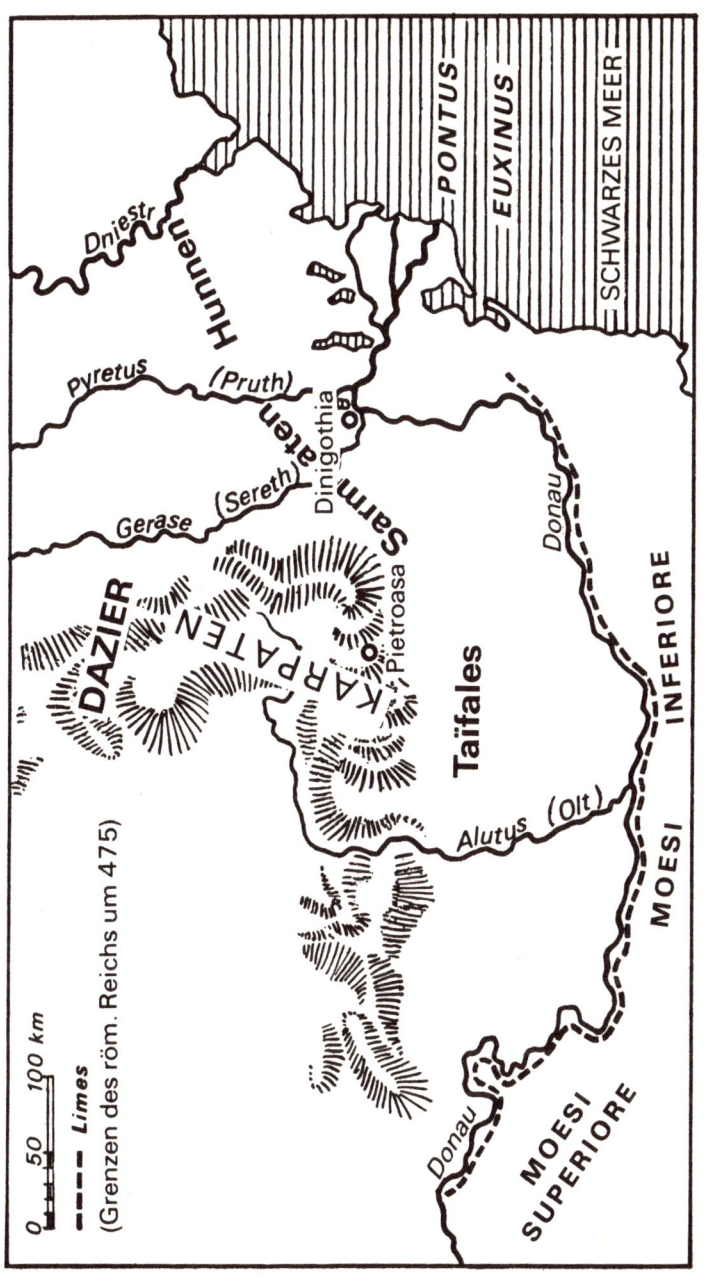

2. Kapitel

Der Schatz von Fuente de Guarrazar, Zankapfel zwischen Frankreich und Spanien

Wenn die Mitglieder der Königlich-spanischen Akademie – einer Institution, die Mitte des vorigen Jahrhunderts unter der Regierung Isabellas II. etwa einem Kultusministerium entsprach – sich die Mühe gemacht hätten, den alten arabischen Chronisten Al Kazaradji zu lesen, wären ihnen nicht nur viele Kopfschmerzen, sondern auch eine große Blamage erspart geblieben.

Dies sind die Tatsachen, die Al Kazaradji berichtet:

«Als Tariq Toledo einnahm, fand er in dieser Stadt 25 Gold-Kronen, alle mit Edelsteinen verziert. Jedem der Könige, die über dieses Gebiet geherrscht hatten, hatte eine der Kronen gehört.»

Der arabische Chronist erklärt, wieso dies üblich war:

«Es war der Brauch, daß jeder König seine eigene Krone besaß, die seinen Namen trug.»

Allerdings gab es von Athaulf, dem Begründer des Königreichs von Toulouse, bis zu Roderich, dem letzten Herrscher von Toledo, nicht 25, sondern 33 wisigotische Könige.

DIE 33 WISIGOTISCHEN KÖNIGE VON TOULOUSE
UND VON TOLEDO:

1. ATHAULF (411–415) gründet das Königreich Toulouse.

2. SIGERICH (415)
3. WALJA (415–419) erobert den größten Teil Spaniens.
4. THEODERICH I. (419–451) fällt in der Schlacht auf den Katalauischen Feldern gegen die Hunnen.
5. THORISMUND (451–453) erhält das Missorium.
6. THEODERICH II. (453–466)
7. EURICH (453–486) unterwirft die spanische Provinz Tarragona. Höhepunkt des Königreichs Toulouse.
8. ALARICH II. (486–507) verfaßt das Brevier des Alarich. Besiegt und getötet von Chlodwig in Vouillé.
9. AMALARICH (507–531) heiratet Chlothilde, die Tochter Chlodwigs. Von seinem Schwager Childebert in Narbonne besiegt. Verfall des Königreichs Toulouse.
10. GEISERICH in extremer Gegnerschaft zu den Römern.
11. TENDIS
12. TEUDEGISILL
13. AGILA von Athanagild, getötet 554.
14. ATHANAGILD (554–567) katholisch. Vater von Galswinth und Brunehot. Toledo wird Hauptstadt.
15. LIUVA I. (601–603)
16. LEUWIGILD (573–586), der letzte arianische König der Wisigoten.
17. REKKARED I. (586–601) erobert zeitweise Carcassonne zurück. Konvertiert feierlich zum Katholizismus.
18. LUIVA II. (601–603)
19. WITTERICH
20. GONDOMAR
21. SISEBUT (612–620) erobert zeitweise Tanger und Ceuta.
22. REKKARED II. (620–621)
23. SWINTHILLA (620–626) verteidigt Spanien gegen Da-

gobert, der das Missorium in seinen Besitz bringen will.

24. RICHIMER
25. SISENAND (631–636) händigt Dagobert das Missorium aus, das aber nach schweren Kämpfen von den Wisigoten zurückerobert wird.
26. CHINTHILLA
27. CHINDASVINTH
28. REKKESVINTH (653–672) faßt die wisigotischen und die spanisch-römischen Gesetze zu einer Sammlung zusammen.
29. WAMBA (672–680) erobert zeitweise Septimanien zurück.
30. ERWIG (680–687)
31. EGIKA (687–701)
32. WITIZA (701–710) wird von Roderich gestürzt.
33. RODERICH (710–711), besiegt und getötet von den Arabern bei Jerez. Ende des Königreichs Toledo.

Wenn die Mitglieder der königlich-spanischen Akademie den arabischen Chronisten Al Kazaradji gelesen und ernst genommen hätten, wäre ihnen klar geworden, daß, wenn Tariq nur 25 Königskronen erbeutete, weitere acht in Toledo oder seiner Umgebung versteckt sein müßten, nach denen zu suchen sich auf alle Fälle lohnte.

Sie wurden zwar gefunden, aber auf ganz andere Art und Weise.

Keine Landkarte verzeichnet die Quelle von Guarrazar. Sie ist nur ein dünnes Wassergerinnsel, das sich durch die Spalten eines einsamen Tals schlängelt. Seit Jahrhunderten hat sich niemand für die Gesteinsbrocken interessiert, die hier herumliegen.

Das Wasser der Quelle ist eines der Rinnsale, die in den kleinen Fluß Guarajaz münden, der nicht weit von jener Nebenstraße fließt, die das Dorf Guadamur mit Toledo verbindet.

Im Sommer 1858 war Zentralspanien starken Wetterschwankungen ausgesetzt. Hitzewellen wechselten mit Wolkenbrüchen ab, die große Gebiete überschwemmten. Auch die Quelle von Guarrazar war in diesem Sommer so stark angeschwollen, daß aus dem Flüßchen Guarajaz ein reißender Strom wurde, der das ganze Tal ausfüllte und die Steinbrocken wegspülte.

Als die Bauern am Morgen des 25. August von ihrem Dorf Guadamur auf die Felder zogen, versperrte eine rechteckige Granitplatte ihren Weg. Granitplatten waren nichts Außergewöhnliches, aber diese hatten die Fluten etwa zwanzig Zentimeter aus ihrer bisherigen Lage herausgehoben. Dadurch war eine Grube freigelegt worden, deren Seitenwände mit rotem Zement überzogen waren. Mit jenem Zement, den die Archäologen römischen Zement nennen.

Vom Grund des Schachts aber strahlten wie in magischer Glut Gold und Edelsteine! Die Bauern berieten, wie sie sich verhalten sollten. Um niemanden auf den Fund aufmerksam zu machen, beschlossen sie, erst nach Einbruch der Dunkelheit an die Stelle zurückzukehren.

Sechs Monate später, im Februar 1859, enthüllte die französische Monatszeitschrift *L'Illustration*, daß die Regierung Napoleons III. einen Schatz von unschätzbarem Wert erworben hatte, der den Wisigoten-Königen von Toledo gehört habe.

Was hatte sich in der Zwischenzeit ereignet? Die Antwort darauf ist schwierig, denn die französische und die spanische Darstellung dieser Ereignisse weichen in mehreren Punkten stark voneinander ab.

Die offizielle französische Leseart verschleiert – man kann es nicht anders nennen – bestimmte Ereignisse, die dabei eine große Rolle spielten. F. de Lasteyrie stellt sie so dar: «Noch nie ist ein so großer Schatz in so arme Hände gefallen. Aber diese biederen Bauern konnten nicht ahnen, daß der historische und archäologische Wert des Schatzes seinen Geldwert um vieles übertraf. Glücklicherweise befand sich ein Mann von Kenntnis und Erfahrung in der Nähe. Er erkannte sofort, welche Bedeutung dieser Fund hatte, und mit mühevoller Geduld gelang es ihm, fast sämtliche Stücke des Schatzes – auch jene, die die Bauern bereits unter sich aufgeteilt hatten – zu erwerben.

Unverzüglich fuhr der neue Besitzer des Schatzes nach Paris und bot ihn der französischen Regierung zum Kauf an. Einige stilistische Eigenheiten bei den Fundstücken deuteten darauf hin, daß sie aus dem Schatz eines der Goten-Könige stammten, die im 7. Jahrhundert Spanien beherrscht hatten. Da Stücke aus dieser Zeit außerordentlich selten sind, hatte Frankreich die günstige Gelegenheit, in den Besitz von Belegstücken zu gelangen, die einmalig in ihrer Art waren. Da die Forderungen des Verkäufers akzeptabel waren, nutzte die Regierung ihre Chance. Dank der absoluten Geheimhaltung, wodurch keine Konkurrenten auf den Plan gerufen wurden, und dank der raschen Entscheidung des Kultusministers wurde das Museum von Cluny glücklicher Besitzer sämtlicher archäologischer Reichtümer von Fuente de Guarrazar.»[1]

[1] F. de Lasteyrie: Beschreibung des Schatzes von Fuente de Guarrazar

Wer aber war diese geheimnisvolle Persönlichkeit, die sich ganz zufällig in der Nähe der Fundstelle befand und – ebenfalls ganz zufällig – von der Entdeckung erfuhr? Von wem hatte dieser Mann soviel Geld, um einen so großen Schatz zu kaufen? Wie konnte er ihn unbemerkt nach Frankreich bringen? Was hat ihm die Regierung Napoleons III. dafür bezahlt?

All diese Fragen blieben unbeantwortet – und das aus gutem Grund!

Die spanische Regierung war verständlicherweise verärgert über die Art und Weise, mit der der größte archäologische Schatz, der je in ihrem Lande entdeckt worden war, sich plötzlich in nichts aufgelöst hatte und über die Grenze verschwunden war. Königin Isabella II. beauftragte den Adligen José Amador de los Rios mit der Untersuchung der Vorgänge. Hier ist seine Darstellung der Ereignisse:

«Als in Spanien bekannt wurde, daß eine Sammlung von Kunstwerken, deren Wert einmalig ist und deren Bedeutung die der wichtigsten Schätze Italiens übertrifft, sich jenseits der Pyrenäen im Museum von Cluny befand, war die Empörung einhellig im ganzen Land. Es war nicht nur die Nachricht vom Verlust eines so kostbaren Beweises spanischer Kunst, einem der berühmten Wisigoten-Könige gewidmet, sondern es war vor allem der Hochmut jener, die erklärten, unser Land sei eines solchen Schatzes unwürdig, was diese Empörung auslöste. Sowohl in den Zeitungen von Madrid wie in den Provinzen, aber auch in den Akademien und in den Cortes (Volksvertretung) wurden erboste Stimmen laut, die schließlich die Regierung zum Handeln zwangen. Der Staatsminister protestierte auf diplomatischem Wege, aber er erreichte damit nur Zusagen, die nicht eingehalten wurden.»[1]

Tatsächlich erklärte Paris der Regierung in Madrid, daß der Schatz auf einem Gelände gefunden wurde, das rechtmäßiges Eigentum eines französischen Staatsbürgers sei, der selbst jene Ausgrabungen betrieben habe, die zur Entdeckung des Schatzes geführt hatten. Davon stimmte zwar kein Wort, aber die spanische Regierung mußte so tun, als glaube sie es. Denn Napoleon III. war mit einer Spanierin verheiratet, und vor allem hatte er zugesagt, Spanien bei seinen Ansprüchen auf Mexiko zu unterstützen. Es war also nicht der Zeitpunkt, die Beziehungen beider Länder zu belasten.

Wie aber hatte sich alles tatsächlich abgespielt?

In der Nacht vom 25. zum 26. August waren die Bauern, so wie sie es beschlossen hatten, zur Fundstelle Fuente de Guarrazar zurückgekehrt und hatten die Steinplatte weiter zur Seite geschoben, um einen besseren Einblick in den Schacht zu bekommen. Auf seinem Boden hatten sie sieben große, edelsteinbesetzte Goldkronen, 14 kleinere Kronen der gleichen Art, eine goldene Taube, Gefäße aus Gold und Silber, große Leuchter, Prozessionskreuze, Fibeln und Garnspindeln entdeckt. Allein die sieben großen Kronen wogen zusammen 150 Kilo!

Die größte war die des Königs Rekkesvinth. Sie bestand aus einem doppelten Goldreif von 21 Zentimeter Durchmesser und einer Höhe von zehn Zentimetern. Auf dem Reif steckten wie Zähne rote Edelsteine. Dreißig riesige Saphire und dreißig große Perlen waren auf dem Reif im

[1] J. Amador de los Rios: Die wisigotischen Kronen von Guarrazar, 1861

Schachbrettmuster angeordnet. Am unteren Reif hingen 24 goldene Anhänger, die mit roten Steinen geschmückt waren und Buchstaben darstellten. Die Inschrift lautete:

RECCESWINTHUS REX OFFERET

(König Rekkesvinth gewidmet)

Am oberen Reif waren vier goldene Ketten befestigt, deren herzförmige Glieder durch einen Bergkristall in Cabochonform zusammengehalten wurden. Die Kette diente dazu, die Krone über dem Thron an der Decke aufzuhängen, da sie zu schwer war, als daß sie der König hätte aufsetzen können.

Die Bauern wußten mit dieser kostbaren Beute nichts anderes anzufangen, als sie an zwei Goldschmiede in Toledo zu verkaufen. Für welche lächerliche Summe wohl? Man hat es nie erfahren. Einer der beiden Hehler hatte die einzelnen Stücke zerteilt und eingeschmolzen, zu diesen Stücken gehörten die Gefäße und die goldene Taube. Der andere jedoch, namens José Navarro, der – was die Sache noch verschlimmerte – Lieferant für den spanischen Hof war, ging vorsichtiger vor: er restaurierte heimlich die Kronen, die leicht beschädigt waren.

Eines Tages klopfte es an die Tür des Goldschmieds Navarro. Draußen stand ein französischer Artillerie-Offizier, der erklärte, er sei seit längerer Zeit in Spanien, in der Nähe von Toledo ansässig, und habe von dem Schatz und dessen Verkauf gehört. Er bot Navarro an, ihm die Kronen abzukaufen. Der Offizier, dessen Name nie bekannt wurde, stand in Verbindung mit Achille Fould, dem Kultusminister Napoleons III. Dies erklärt auch, wieso die nötigen Gelder sofort zur Verfügung standen und der Handel so rasch abgewickelt werden konnte.

Fünf Monate nach der Entdeckung des Schatzes überquerte der Offizier unter größter Geheimhaltung die Grenze in den Pyrenäen. In seinem Gepäck: die Stücke aus dem Alten Schatz der Wisigoten-Könige, die einst die arabischen Eroberer nicht entdeckt hatten.

Doch einer der glücklichen Finder von Guadamur, Domingo de la Cruz, war raffinierter als die anderen Bauern. Nachdem die Beute unter den Beteiligten aufgeteilt worden war, kehrte er heimlich noch einmal nach Fuente de Guarrazar zurück. Dort fand er, unweit der ersten, eine zweite Steinplatte. Er rückte sie zur Seite und entdeckte so einen Schacht, in dem sich ein zweiter Schatz befand, dessen schönstes Stück die Krone des Königs Swinthilla war.

Die Krone unterschied sich kaum von der des Königs Rekkesvinth, sie war nur nicht ganz so hoch (6 Zentimeter). Auch sie war mit Saphiren und Perlen verziert, die sich – auf drei Reihen verteilt – untereinander abwechselten. Anhänger, an denen birnenförmige Saphire und runde Perlen hingen, trugen folgende Inschrift:

SWINTHILANUS REX OFFERET

Auch sie konnte an goldenen Ketten aufgehängt werden, die die Form von Birnbaumblättern hatten. Ein Kleinod in Form von zwei Lilien, die um eine Bergkristallkugel gearbeitet waren, bündelte die Ketten. Auch sie waren mit Saphiren und Perlen geschmückt.

Außerdem gab es in diesem Schacht noch andere Kronen, aber von wesentlich kleinerem Durchmesser, sowie einen goldenen Gürtel mit Edelsteinen und mehrere Kreuze.

Domingo de la Cruz versteckte die Schätze zuhause in Blumentöpfen. Er verkaufte nur einige Anhänger, die er aber zur Sicherheit vorher in kleine Stücke zerteilte. Erst im Jahre 1861, als die Untersuchungsbevollmächtigten der Königin in der Gegend auftauchten, zu graben begannen und die Dorfbewohner einen nach dem anderen ausfragten, hielt er es für klug, sich durch eine große Geste von jedem Verdacht reinzuwaschen: Er fuhr nach Madrid, bat die Königin um eine Audienz, bei der er ihr eine der kleineren Kronen und ein Kreuz überreichte.

Doch dem Sekretär der königlichen Verwaltung, Don Antonio Flores, war diese noble Geste nicht geheuer. Er quetschte den Mann stundenlang in einem Kreuzverhör aus, gab ihm zu verstehen, daß es für ihn sehr unangenehm werden könnte, wenn er nicht die volle Wahrheit sage, und schließlich appellierte er an die Vaterlandsliebe des Bauern, dessen patriotische Pflicht es sei, den Rest – und damit den größeren Teil – der Königin zu übergeben.

Domingo de la Cruz folgte notgedrungen dieser Aufforderung. Die spanische Regierung hatte damit ihre Revanche Napoleon III. gegenüber, von dem sie so hinters Licht geführt worden war. Sie konnte nun wenigstens einen Teil des Schatzes von Fuente de Guarrazar in ihren Museen ausstellen. Grund genug, den Bauern Domingo de la Cruz straffrei ausgehen zu lassen. Königin Isabella war noch großzügiger: sie ließ ihm eine Belohnung von 40 000 Reales auszahlen, verbunden mit einer Lebensrente von 4000 Reales pro Jahr.

Trotzdem war Spanien nicht bereit, für alle Zeiten auf jenen Teil des Alten Schatzes zu verzichten, der nach Frankreich entschwunden und im Museum von Cluny zu bewundern war. Im zweiten Weltkrieg verlangte Franco ihn von Pétain zurück und – bekam ihn! König Rekkesvinths Krone zog wieder über die Pyrenäen. Das

Museum von Cluny besitzt heute nur noch – außer einigen weniger wertvollen Stücken – eine Krone, die unter der Bezeichnung «Krone von Sonnica» bekannt ist. Die Maße dieser Krone entsprechen denen der Krone des Königs Rekkesvinth; Durchmesser: 23 Zentimeter, Höhe: 11 Zentimeter. Mit ihren drei Perlenreihen, mit ihren «Birnen» und Ketten ist sie ebenfalls ein bewundernswertes Kunstwerk.

Diese Krone aber gibt außerdem den Archäologen Rätsel auf, die bis heute noch nicht gelöst werden konnten. Das hat weder mit ihrer Größe noch mit ihrer Verarbeitung zu tun, denn in beidem unterscheidet sie sich nicht von den anderen Kronen aus Guarrazar.

Nein, das Rätsel dieser Krone ist ihre Inschrift. Anders als bei den übrigen Kronen ist bei ihr die Widmung für den, dem sie geweiht wurde, nicht durch Schmuckbuchstaben-Anhänger ausgedrückt, sondern sie ist auf der Vorderseite eines edelsteinbesetzten Kreuzes eingraviert. Dieses Kreuz hängt an einer Kette, die in der Mitte des Reifs befestigt ist.

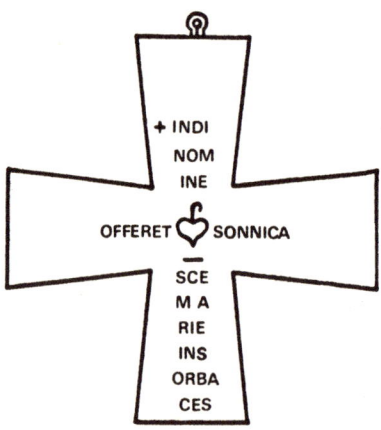

Die Inschrift kann in etwa heißen:

IN NOMINE DEI OFFERET SONNICA

SANCTAE MARIAE IN SORBACES

(Im Namen Gottes von Sonnica der heiligen Maria
von Sorbaces gewidmet.)

Erste Frage: ein wisigotischer König namens Sonnica ist
unbekannt, ebenso eine Königin dieses Namens. Welche
wichtige Persönlichkeit trug also diese Krone? Bis heute
gibt es keine Antwort auf diese Frage.

Zweite Frage: Wer war die heilige Maria von Sorbaces?

«Dies ist», schreibt Lasteyrie, «der Name jener Kirche, in
der die Krone und wahrscheinlich auch der restliche
Schatz ständig aufbewahrt wurden. Der genaue Name
des Ortes ist ‹in Sorbaces›.»

Kann sein, aber dadurch sind wir auch nicht viel klüger.
Andere Archäologen sind der Ansicht, daß der Name aus
dem gotischen Wort *shour* (Krypta) abgeleitet worden
sei, so daß die Übersetzung «Heilige Maria von der
Krypta» lauten müsse. Eine dritte Gruppe glaubt, das
Wort komme aus dem lateinischen *sorbum,* was soviel wie
Vogelbeerstrauch bedeutet. Folgt man ihnen, lautete die
Übersetzung «Heilige Maria vom Vogelbeerstrauch».

Aber es gibt viele Krypten und noch mehr Vogelbeer-
sträucher in jenen Ländern, die damals zum Wisigoten-
Reich gehörten. Auch dies hilft uns nicht, den Herkunfts-
platz zu lokalisieren.

Auch Lasteyrie gesteht:

«Ich habe sämtliche französischen und spanischen archäologischen Nachschlagewerke gewälzt, um einen Ort zu
finden, auf den der Name passen könnte. Leider, wie ich
gestehen muß, vergeblich.»

Vielleicht aber gibt es für dieses Rätsel eine Lösung, an

die bisher noch niemand gedacht hat. Hier ist unser Vorschlag: Im französischen Departement Hérault gibt es – 50 Kilometer von Montpellier entfernt – auf dem Gebirgsplateau von Larzac ein uraltes Dorf, zu dessen Füßen sich der kleine Fluß Virenque durch eine Schlucht schlängelt. Dieses Dorf wird bereits in Urkunden aus dem Jahre 800 erwähnt. Sein Name: Sorbs.

Alle Schmuckstücke, die in Fuente de Guarrazar vergraben wurden, stammen aus dem 7. Jahrhundert. Im Jahre 672 eroberte König Rekkesvinths Nachfolger Wamba Septimanien, also das gesamte Gebiet zwischen der Rhone und den Pyrenäen, zwischen dem Mittelmeer und den Sevennen. Warum soll aus Anlaß der Wiedereroberung dieser Gegend nicht die geheimnisvolle Krone von Sonnica hier geweiht worden sein? Um diese Theorie zu prüfen, müßten die Archäologen einmal die Seite mit dem Stichwort «Sorbs» in ihren Nachschlagebüchern aufschlagen.

3. Kapitel

Die Wisigoten – die letzten Eigentümer des Tempelschatzes von Jerusalem?

Man kann nicht von den Schätzen der gotischen Könige sprechen, ohne den einen zu erwähnen, der der prächtigste, der erstaunlichste, der heiligste war, «der heiligste der ganzen Welt». Die Goten haben ihn nicht geschaffen, aber sie waren wahrscheinlich die letzten uns bekannten Eigentümer; ich meine den Tempelschatz von Jerusalem. Um 960 v. Chr. wurde unter König Salomo der Tempel von Jerusalem errichtet, um der Bundeslade, die Salomos Vater David hatte in die Stadt bringen lassen, eine würdige Heimstatt zu geben. Die Berichte und Mutmaßungen über dieses berühmte Bauwerk füllen ganze Bibliotheken. Es entstand nach genauen Anweisungen, die Moses unmittelbar von Jahwe auf dem Berg Sinai bei der Übergabe der Gesetzestafeln erhielt. Seine gesamte Architektur, seine Einrichtung bis ins kleinste Detail haben eine genau festgelegte symbolische Bedeutung.

Seine Pracht war legendär. «Den ganzen Tempel bedeckte Salomo mit Gold, den ganzen Tempel», heißt es im Ersten Buch der Könige (VI, 22). Man darf darin nicht den Hang zum Luxus oder den Willen zur Prahlerei sehen, sondern Gold – sowohl glänzend wie unveränderbar – ist ein symbolisches Metall. Es symbolisiert das Licht des Glaubens, das nie verlöschen kann. Aus diesem Grund ist es bei allen Völkern der Erde zuerst für religiöse Zwecke verwendet worden.

Im Ersten Buch der Könige (VII, 48–50) steht eine genaue Liste der heiligen Geräte, die sich im Tempel befanden: «Ferner ließ Salomo alle Geräte machen, die sich im Tempel des Herrn befinden: den goldenen Altar, den goldenen Tisch, auf dem die Schaubrote liegen; die Leuchter, fünf zur rechten und fünf zur linken, vor dem Allerheiligsten, aus gediegenem Gold, mit den goldenen Blumen, Lampen und Lichtscheren; dazu die Becken, Messer, Sprengschalen, Schüsseln und Räucherpfannen von gediegenem Gold; auch die Angeln an den Türflügeln des inneren Raums, des Allerheiligsten, und an den Türflügeln des Tempels, des Hauptraumes, waren von Gold.»

Im Jahre 626 v. Chr. wurde der Tempel von den Chaldäern geplündert, und König Nabuchodonosor ließ die erbeuteten Schätze nach Babylon in den Tempel des Baal bringen. Nachdem Kyros, der Gründer des Persischen Reichs, 539 Babylon erobert hatte, ließ er alle erbeuteten Tempelschätze dem Fürsten Scheschbassar vom Stamme Juda aushändigen. Nach dem Buch Esra (I, 9–11) waren es 5400 Geräte aus Gold und Silber. Wörtlich heißt es im Buch Esra: «All dies führte Scheschbassar mit herauf, als die Verbannten von Babel nach Jerusalem heraufgeführt wurden.» Nach dem Wiederaufbau des Tempels im Jahre 536 durch Zorobabel kamen alle heiligen Geräte wieder an ihre alten Plätze.

170 v. Chr. erbeutete der syrische König Antiochus Epiphanes die Tempelgeräte, die erst acht Jahre später, nach dem Sieg der Makkabäer über Lysias, wieder zurückgebracht werden konnten.

«Die Priester bauten das Heiligtum und den Innenhof des Tempels wieder auf und reinigten die Vorhöfe. Nachdem sie neue heilige Geräte angefertigt hatten, stellten sie den Leuchter und den Rauchopferaltar in den Tempel. Dann brachten sie auf dem Altar ein Rauchopfer dar und zündeten die Lichter des Leuchters an, so daß der Tempel hell wurde, sie legten Schaubrote auf den Tisch und hängten den Vorhang auf.» (Makkabäer, IV,49)

Dieser Bericht von der neuen Weihe des entheiligten Tempels bedarf einer kurzen Erklärung: Nach der Bundeslade, in der die Gesetzestafeln lagen, waren der siebenarmige Leuchter und der Tisch für die Schaubrote die heiligsten Gegenstände. Sie waren genau nach den Anweisungen Jahwes angefertigt worden, weder ihr Gewicht noch ihre Form durften im geringsten verändert werden. Selbstverständlich waren sie unverkäuflich.

Der berühmte Leuchter, Menorah genannt, war das Symbol für die Werke Gottes. Seine sieben Arme stellten die sechs Tage der Schöpfung und den Sabbath, an dem die getane Arbeit geheiligt wurde, dar. Er war aus purem Gold gefertigt und wog ein Talent, ein Gewicht, das 23,565 Kilo entsprach.

Der Tisch, auf dem zwölf ungesäuerte Brote lagen, war das Symbol für den Auszug der zwölf Stämme Israels aus Ägypten in der Osterzeit. Er war zwei Ellen lang, eine Elle breit und anderthalb Ellen hoch. Sein Akazienholz war zur Gänze mit Goldplatten belegt.

Tisch der Schaubrote, siebenarmiger Leuchter, Bundeslade – für Israel waren es Zeugnisse der Schöpfung, und die Schöpfung war das Gesetz. Die gesamte historische Mystik des auserwählten Volkes konzentrierte sich in diesen drei Gegenständen.

Herodes der Große und – zu Beginn unserer Zeitrechnung – Herodes Agrippa haben nicht nur den Tempel

wiederaufgebaut, sondern ihn auch mit bis dahin unge-
wohntem Schmuck ausgestattet. Der jüdische Historiker
Josephus Flavius, der im ersten Jahrhundert n. Chr. lebte,
verglich ihn mit «einer Sonne, die über dem Gipfel eines
schneebedeckten Berges aufgeht.» Nur ein Beispiel für
das Raffinement, das beim Bau berücksichtigt wurde:
Das Tempeldach war mit unzähligen vergoldeten Nadeln
gespickt, damit die Vögel sich dort nicht niederlassen
und es beschmutzen konnten!
Am 8. September 70 erobert Titus, Sohn des römischen
Kaisers Vespasian und dessen späterer Nachfolger, Jerusalem und plündert den Tempel, den dann seine Legio-
näre in Brand stecken.
Josephus Flavius, der anfangs die Römer bekämpft hatte,
sich dann aber auf ihre Seite schlug und während der
Belagerung Jerusalems als Dolmetscher für sie arbeitete,
berichtet, wie es den Römern gelang, die zwei heiligsten
Stücke Israels in ihren Besitz zu bringen:
«Titus hatte einem Opferpriester namens Jesus, Sohn des
Thebuth, versprochen, daß er am Leben bliebe, wenn er
einige Stücke des Tempelschatzes freiwillig übergeben
würde. Der Priester ging auf das Angebot ein, und so
wurden über die Mauer dieses heiligen Orts folgende
Gegenstände herübergereicht: Der Leuchter, der Tisch,
Opferkelche, einige Gefäße aus gediegenem Gold von
großem Gewicht, außerdem Vorhänge, Priestergewän-
der, Edelsteine und Opfergefäße. Gleichzeitig überwäl-
tigte man Phines, den Schatzmeister des Tempels. Auch
er übergab wertvolle Gegenstände, wie Opfergaben von
hohem Wert und Tempelschmuck. Deshalb behandelte
man ihn, obgleich er mit Gewalt gefangengenommen
worden war, so, als habe er sich freiwillig ergeben.»

Und Flavius berichtet weiter:

«Die Beute der Römer war so umfangreich und wertvoll, daß das Gold in Syrien nur noch zum halben Preis gehandelt wurde als vorher.»[1]

Dabei wurde nur ein Teil der Beute eingeschmolzen und nach Gewicht auf dem syrischen Markt verkauft. Die wertvollsten Stücke wurden nach Rom verschifft und im Triumphzug des Titus mitgeführt. Josephus Flavius beschreibt diesen Triumphzug aus eigener Anschauung im 7. Buch, Kapitel 18 seines Werks «Der jüdische Krieg gegen die Römer». Hier das Zitat:

«Worte sind zu schwach, um die Pracht dieses Triumphzuges zu beschreiben, der alles übersteigt, was man sich vorstellen kann. Dies gilt sowohl für die außergewöhnlich schöne Form der einzelnen Stücke wie auch für die Fülle des Reichtums, der hier zur Schau gestellt wurde. Denn alles, was glückliche Völker in vielen Jahrhunderten an Kostbarkeiten, Wertvollem und Seltenem gesammelt hatten, war an diesem Triumphtage zur Schau gestellt worden, um die ganze Größe des Imperiums zu demonstrieren. (...) Unter den vielen Beutestücken waren jene aus dem Tempel von Jerusalem die bemerkenswertesten: der goldene Tisch, der mehrere Talente wog, und der goldene Leuchter, der mit besonderer Kunstfertigkeit hergestellt war, damit er seinem Verwendungszweck entsprach. So wuchs aus seinem Fuß eine Art Säule, aus der sich – wie aus einem Stamm – sieben geriffelte Arme ausbreiteten, die in fackelförmigen Lampen endeten. Daß es sieben waren, bezog sich auf den siebenten Tag der Woche, der der Sabbat ist und den die

---

[1] «Der jüdische Krieg gegen die Römer», Buch VI, Kapitel XXXII

Juden als religiösen Feiertag streng einhalten. Ihr Gesetz, das sie mehr verehren als irgendetwas anderes auf Erden, beschloß diesen prachtvollen Triumphzug, der überreichlich jene Schätze zeigte, die die Römer von ihnen erbeutet hatten.»

Zu diesem Bericht bemerkt die *Jewish Encyclopedy* unter dem Stichwort «Menorah»:

«Die Angaben des Joseph Flavius sind wertvoll, weil er die Menorah oft in Jerusalem gesehen haben muß und weil er durch seinen Bericht von den Höhlen von Massada bewiesen hat, daß man seinen Angaben vertrauen kann.»

Entscheidend für den Wert eines Historikers, der diesen Namen wirklich verdient, ist es, daß seine Angaben der Nachprüfung standhalten. Bei Josephus Flavius trifft dies zu: Er war Augenzeuge des Triumphzuges von Titus.

Außerdem gibt es noch einen handfesteren Beweis: In Rom kann man im Triumphbogen des Titus eine Reliefdarstellung seines Triumphzuges sehen, und diese Darstellung entspricht in jeder Einzelheit der Beschreibung des Flavius. So ist unter anderem auf diesem Bas-Relief ein Sklave dargestellt, der unter der Last des berühmten siebenarmigen Leuchters zusammengebrochen ist. Der Tisch des Brotes wird von sieben Legionären getragen, was eine Vorstellung von seinem Gewicht vermittelt.

Der Hinweis bei Josephus Flavius, daß im Triumphzug auch das «Gesetz» gezeigt wurde, hat viel Kopfzerbrechen bereitet. Einige Forscher glaubten annehmen zu können, daß damit die Gesetzestafeln gemeint sind, die Jahwe selbst Moses übergab und die dieser in die Bundeslade legte. Doch das ist völlig ausgeschlossen, denn die Lade hatte Jeremias in einer Höhle am Berg Nebo versteckt, bevor die Juden im 7. Jahrhundert v. Chr. nach Babylon verschleppt wurden (Makkabäer II. 4-5). Sie wurde – weiß die hebräische Sage – niemals wieder gefunden. «Das Gesetz», von dem im Triumphzugbericht die Rede ist, kann nur das Exemplar des «Gesetzbuches», der Thora, gewesen sein, das im Tempel von Jerusalem aufbewahrt wurde.

Nach dem Triumphzug des Titus kamen die Beutestücke aus dem Jerusalemer Tempel zunächst in den Tempel des Jupiter auf dem Capitol, dann in den Palast der Cäsaren. Dort blieben sie über drei Jahrhunderte.

Im Jahr 382 zieht Athanarich, nachdem er den Königs-Schatz in Pietroasa versteckt hat, nach Konstantinopel und stirbt dort. Alarich, aus der baltischen Linie, wird zum König der Wisigoten gewählt. Für das Schicksal des dekadenten römischen Reichs sind in dieser Zeit die Goten außerordentlich wertvoll; sie sind das wichtigste Bollwerk gegen die Hunnen, die Sueben, die Awaren und gelegentlich sogar gegen Britannien.

Unter Alarich dringen die Wisigoten bis nach Ravenna vor. Alarich und der römische General und «Premierminister» des Kaisers Honorius, Stiliconius, werden Freunde. Doch Kaiser Honorius mißbilligt diese politischen Kontakte mit einem «Barbaren», läßt Stiliconius töten und erklärt alle Abkommen, die dieser mit dem Gotenkönig getroffen hatte, für null und nichtig. Um den Tod seines Freundes zu rächen und den Abmachungen wieder Geltung zu verschaffen, zieht Alarich zwischen 408 und 410 dreimal vor Rom und belagert es.

Die erste Belagerung beendet er erst, als er 5000 Pfund Gold, 30000 Pfund Silber, 2000 Pfund Pfeffer und 4000 Rotfuchsfelle als Tribut erhält. Wozu die Rotfuchsfelle?

Sie waren für die Gewänder der zahlreichen Priester bestimmt, die das Gotenheer begleiteten und die bei den Römern den Spitznamen «die Kirchenpelze» («l'église fourrée») erhielten.

Die zweite Belagerung Roms ging erst zu Ende, als Alarich den römischen Präfekten Attalus zum Kaiser ernannte. Attalus war ein schwacher Charakter, der aus opportunistischen Gründen und nur zum Schein Arianer geworden war. Alarich blieb Oberbefehlshaber und überwachte die Zusammensetzung des römischen Senats. Römische Würdenträger versuchen einen Mordanschlag auf Alarich, dem er nur um ein Haar entgeht. Daraufhin kennt Alarich kein Erbarmen mehr; er zieht zum dritten Mal gegen Rom, diesmal entschlossen, die ewige Stadt zu erobern. Als Abgesandte des Senats ihm entgegenziehen und verängstigt fragen: «Was laßt ihr den Römern, wenn wir euch die Tore der Stadt öffnen?» - da antwortet er trocken: «Das Leben!»

Am 21. August 410 marschiert Alarich in Rom ein. Sofort befiehlt er Attalus zu sich. Um zu demonstrieren, daß dieser nur ein Spielkartenkönig ist, zieht er ihm vor versammeltem Volk den purpurnen Königsmantel mehrmals aus und an.

Beim Anblick des Gotenheeres, das unter Trompetenklang und dem Gesang gutturaler, wilder Lieder in die Stadt eindrang, verkrochen sich die Römer in ihre Häuser. Alarich hatte seinen Männern erlaubt, zu brandschatzen und zu plündern, jedoch verboten, sich an christlichen Kultgeräten zu vergreifen. Einen seiner Anführer, der kostbare Gefäße raubte, die angeblich dem heiligen Petrus gehört hatten, zwang er, diese zurückzugeben, und erklärte: «Ich bekämpfe die Menschen, nicht die

Apostel!» Aus dieser Entscheidung entwickelte sich spontan eine ungewöhnliche Prozession: Goten und römische Christen zogen gemeinsam, jeder in seiner Sprache Hymnen singend, zur Basilika des Vatikans, um die heiligen Gefäße zurückzubringen.

Anderseits organisierte Alarich konsequent die Beschlagnahme aller Schätze, die römische Kaiser angesammelt hatten. Dabei kam auch der Tempelschatz von Jerusalem in die Hände der Goten, wie der Historiker Procopius, Waffengefährte des berühmten römischen Generals Belisar, im zweiten Buch seines *De Bello Gothico* schreibt. Auch Amadeus Thierry registriert:

«Die Beute der Goten war so groß, daß sie noch lange Zeit später in der Geschichte erwähnt wurde. Ihr Anführer erhielt die kostbarsten Stücke, die er dem Schatz der Wisigotenkönige einverleibte. Der strenggläubige Christ, der den Schatz des Apostels Petrus nicht hatte antasten lassen, hatte keine Skrupel, sich den Schatz Salomos, den Titus aus Jerusalem nach Rom gebracht hatte, anzueignen.»

Nach der Eroberung Roms drang Alarich weiter nach Süden bis zu den Abruzzen vor. Aber der Tod beendete seinen Vormarsch: Im Dezember 410 erkrankte er und starb in Cosenza.

Wenn man Jordanes glauben darf, dann leiteten seine Krieger den Barentin, einen größeren Fluß, in ein neues Bett um und hoben ein so tiefes Grab aus, daß der Leichnam Alarichs, aufrecht auf seinem Pferd sitzend, darin Platz hatte. Außerdem schmückten sie ihn mit vielen Grabbeigaben. Dann leiteten sie den Fluß wieder in sein altes Bett zurück und töteten alle, die an diesen Arbeiten beteiligt gewesen waren, damit das Geheimnis der Grabstätte für immer gewahrt blieb. So ruht Alarich der Große vielleicht irgendwo in Kalabrien unter dahinfließendem Wasser; Symbol für den ewigen Fluß des Lebens, aber auch für den Fluß, den jeder überqueren muß, um durch eine Gabe Aufnahme im Jenseits zu finden. Da jedoch der Preis, den ein König dafür zu entrichten hat, sehr hoch sein muß, wird Alarich wohl mit all seinen Schätzen dort begraben worden sein.

Doch diese Theorie ist anfechtbar, denn die zwei einzigen gotischen Königsschätze, die bisher gefunden wurden, der von Pietroasa und der von Fuente de Guarrazar, wurden nicht in Grabstätten entdeckt.

Trotzdem ist es verständlich, daß diese ungewöhnliche Bestattung unter Wasser zu allen Zeiten die Neugier der Schatzsucher erregt hat. So war – im vorigen Jahrzehnt – einer der führenden italienischen Spirituosenhersteller überzeugt, daß der Barentin kein anderer Fluß sein könne als der Busento, der bei Cosenza in den Crati einmündet. Ausgerüstet mit einem aus vielen Büchern zusammengetragenen Wissen begann der Spirituosenfabrikant dort die Grabstätte Alarichs zu suchen. Er ging, berichtet Jordanes, genau so vor wie die Goten: Er ließ den Fluß umleiten und dann an einer bestimmten Stelle den Grund des Flußbetts bis zu einer Tiefe von zwölf Metern ausheben. Aber obgleich jede Art von Tiefbau-Geräten zur Verfügung stand, eine kleine Armee von Bauarbeitern eingesetzt wurde und sogar die beiden dänischen Wissenschaftler Helonggard Jorgen und Anna Kloker alles überwachten, blieb das Unternehmen ohne Erfolg. 200 Millionen Lire, was damals etwa 1,3 Millionen D-Mark waren, wurden umsonst investiert. Alarichs Grab behielt sein Geheimnis.

Wenn allerdings der italienische Industrielle gehofft haben sollte, hier den siebenarmigen Leuchter und den Tisch der Schaubrote zu finden, so wäre dies auf alle Fälle eine Fehlspekulation gewesen. Denn wie wir bereits erklärt haben, muß man bei den Wisigoten zwischen dem Königs- und dem Alten Schatz unterscheiden. Der Alte Schatz bestand aus jenen Beutestücken, die dem ganzen Volk gehörten, dessen Eigentum waren, das selbst die Könige nicht anrühren durften. Wenn also die Goten heilige Geräte aus dem Tempelschatz von Jerusalem besaßen, dann hätten sie zum Alten Schatz gehört.

Damit ist alles gesagt – oder aber doch nicht?

Kurz nach Alarichs Tod errichtet dessen Schwager und Nachfolger auf dem Thron, Athaulf (411-415), das Wisigotenreich von Occitanien. Toulouse wird Hauptstadt, und im dortigen Château Narbonnais, an dessen Stelle sich heute der Justizpalast befindet, bewahrt Walja (415-419) sowohl den königlichen wie den Alten Schatz auf. Keine hundert Jahre später, als die Franken das Reich bedrohen, wird der Alte Schatz von den wisigotischen Königen nach Carcassonne in Sicherheit gebracht. Woraus bestand der Schatz? Zuerst einmal aus dem geheimnisvollen Smaragdtisch, dann aus dem berühmten Missorium und schließlich aus den heiligen Geräten des Tempels von Jerusalem. In Carcassonne blieb der Schatz. Er war auch noch dort, als es im Jahre 508 von Chlodwig vergeblich belagert wurde, nachdem er Alarich II. bei Vouillé (507) besiegt und getötet und Toulouse erobert hatte. Auch hierüber berichtet Procopius in seinem Werk *De Bello Gothico* (1. Buch, Kapitel XII):

«Die Franken hatten den größten Teil Galliens besetzt und griffen Carcassonne heftig an, denn sie hatten gehört, daß sich dort der Staatsschatz befinde, den Alarich der Ältere bei der Eroberung Roms erbeutet hatte und zu dem auch die hochheiligen Geräte Salomos, des Hebräerkönigs, gehörten, die wunderschön anzusehen waren und die die Römer einst aus Jerusalem als Beute mitgebracht hatten.»

Nur durch das Eingreifen Theoderichs des Großen, Gotenkönig von Italien, konnte Carcassonne vor der Kapitulation bewahrt werden. Theoderich, der die Regentschaft in Vertretung des unmündigen Amalarich, Sohn von Alarich II., ausübte, hielt den Schatz in Carcassonne für zu gefährdet und ließ ihn nach Ravenna bringen. Als aber die Goten – es ist immer noch Procopius, der dies berichtet – das ganze Gebiet zwischen der Durance und Carcassonne wieder zurückerobert hatten, ließ Amalarich, der inzwischen volljährig geworden war und auf dem Thron saß, den Alten Schatz wieder zurückschaffen.

Von diesem Augenblick an verliert sich die Spur des Tempelschatzes von Jerusalem. Das ist umso merkwürdiger, weil die Chronisten von anderen, weit weniger wertvollen Stücken der Wisigoten in allen Einzelheiten berichten.

Dafür zwei Beispiele: Im Jahr 531 wird Amalarich von den Franken bei Narbonne besiegt, die Chronik von Frédégaire registriert ganz genau, was die Franken erbeuteten: 60 Kelche, 15 Hostienschalen und 20 Kästchen aus gediegenem Gold, mit Edelsteinen verziert, in denen heilige Schriften aufbewahrt wurden. 713 erobert der arabische Scheich Mussa Carcassonne; sein Landsmann, der Chronist Makkari, berichtet, daß die Araber dabei in der Kirche von Sainte Marie sieben Reiterstandbilder aus massivem Silber erbeuteten. Und dies sind nur zwei Beispiele von vielen.

Kein Zweifel, daß die fränkischen oder arabischen Chronisten es erwähnt hätten, wenn ihre Truppen den Tisch der Schaubrote oder den weltberühmten siebenarmigen Leuchter erbeutet hätten!

Sicherlich wurde ein Teil des Alten Schatzes, darunter bestimmt das Missorium und der Smaragdtisch, in das Wisigotenreich Spanien geschafft, als die Lage nördlich der Pyrenäen immer bedrohlicher wurde. Dafür spricht, daß die Araber unter Tariq nach der Einnahme von Toledo außer diesen berühmten Stücken noch andere Kostbarkeiten vorfanden, deren Schönheit sie verblüffte.

Aber auch die sonst doch so präzisen arabischen Chronisten erwähnen unter den Beutestücken, die ihnen in die Hände fielen, nicht eines der heiligen Geräte aus dem Tempelschatz von Jerusalem.

Allerdings mit einer Ausnahme! Ein gewisser El Macin berichtet:

«Im Jahre 93 (nach mohammedanischer Zeitrechnung, A. d. Ü.) eroberte Tariq Andalusien und das Königreich Toledo und brachte von dort für Walid, den Sohn des Abd El Malek, den Tisch Salomos, Sohn Davids, mit, der aus einer Mischung von Gold und Silber gefertigt war und den eine dreireihige Perlenbordüre zierte.»

Doch El Macin schrieb seinen Bericht erst lange nach den Ereignissen, und seine Beschreibung des Tisches zeigt, daß es sich nicht um den Tisch der Schaubrote aus dem Tempel von Jerusalem gehandelt haben kann, denn der war aus Akazienholz und mit reinem Gold verkleidet, zwei Ellen lang, eine Elle breit und anderthalb Ellen hoch

(90×45×67,5 Zentimeter). An ihm gab es weder Silber noch Perlenreihen.

Dieser Ansicht war auch ein anderer arabischer Chronist, El Makkari. Er berichtigte:

«Der berühmte Tisch, den Tariq in Toledo fand, war niemals der Salomos, obwohl dies einige behaupteten.»

Pierre Vatier, der französische Übersetzer El Macins, bemerkt dazu:

«Immerhin beschreibt El Macin diesen schönen und großen Tisch ein wenig anders als es der Erzbischof von Toledo tat, der behauptete, er sei aus einem einzigen Stück grünen Gesteins gewesen und hätte eine Höhe von 360 Fuß gehabt.»

Kein Zweifel, El Macin hat den Smaragdtisch mit jenem aus dem Tempel von Jerusalem verwechselt. Daraus aber folgt, daß dieser genauso wenig wie der siebenarmige Leuchter von den Arabern entwendet wurde. Übrigens erwähnt kein arabischer Chronist, auch nicht El Macin, diesen Leuchter.

Wahrscheinlich wurde keiner der beiden berühmten hebräischen Schätze nach Spanien gebracht. Dafür spricht, daß nicht einer der vielen Geschichtsschreiber, die Tag für Tag die Chronik des Wisigotenreichs niederschrieben, die beiden Stücke erwähnt, obgleich sie sich doch sonst über andere Reliquien des langen und breiten auslassen.

Wir können annehmen, daß die beiden Stücke in jenem Gebiet verblieben, das im 6. Jahrhundert vom Wisigotenreich von Toulouse übrig geblieben war.

Vielleicht in Carcassonne? Die dortigen Legenden behaupten es. Eine dieser Sagen will wissen, daß Alarich II. seinen Schatz in den Stadtturm von Carcassonne, der

«Tour de Trésau»[1] heißt, versteckt hatte. Pech für alle, die an solche Erzählungen glauben: der Turm stammt aus dem ausgehenden 13. Jahrhundert!

Nach einer anderen Sage dieser Gegend soll der Schatz im großen Brunnen der Stadt versteckt worden sein. Immerhin stützt sich diese Erzählung auf ein Dokument, das tatsächlich im Archiv der Stadt Perpignan existiert; es ist eine Denkschrift, am 2. April 1774 an den König von Frankreich gerichtet. In ihr wird behauptet, der Schatz der Gotenkönige läge in jenem Stadt-Brunnenschacht. 1803 pustete ein fleißiger Archivar den Staub von dieser Akte, und die Stadt Carcassonne ließ sofort den Brunnen trocken legen und untersuchen. Aber außer einigen Münzen und Speerspitzen, die heute im Stadtmuseum zu besichtigen sind, fand man nichts. Einige Einwohner von Carcassonne gaben jedoch die Hoffnung nicht auf und gründeten einige Jahre später einen Verein, der sämtliche Brunnen der Stadt noch einmal untersuchen ließ – ebenfalls ohne irgendeinen Erfolg.

Ernster als diese lokalen Bemühungen ist die Theorie des spanischen Historikers Abadal de las Vinhyas zu untersuchen. Er glaubt, daß der Alte Schatz in Carcassonne blieb, nachdem er von Amalarich aus Italien zurückgeholt worden war. Auch Gaston Jourdanne, ein auf diese Zeit spezialisierter Archäologe, vertritt diese Meining. In seinem Buch *«Contribution au folklore de L'Aude»* schreibt er ganz klar:

«Wenn die Goten tatsächlich den Schatz, den Titus in den Jupitertempel auf dem Capitol gebracht hatte, erbeutet

---

[1] Tour de Trésau = im franz. Anklang an Tour de Trésor = Turm des Schatzes (A. d. Ü.)

haben, dann ist es durchaus denkbar, daß sie ihn in der Stadt Carcassonne aufbewahrt haben, denn zu ihrer Zeit war Carcassonne, das noch zur Römerzeit ein einfaches *castellum* gewesen war, eine so mächtige Festung, daß Chlodwig, der seinen Siegeszug nach der Eroberung von Vouillé südlich der Loire fortsetzen wollte, sie nicht einnehmen konnte.»

Davon ist heute jedoch kaum noch etwas erhalten. Die Ruinen der wisigotischen Anlagen, die Viollet-le-Duc zwischen 1840 und 1853 freilegte, sind in Carcassonne nur noch an zwei Stellen der inneren Stadtmauer zu sehen. Die eine befindet sich nördlich, die andere liegt im Südwesten bei der «Porte d'Aude», wo sich der Wisigoten-Turm befindet.

Wenn wirklich aus der Zeit Alarichs II. oder Amalarichs sich noch Teile des Alten Schatzes in Carcassonne befinden, müßten sie in diesem Teil der Stadt gesucht werden und sonst nirgends. Doch dort hat man nie gesucht, und das ist nicht weiter schlimm, denn wahrscheinlich wäre die Suche dort genau so vergeblich gewesen wie in den Brunnen. Unserer Meinung nach haben sich die Ereignisse ganz anders zugetragen.

Denn von 508 an, nach dem Vordringen der Franken, umfaßte das einstige große Gotenreich von Toulouse nur noch das Gebiet von der Languedoc-Küste bis zum Schwarzen Berg und zum rechten Ufer der Aude. Carcassonne hielt zwar Chlodwigs Angriffen stand, war aber doch nur eine Grenzstadt, immer in Gefahr, überrannt zu werden. 580 konnten sie die Franken erobern, erst dem wisigotischen König Rekkared gelang es, sie wieder zu befreien.

Nein, Carcassonne war kein Platz, um einen Schatz

aufzubewahren. Doch welche befestigten Plätze blieben dann auf diesem kleinen Gebiet noch übrig? Wo hätte man einen Teil des Schatzes sicher verstecken können, so wie es einst Athanarich in Pietroasa und später Roderich in Fuente de Guarrazar getan haben? Nur zwei Orte kamen dafür in Frage.

Narbonne war der eine. Doch, wie bereits berichtet, hatten dort die Franken im Jahre 531 nur wenige wertvolle Gegenstände gefunden, die außerdem alle der Kirche gehörten.

Der zweite Platz war eine Festung namens Rhedae, die die Wisigoten eilig verstärkten, als Carcassonne dem direkten Druck der Franken ausgesetzt war. Louis Fédié, ein Archäologe, der auf die Geschichte Südfrankreichs des vorigen Jahrhundets spezialisiert ist, hat die Entstehung und die Architektur dieser Festung beschrieben. Nur spärliche Ruinenreste sind von ihr noch erhalten, aber sie hat der ganzen Umgegend den Namen gegeben: das Rheadaesium, aus der später die Grafschaft Razès wurde.[1]

Die Festung Rhedae lag auf einer Anhöhe hinter der Grenze des heutigen südfranzösischen Departements Aude. Von Norden, Süden und Westen war sie uneinnehmbar, nach Osten leicht zu verteidigen. Durch diese Lage beherrschte Rhedae die beiden Täler zwischen den Corbières und den Pyrenäen. In dieser Gegend gab es zwei Schlösser, zwei Kirchen und 14 Fleischereien – was beweist, daß, Garnison und Bevölkerung zusammengerechnet, mehrere tausend Menschen hier gelebt haben

[1] Louis Fédié: Histoire du comté de Razès et du diocèse d'Alet, Carcassonne 1877

müssen. Als sich im 8. Jahrhundert Theodulf, der Bischof von Orléans, im Auftrag Karls des Großen dort aufhielt, vergleicht er die Stadt Rhedae mit Carcassonne und Narbonne.

Rhedae war nicht nur wegen seiner hervorragenden strategischen Lage wichtig, es verfügte auch über reiche Bodenschätze. In einem Umkreis von knapp fünf Kilometern wurden Steinkohle, Blei, Kupfer geschürft, und auf dem Berg Blanchefort, auf dem die Wisigoten eine kleinere Festung errichtet hatten, gab es Silber- und Goldminen.

Dazu erzählt Louis Fédié eine bemerkenswerte Geschichte:

«Im Mittelalter glaubten die Bewohner dieser Gegend, daß die Edelmetalle, die aus den Minen von Blanchefort gefördert wurden, nicht aus einem geologischen Vorkommen stammten, sondern aus einem Gold- und Silberlager, das von den ersten Besitzern, den Wisigoten, in den Gewölben der Festung als Versteck angelegt worden sei.»

Heute ist Rhedae ein winziges Dorf namens Rennes-le-Château. Aber dieser Ort im Departement Aude, wo sich die Füchse «Gute Nacht» sagen, hat seit Beginn unseres Jahrhunderts wieder etwas von seinem früheren Ruhm zurückgewonnen.

Alte Pergamente sind daran schuld, Ende des letzten Jahrhunderts vom Ortspfarrer Bérenger Saunière in einer wisigotischen Säule entdeckt, die den Altar seiner Kirche stützte. Von diesem Tage an verfügte der Pfarrer, der ohne einen einzigen Sous in die Gemeinde gekommen war, über ein Vermögen von circa einer Million Goldfrancs, ohne daß jemand hätte sagen können, wie er es zu diesem Geld gebracht hatte. Bis zu seinem Tod 1917 – übrigens ein ziemlich mysteriöser Tod! – warf er das Geld nur so zum Fenster heraus. Der Vatikan befaßte sich mit dieser seltsamen Angelegenheit, aber bis heute konnte sie nicht aufgeklärt werden.

Allen Spekulationen waren damit Tür und Tor geöffnet, und die Gerüchte überschlugen sich. Man vermutete, daß Bérenger Saumière in den geheimnisvollen Dokumenten einen Hinweis auf das Versteck des Tisches der Schaubrote und der Menorah – dem berühmten siebenarmigen Leuchter – gefunden und diese in einer der vielen Höhlen der Gegend entdeckt habe.

Für die Phantasten, aber auch für jene, die mit beiden Beinen auf der Erde stehen, war die sechsspaltige Schlagzeile der *Dépêche du Midi* vom 10. Dezember 1972 Wasser auf die Mühlen ihrer Träume. Sie lautete: «Der israelitische Geheimdienst interessiert sich in Rennes-le-Château für den siebenarmigen Leuchter.»

Überlassen wir es dieser großen Provinzzeitung, den Beweis für die Richtigkeit ihrer Schlagzeile zu erbringen, und halten wir es lieber mit Henry-Paul Eydoux: «Ob man eines Tages in Frankreich eine Sammlung von Kunstgegenständen finden wird, die so prächtig und wertvoll ist wie jene von Guarrazar? Es ist durchaus möglich.»

Aber vielleicht sollten wir uns gar nicht wünschen, daß der berühmte siebenarmige Leuchter gefunden wird, denn nach einer alten jüdischen Sage wird an dem Tage, an dem man die Menorah wiederfindet, das Ende der Welt nicht mehr fern sein.

Dritter Teil

Von den Runen zu den Kathedralen

Erstes Kapitel

Die Runen: Eine Hieroglyphenschrift

Als Kind hing Wotan an der Esche Ygdrasil, die die Achse der Welt ist. Neun Nächte hing er an dem Baum. Nach der neunten Nacht brach der Tag an. Wotan betrachtete die Erde und sah die Runen. Daraufhin trennte er sich von der Esche, sammelte Kräfte und wuchs zu großer Stärke. Er sagte: «Mein Wort schafft andere Worte, eine Tat von mir schafft neue Taten.» Er besaß die Gabe, allgegenwärtig zu sein, sich in jedes Tier zu verwandeln und seine Feinde durch Schrecken zu lähmen. Das ist es, was die Edda, kurz zusammengefaßt, von der Entdeckung der Runen erzählt.

So naiv dieser Bericht auch klingen mag – er ist alles andere als oberflächlich. Er sagt genau das Gegenteil von dem, was in der biblischen Schöpfungsgeschichte berichtet wird. In ihr werden aus Adam und Eva, die bis zum Griff nach der Frucht vom Baum der Erkenntnis Gottes Ebenbilder waren, gewöhnliche Sterbliche. Dagegen ist die Schöpfungssage der Edda geradezu ein «gnostischer» Bericht[1], denn bei ihr wird aus dem schwachen Kind Wotan ein allmächtiger Gott.

Halten wir fest: Wotan erfindet die Runen nicht, er findet sie nur! Wotan und die Runen existieren nebeneinander

[1] gnostisch: hier die Lehre von der Göttlichkeit der menschlichen Geistseele

und sind dennoch untrennbar. Für die Runen gibt es keinen Ursprung; sie sind unsterblich, ewig. Damit lehrt dieser Mythos das gleiche, was am Anfang des Johannes-Evangeliums steht:

«Am Anfang war das Wort und das Wort war bei Gott und Gott war das Wort.»

Die Runen sind vor allem eine Schrift der Götter, die *Schrift*, durch die die Welt und alles, was auf ihr geschieht, zusammengefügt wurde.

Aber sie dienen nicht nur dazu, die Welt zu begreifen, sondern man kann mit den Runen auch die Ereignisse beeinflussen. Sie sind also auch eine magische Schrift.

Es gab vier Arten von Runen: die bösen, die man verwendete, wenn man jemandem Schaden zufügen wollte; die hilfreichen, die dazu dienten, einen Fluch abzuwenden; die Siegrunen, die den siegreichen Ausgang eines Kampfes gewähren sollten, und die medizinischen Runen gegen Krankheiten.

Wie jede magische Schrift sind die Runen auch eine Geheimschrift. «Du wirst geheime Schriftzeichen finden und solche Buchstaben, deren Sinn jeder versteht», heißt es in der Hawamal-Saga.

Die Kenntnis der heiligen Bedeutung dieser Schrift ist eine schwierige Kunst, die – wie in Ägypten – den Götterpriestern vorbehalten war. Wurden die Runen schlecht gezeichnet oder nicht in die richtige Reihenfolge gesetzt, konnten sie genau das Gegenteil dessen bewirken, was man eigentlich erhoffte.

Wie schwierig dies sogar für Eingeweihte war, wird in einer gotischen Sage berichtet:

Der Zauberer Egin kommt zu Thorfin und findet auf dessen Lager ein junges Mädchen.

Wer ist dieses Mädchen? fragt er.

Das ist meine Tochter Elga, antwortet Thorfin, sie ist seit langem krank, sie kann nicht mehr schlafen, fast scheint es, als ob sie verrückt wäre.

Hat man ihr Heilkräuter gegeben?

Ein Bauer hat für sie einige Runen gezeichnet, die ihr aber mehr geschadet als genützt haben.

Darauf befielt Egin, das junge Mädchen solle aufstehen und ein anderes Gewand anziehen. Er untersucht ihr Lager und findet die Runen, die auf einem Fischkiemen eingeritzt sind. Kaum hat er sie gelesen, zerbricht er sie und wirft sie ins Feuer, dann bringt er die Decken des Lagers und die Kleider der Kranken zum Lüften ins Freie. Dem Vater erklärt er:

Niemand sollte es wagen, Runen zu zeichnen, wenn er sie nicht richtig anzuordnen weiß, denn viele irren sich in der Form eines schwierigen Buchstabens. In diesen Runen hier waren solche verborgen, die die lange Krankheit hervorgerufen haben.

Egin zeichnete neue Runen auf das Lager und Elga wurde wirklich gesund.

Was hatte sich tatsächlich ereignet? Der Bauer hatte versucht, mit Elga zu schlafen, doch die hatte abgelehnt. Daraufhin hat er «Mannrunen», die Liebesrunen, gezeichnet und sie im Bett des hübschen Kindes versteckt, aber die Runen waren nicht korrekt gezeichnet gewesen.

Runen dienten auch als Talismane. So bot die Rune ᚾ, die «Nad» bedeutete, wenn Männer sie sich auf die Handfläche tätowierten, Schutz gegen die Untreue der Frauen.

Schließlich konnte man mit Runen die Zukunft voraussagen, indem man kunstvoll und in einer vorgeschriebenen

Weise Stäbe warf, auf denen Runen eingeritzt waren; die Stäbe dürften die Vorgänger des Zauberstabs gewesen sein. Das behauptet zumindest Tacitus, aber wir haben ja dargelegt, daß zu seiner Zeit, im ersten Jahrhundert n. Chr., die Goten bereits von «Diceneus» unterwiesen worden waren und einen Zivilisationsstand erreicht hatten, auf dem sie der Wissenschaft mindestens so aufgeschlossen gegenüberstanden wie der Magie. Jordanes hat darüber berichtet. Tacitus dürfte also nach unserer Meinung – und wir werden später erklären warum – Stäbe, in die Runen eingeritzt waren, für Zauberstäbe gehalten haben (vielleicht hatten dies auch die gotischen Priester ihm weismachen wollen!). Diese Stäbe dienten jedoch nur zur Übersetzung und hießen «scythalen», weil man die Goten, als sie an den Küsten des Schwarzen Meeres lebten, mit ihren Nachbarn, den Skythen, verwechselte. Der Name Rune ist aus dem gotischen Wort *runa* abgeleitet, was soviel wie ‹geheim›, eine verborgene Sache, bedeutet.

Der Name Rune ist sowohl ein Beweis mehr für den asiatischen Ursprung der Goten wie auch für den heiligen Charakter der Runenschrift. Runa ist dem Namen des wedischen[1] Gottes Varuna verwandt, dessen Reich der Nachthimmel ist, der Gegensatz zum Tag. Sein Name kommt aus dem Sanskrit-Wort *var,* was soviel wie «dekken» oder «verstecken» bedeutet.

Genau wie Wotan hat Varuna zwei Zauberer als Begleiter, die sich beliebig verwandeln können; beide sind Meister des esoterischen Wissens. Georges Dumézil hat

[1] Wedische Religion: polytheistische Frühreligion Indiens, eine reine Volksreligion, die das diesseitige Leben bejahte und keine Auferstehung kannte

auf diese Analogie hingewiesen. Die gotische Sprache kennt die Verbindung von *Ve* – der Tempel – und *runa* – die Runen: *VeRuna*. Nach alten Berichten, die bis auf Raban Maur (8. Jahrhundert) zurückreichen, hat ein Wahrsager namens Abiruna den Goten, als sie noch in Pannonien (Ungarn) lebten, bereits prophezeit, daß sie eines Tages Gallien besetzen würden. Man könnte noch viele solcher Beispiele anführen.

Viele Sprachforscher glauben, daß die Goten die Schrift von den semitischen Völkern übernahmen, die sie wiederum von den Ägyptern kennengelernt haben dürften. Für diese Theorie ist es interessant, daß im Arabischen das Wort, das sowohl «laut» wie «Magie» bedeutet – *runa* heißt.

Auf jeden Fall ist *die Runenschrift,* genau wie die hebräische und die ägyptische, *eine Hieroglyphen-Schrift.*

Was ist eigentlich eine Hieroglyphe? Hieroglyphen sind sowohl figürliche, wie phonetische, wie symbolische Zeichen. So bedeutet z. B. die ägyptische Hieroglyphe ⊂ , deren Form einer alten Hacke entspricht, die aus zwei Holzstücken zusammengefügt wurde, erstens: eine Hacke (figürliche Darstellung), zweitens: Symbol des Zusammengefügten, der Liebe (symbolische Darstellung), und drittens: den Laut *mer* (phonetische Darstellung), denn *mer* bedeutet im Ägyptischen «Hacke». Überall, wo der Laut *mer* vorkommt, wird also ebenfalls die Hieroglyphe ⊂ geschrieben. Wegen dieser Vielfalt der Bedeutungen und Anwendungen geben die Hieroglyphen immer wieder Rätsel auf. So bezeichnet das Signum für 5 die Zahl Fünf, im Französischen cinq, aber außerdem entspricht es als phonetisches Kürzel dem Klang der französischen Worte: sain, saint, sein, ceint,

1. Hieroglyphen der frühen hebräischen Schrift, wie sie bis zur Babylonischen Gefangenschaft (587–539 v. Chr.) verwendet wurden:

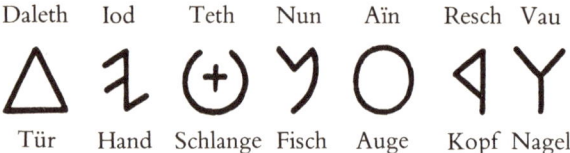

Daleth	Iod	Teth	Nun	Aïn	Resch	Vau
Tür	Hand	Schlange	Fisch	Auge	Kopf	Nagel

2. Frühes Hebräisch, auf einem Schekel (Silbermünze und Gewichtseinheit), der im Tempel von Jerusalem gefunden wurde:

3. Auch als die zweite hebräische Schriftform sich durchgesetzt hatte, wurde der Name Jahwe weiterhin in Althebräisch geschrieben:

Hé   Vau   Hé   Iod

4. Zum Vergleich einige Runenzeichen:

146

seing (gesund, heilig, Busen, umstellt, unterschrieben).
Die Runenschrift kommt der ägyptischen in dieser Beziehung sehr nahe. Auch bei ihr hat jedes Zeichen sowohl eine symbolische wie eine realistische Bedeutung. Wahrscheinlich ist die eine wie die andere Schriftform in grauer Vorzeit aus einem anderen, vielschichtigeren Hieroglyphensystem abgeleitet worden.

Eine andere Theorie vertritt Antoine Fabre d'Olivet (1768–1825) in seinem berühmten Buch *La Langue hébraïque restituée* (Die Wiederentdeckung der hebräischen Schrift). Er leitet das Wort *Rune* von dem deutschen Verb *rennen*, dem das englische *to run* entspricht, ab, welches im französischen *renne,* das unser *Renntier* bezeichnet, ebenfalls enthalten ist. Diese Verwendung in vielen Sprachen beleuchtet eine weitere Charakteristik der Runen-Schrift: sie ist eine lebendige, wandernde Schrift.

Die Edda berichtet, daß die Runen mit Holzkohle und Blut auf Rotbuchen-Bretter gezeichnet wurden. Zwei solche Tafeln hat man in Skandinavien gefunden. Auf der einen waren die Schriftzeichen mit Holzkohle geschrieben, auf die andere waren sie mit dunkler Ockerfarbe gemalt. Vielleicht hat dieser Farbton die alten Saga-Erzähler angeregt, von Blut zu sprechen. Aber das ist nur eine Vermutung, genau so gut kann man ursprünglich Blut verwendet haben, um dadurch die magische Kraft der Runen noch zu verstärken. Doch wird man, wenn es so war, diese Methode bald aufgegeben haben, denn sie hatte einen großen Nachteil: mit Blut geschriebene Runen wurden sehr bald unsichtbar.

Der Brauch aber, Runen auf Rotbuchenholz zu schreiben, blieb bis ins 6. Jahrhundert n. Chr. erhalten, und der römische Dichter Fortunat konnte noch schreiben:

Daß die Rune der Barbaren auf
Rotbuche gezeichnet sein soll
und darauf hinweisen, daß der Ausdruck «bock stafir» –
Rotbuchenholz – lange Zeit als Synonym für «Schrift»
galt.

Runen wurden aber auch auf Schwertgriffen, am Bug der
Schiffe, auf Trinkhörnern, auf Truhen und Schmuckstücken und vielen anderen Geräten angebracht. Die
meisten von den circa dreitausend Runen-Inschriften, die
uns überliefert sind, entdeckte man an skandinavischen
Felsen, in die sie eingeritzt worden waren. So z. B. in
Runamo (Runa-mo!), in Helsinki und vor allem in der
Gegend von Uppsala in Schweden. Zu diesen Felsin-
schriften gehören auch jene vierzehn ältesten Runen-
schriften, die wir bis heute kennen. Meist handelt es sich
dabei um Bitten an die Götter oder um Nachrufe auf den
Gräbern von Stammesfürsten, wie zum Beispiel auf den
Grabsteinen bei Botkyrka, in der Nähe von Stockholm.
Doch wäre es ein Irrtum, glaubte man, Runenschriften
nur in Nordeuropa vorzufinden. In Rumänien, in der
Ukraine und sogar in Frankreich gibt es welche. Die in
Frankreich sind sogar die aufschlußreichsten, weil sie die
Frage nach der Herkunft des Gotischen beantworten
helfen. Zu ihnen gehört jene Fibel, die in Charnay
(Saône-et-Loire) gefunden wurde und in die Runen
eingraviert sind. Sie befindet sich jetzt im Museum der
nationalen Altertümer von Saint-Germain-en-Laye.
Noch wichtiger jedoch ist jenes Kästchen, das als
«Schrein der Franken» im Britischen Museum in London
ausgestellt ist. Gefunden wurde es in Auzon am Oberlauf
der Loire.

In Skandinavien und Island ist die Runenschrift lange

Zeit verwendet worden. Mittelalterliche Manuskripte in Runenschrift existieren ebenso wie Runenzeichen auf Münzen des dänischen Königs Sven Eriksson, der im 12. Jahrhundert lebte. Erst in jenem Jahrhundert taucht neben der Runenschrift das lateinische Alphabet in den Manuskripten auf, bis es sich allmählich gegen die Runenschrift durchsetzt.

Erst als niemand mehr die Runenzeichen verwendete, begannen die Gelehrten, sich für deren Geheimnisse zu interessieren. Die frühesten Abhandlungen über Runen sind die Werke von Olaf Thornson Hviteskald und die *Bibliotheca runica* von Ericus. Als es Jean François Champollion 1822 gelang, die ägyptischen Hieroglyphen zu entziffern, war eine sichere Basis geschaffen, um auch die Runen zu übersetzen. 1823 veröffentlichte Bryljufsen sein *Periculum runologicum* («Über die Gefahr der Runologie»), fast gleichzeitig mit Grimm, der seine beiden berühmten Werke über die Runen-Literatur ebenfalls anfangs des 19. Jahrhunderts vorlegte. Dennoch sind bis heute viele Fragen über die Herkunft und die Bedeutung der Runen nicht beantwortet. Lucien Musset, ein Spezialist auf diesem Gebiet, mußte 1965 zugeben:

«Obwohl jeder Runologe von seiner Theorie absolut überzeugt ist, bleibt die Runologie zum großen Teil doch eine Wissenschaft, die auf Vermutungen basiert.»[1]

Nichts liegt uns ferner, als klüger sein zu wollen als dieser ausgezeichnete Spezialkenner. Wir möchten deshalb betonen, daß die Thesen, die wir im dritten Teil dieses Buches aufstellen, nichts weiter sind als Arbeitsformeln, deren Bestätigung noch aussteht.

---

[1] Lucien Musset: Einführung in die Runologie, Paris 1965

Anderseits stehen wir heute nicht mehr völlig ratlos den Runen gegenüber, wie es etwa noch bei den etruskischen Inschriften der Fall ist; wir können Runen lesen, wir können sie verstehen.

Unter Runen verstehen wir sowohl die einzelnen Schriftzeichen wie auch die aus ihnen zusammengesetzten Formeln. Die Entzifferung dieser Formeln wird erschwert, weil sie oft in Form von Kalligrammen geschrieben werden; Schreibweise und Reihenfolge der Schriftzeichen folgen keiner festen Regel. Sie können in einer normalen horizontalen Zeile angeordnet sein, aber auch kreisförmig oder als Dreieck, wie auch als Spirale. Sie müssen entweder von links nach rechts gelesen werden, so wie wir es gewohnt sind, dann wieder von oben nach unten, wie im Chinesischen und in einigen indischen Sprachen, oder gar so wie einige sehr alte griechische Inschriften als «Bustrophedon», eine Methode, bei der die erste Zeile in einer Richtung, die nächste in entgegengesetzter Richtung gelesen wird und so fort.[1]

In seinen Anfängen hatte das Runen-Alphabet 24 Zeichen, die ungefähr im 9. Jahrhundert auf 16 reduziert wurden. Dieses Alphabet tauften die Runologen FUThARK. Es sind dies die ersten sechs Buchstaben des Runen-Alphabets – vergleichsweise unserem ABC – das anders als das hebräische, griechische oder lateinische angeordnet ist.

Wie bereits erwähnt, bedeutet eine Rune sowohl eine Aussprachebezeichnung wie auch ein Symbol. Die Tafel veranschaulicht die phonetische und symbolische Bedeu-

---

[1] Bustrophedon, d.h. nach Art der Furchen, die die Ochsen beim Pflügen mal von rechts nach links, mal von links nach rechts ziehen

tung der Runen im alten FUThARK.[1] Dem Thema dieses Buches entsprechend ist die Bedeutung jeder Rune in der gotischen Sprache angegeben, wobei diese Bedeutung bei den westlichen und nördlichen Yoerg-Gruppen kaum voneinander abweichen. Hinter jedem gotischen Wort steht die deutsche Übersetzung.

Dabei zeigt es sich, daß Runen sowohl Gegenstände als auch Figuren der Götterwelt und auch abstrakte Begriffe bedeuten können. Was immer sie aber ausdrücken – ursprünglich gehörte alles in eine große, gemeinsame Gesamtschau, die ihnen heilig war.

Untersucht man die Herkunft und Entstehung der einzelnen Runen des alten FUThARK, so eröffnen sich für ihre historisch-soziologische Bedeutung höchst interessante Aspekte. So ist das «alpha» dieses Alphabets die Rune «faihu», die das Vieh bezeichnet, das die Voraussetzung allen Reichtums war. Das «Omega» dagegen, die Rune «othal», bedeutet Grundbesitz. Ein Beispiel für die Entwicklung von einer Hirtengemeinschaft, in der eine Art primitiver Kommunismus herrschte, zu einer bäuerischen Ordnung, in der sich bereits erste Klassentrennungen abzeichnen. Die Tatsache, daß «othal» sowohl den Grundbesitz wie auch den höchsten Gott, das Oberhaupt aller anderen, bezeichnet, ist ein weiterer Beweis dafür. Denn mit Odin-Wotan steht ein bäuerischer Gott an der Spitze einer Götterversammlung, die ebenfalls erste Stufen einer sozialen Rangordnung erkennen läßt.

Die zweite Liste zeigt das auf 16 Zeichen reduzierte Runen-Alphabet, das «Neues FUThARK» genannt wird. In

[1] Die Tafel wurde aufgestellt nach «Einführung in die Runologie» von Lucien Musset, Aubier, Paris 1965

151

DAS ALTE FUThARK

	Rune	Phonetische Bedeutung	Gotischer Name	Bedeutung in der deutschen Sprache
1.	ᚠ	f	*faihu*	Vieh, Reichtum
2.	ᚢ	u	*urus*	Ur, Regen
3.	ᚦ	th	*thuriseith*	Riese, Stachel
4.	ᚨ	a	*ansus*	Ase, Mündung
5.	ᚱ	r	*raida*	Ritt, Karren
6.	ᚲ	k	*kusma*	Fackel
7.	ᚷ	g	*giba*	Gabe, Großzügigkeit
8.	ᚹ	w	*winga*	Freude
9.	ᚺ	h	*hagl*	Hagel
10.	ᚾ	n	*nauths*	Notwendigkeit
11.	ᛁ	i	*eis*	Eis
12.	ᛃ	j	*jer*	Sommer, Ernte
13.	ᛇ	E	*eihwaz*	Eibe
14.	ᛈ	p	*pairthra*	£
15.	ᛉ	R	*algiz*	Bogen, Schwung
16.	ᛊ	s	*sauil*	Sonne
17.	ᛏ	t	*teiws*	Der Ase Tyr, Sieg
18.	ᛒ	b	*bairkan*	Die Göttin Frigg, Birke
19.	ᛖ	e	*eiweis*	Pferd
20.	ᛗ	m	*manna*	Mann
21.	ᛚ	l	*lagus*	Wasser, Meer
22.	ᛜ	ng	*iggws*	Der Gott Inguz
23.	ᛞ	d	*dags*	Tag
24.	ᛟ	o	*othal*	Odin, Grundbesitz

DAS NEUE FUThARK

	Rune	Phonetische Bedeutung	Neuer Sinngehalt
1.	ᚠ	f	
2.	ᚢ	u	
3.	ᚦ	th	
4.	ᚨ	A	Esche
5.	ᚱ	r	
6.	ᚲ	k	
7. (9)	ᚼ	h	
8. (10)	ᚾ	n	Süßwasserfisch
9. (11)	ᛁ	i	
10.	ᛆ	a	
11. (16)	ᛋ	s	
12. (17)	ᛏ	t	
13. (18)	ᛒ	b	
14. (20)	ᛘ	m	Grab, Welle
15.	ᛚ	I	
16. (15)	ᛦ	R	Kelch

(Die Zahlen in Klammern bezeichnen die Plazierung dieser Runen im alten FUThARK)

ihm wurden die ersten fünf Runen in ihrer ursprünglichen Reihenfolge beibehalten, jedoch acht andere ganz ausgelassen, dafür sechs neue hinzugefügt. Acht Zeichen haben ihren Platz gewechselt.
Logischerweise gehen im neuen FUThARK auch so viele Symbolbedeutungen verloren, wie alte Runen eliminiert wurden. Außerdem hat sich der Sinn von vier Runen

völlig geändert, für drei alte Bedeutungen erfand man eine neue Rune, die Rune ᚨ (sie entspricht dem Laut «a»), die nur verwendet wurde, um anzuzeigen, daß sich der Sinn der alten Runen geändert hatte.

Schon daran erkennt man, daß diese Sinnveränderungen keineswegs willkürlich vorgenommen wurden.

Untersucht man das neue FUThARK, kommt man zu aufschlußreichen Erkenntnissen. Dieses überarbeitete Alphabet entstand im 9. Jahrhundert, zu einer Zeit also, in der die Christianisierung der «barbarischen» Völker Europas zwar abgeschlossen, aber keinesfalls gefestigt war. Das neue Alphabet liefert dafür viele Hinweise; es zeugt von der Entschlossenheit, der alten heiligen Runen-Schrift einen neuen religiösen Inhalt zu geben.

Zwei Änderungen vor allem illustrieren das Ziel dieser Alphabet-Reform: einmal der Verzicht auf die Rune ᛟ «othal», also der für Odin-Wotan, zum anderen der Austausch der Rune ᚼ, die die böse Bedeutung von «Hagel» hatte, gegen die neue Rune ✳, die die gute Bedeutung «Süßwasserfisch» hat. Diese neue Rune ist aus den sich kreuzenden «i» und «x» gebildet und das wiederum ist nichts anderes als das berühmte Monogramm auf griechisch: Iesus Xristos. Gleichzeitig ist in dieser Rune das nicht weniger berühmte Symbol des Fisches enthalten, weil das griechische Wort für Fisch IXTIOS mit den gleichen beiden Buchstaben beginnt wie das Monogramm von Jesus Christus.

Mindestens so aufschlußreich ist die Wandlung, die die Rune ᚨ in ihrer Bedeutung erfahren hat. Im alten FUThARK bezeichnete sie die Asen. Um Verstimmungen zu vermeiden, hat man zwar das Zeichen auch im neuen FUThARK beibehalten, aber ihm seine einstige heilige

Bedeutung genommen. Mit List hat man den Sinn dieser Rune von «Ase» in «Esche» verwandelt, ein Wortspiel hat aus Ase «Aese» (Esche) gemacht, und schon wurden aus den alten Göttern einfache Bäume.

Aus ähnlichem Grund bekam die Rune für «Mensch» den Sinn «Grab». So wurden die Menschen an ihre Sterblichkeit erinnert. Die Rune, die bisher «Bogen» und «Schwung» bedeutet hatte, erhielt nun den Sinn «Kelch». Möglicherweise um anzudeuten, daß die Kraft aus dem Opfer kommt und der Schwung auf das Abendmahl ausgerichtet sein soll.

Doch einige der alten Götter konnten dieser frommen Alphabet-Reform entkommen: zum Beispiel der Ase Tyr und die Göttin Frigg. Anderen gelang es nicht, sich so gut zu verbergen wie diese beiden (– auch sie mußten, wie wir noch sehen werden, später verschwinden). Das neue FUThARK ist insgesamt das Ergebnis einer sanften Christianisierung.

Doch zurück zu den alten Runen.

Sie zu deuten wird dadurch erschwert, daß jede einzelne Rune eine andere Bedeutung haben kann, je nachdem, ob sie in diesem oder jenem «kosmischen Feld», in der einen oder der anderen «Welt» benutzt wird.

Diese innere Struktur der Runen läßt sich nur schwer aus unserem Sprachgefühl heraus begreifen; am ehesten wird sie klar, wenn man jene Stelle in der Edda liest, in der der Zwerg Alvis sie Thor, dem Asen mit dem Hammer, erklärt. Außerdem ist dies ein Zitat voller Poesie und mit bemerkenswerter Nutzanwendung:

«Erde» sagen die Menschen
Aber die Asen sagen «Feld»;

Die Vanen nennen es «Weg»,
Die Riesen «grünlich»
Die Elfen «sprießend»
Die höchsten Götter «lehmig».

Aus der Sicht der Menschen ist die Erde ein Planet, für die Asen verkleinert sie sich zu einem Feld; für die höchsten Götter aber, die sie geschaffen haben, ist sie nichts als ein Lehmklumpen. Aus der Höhe eines Riesen betrachtet, ist sie eine weite grüne Fläche, bewachsen oder mit Wasser bedeckt, deren Konturen verschwimmen, und so fort.

So kann jede Rune diese oder jene Eigenschaft ausdrükken, es hängt ganz davon ab, mit welchem Begriff sie verbunden ist und aus welchem Blickpunkt eine Sache betrachtet wird. Dieser aufschlußreiche Text beweist, daß die Runen nicht nur eine geheime und magische, sondern auch eine symbolische Schrift mit verschiedenen Begriffsebenen waren. Es genügte nicht, Runen lesen und zeichnen zu können; man mußte sie auch zu deuten verstehen, d. h. man mußte heraus*spüren,* welche von den verschiedenen mystischen Bedeutungen, die ein Zeichen haben konnte, in dem jeweiligen Fall gemeint war.

Aus diesem Grund konnte sich auch die Kirche nicht das Monopol auf diese Schrift sichern (wie sonst immer bei Gemeinschaften, bei denen die Schrift noch nicht Träger der «Massenkommunikation» ist). Runen richtig lesen hieß ein angeborenes Gespür für ihren Sinn haben, so wie es ägyptische Hieroglyphen-Deuter und jüdische Kabbalisten für ihre Schriften besaßen, und später die Wappen-Herolde, deren Aufgabe es war, eine andere Hieroglyphenschrift zu interpretieren: die der Wappen.

Fassen wir zusammen:

1. Die Runen sind eine Schrift, die seit Beginn unserer Zeitrechnung dazu diente, verschiedene Sprachen schriftlich festzuhalten, und zwar Sprachen der germanischen Gruppe, eines Zweigs des indo-europäischen Sprachstammes. Besonders aber wurde die Runenschrift von den Goten verwendet.

2. Die Runenschrift ist wie die semitische, der sie ähnelt, eine Hieroglyphenschrift.

3. Sie entstand auf religiöser Grundlage, wie auch ihre Substanz religiös war.

4. Vom 11. Jahrhundert an gibt es neben den Runen auch das lateinische Alphabet.

5. Anfang des 14. Jahrhunderts hat das lateinische Alphabet die Runen gänzlich verdrängt.

2. Kapitel

Die Goten und die Runen

Auch ausgepichte Sprachforscher können verwunderliche Fragen stellen. So zum Beispiel James W. Marchand, der 1959 einen Artikel schrieb, dessen Überschrift lautete: «Haben die Goten wirklich die Runenschrift gekannt?»

138 Jahre nach der Entdeckung des Goten-Schatzes von Pietroasa kann man über solche Fragen nur noch lächeln. Denn zu diesem Schatz gehört ein Schmuckstück, durch das es möglich ist, diese Frage eindeutig zu beantworten. Es handelt sich um das zylindrische Goldhalsband.

Schatz von Pietroasa: Das Goldhalsband mit Inschrift

Auf diesem zerbrochenen Halsband steht tatsächlich eine Inschrift in alten Runenzeichen (altes FUThARK). Sie ist unversehrt und lautet:

ᚷᚢᛏᚨᚾᛁᛁᛟᚹᛁᚺᚨᛁᛚᚨᚷ

G U T A N I I O W I H A I L A G

Übersetzung:

Vom Tempel	der Goten	heilig	ich (bin)
WI	GUTANI	HAILAG	IO

Der Schatz von Pietroasa, das ist bekannt, wurde im Jahre 380 vergraben.

Inzwischen wurde übrigens eine weitere Runen-Inschrift entdeckt, die aus dem ersten Drittel des 3. Jahrhunderts stammt, also älter ist als jene aus dem Schatz von Pietroasa. Sie wurde in der Ukraine, in der Nähe von Kowal entdeckt und besteht aus einem einzigen gotischen Wort ᛏᛁᛚᚨᚱᛁᛞᛋ (TILARIDS), was «der Angreifer» bedeutet. Es ist in silbernen Runen in die Stoßklinge einer Lanze eingelegt. Im Gegensatz zum wisigotischen Schatz von Pietroasa handelt es sich bei der Lanze um ein ostrogotisches Stück.

Die Inschrift auf dem Halsband von Pietroasa gibt interessante historische Aufschlüsse: Athanarich hatte den Schatz vergraben, und zwar zu jener Zeit, als es – wie Ammius Marcellinus berichtet – zur Spaltung der Wisigoten unter Fritigern kam, nachdem der eine Teil zum arianischen Glauben übergetreten war. Die anderen, «die ihrem alten Glauben treu blieben», dem Kult mit Wotan und den Asen anhingen, von dem die Runen nicht wegzudenken sind, wurden von Athanarich angeführt.

Die Inschrift bestätigt nun, daß der Schatz von Pietroasa (ein Ort, dessen Schreibweise Pietro-Asa seltsamerweise die Bezeichnung Asen enthält) ein Teil des Alten Schatzes war, also ein heiliger Schatz, der nicht nur materiellen Wert besaß, sondern auch – und dies vielleicht vorrangig – einen historisch-kultischen, um nicht zu sagen: geistigen Wert. Da nun aber auf dem Halsband, einem nicht besonders wertvollem Stück des Schatzes, eine Runen-Inschrift eingraviert war, kann man daraus folgern, wie sehr den Goten daran gelegen war, ihr Heiligstes, die Hieroglyphenschrift, deren erste Runen sie auf einfache Holzstücke gezeichnet hatten, zu erhalten und zu bewahren.

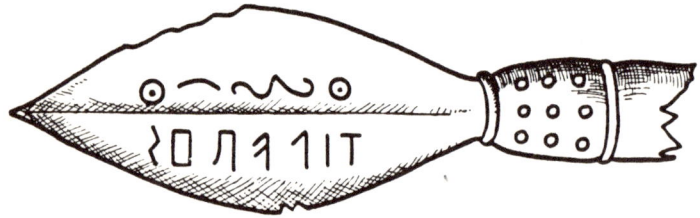

Stoßklinge einer Lanze, in der Nähe von Kowal (Ukraine) gefunden. Die Runeninschrift ist in gotischer Sprache und bedeutet «Der Angreifer»

Eine Meinung, die auch im sechsten Gesang der Hawamal-Saga anklingt:

> *Du wirst die Runen entdecken*
> *und die Tafeln, die sie erklären;*
> *sehr wichtige Tafeln.*
> *Tafeln von großer Bedeutung,*
> *gefärbt vom höchsten Weisen,*

gefertigt von den Mächtigen,
eingeritzt von dem Boten der Götter.
Wotan schrieb sie für die Asen,
für die Elfen tat dies Dainn,
Dvalinn für die Zwerge,
Asvidr für die Riesen.

Bedenken wir, wie schnell Wotan seine Herkunft als Naturgott und seine undifferenzierte Geistesverfassung ablegte! Bereits mittelalterliche Schriftsteller, wie der Anglo-Normanne Robert Wace (1120–1175), vergleichen ihn mit Hermes-Merkur. In seinem *Roman de Brut* schreibt Wace:
«Merkur, der in anderen Sprachen Wotan genannt wird.»
Und Wace war Domherr von Bayeux, also zuständig für Vergleiche unter den verschiedenen Religionen!
Wotan war es ja auch, der den Menschen die Schrift gebracht hatte; er hat damit die gleiche Aufgabe wie der ägyptische Thot, der phönizische Cadmos und der griechische Hermes. Wie dieser wird deshalb Wotan auch der «Götterbote» genannt.
Alexander Hagerthy Krappe hat dies so formuliert:
«Aus gutem Grund hat man Wotan mit Merkur-Hermes gleichgesetzt, auch er ist ein intellektueller Gott; er war es bereits im 1. Jahrhundert n. Chr.»[1]
Doch Wotan ist, wie schon sein Name verrät, ein rein gotischer Gott, und seine Schreibweise ist ebenfalls gotisch. Wotan gehörte nicht zur germanischen oder skandinavischen Götterwelt. Er war den Alemannen und

---

[1] Alexander Hagerthy Krappe: Études de mythologie et de folklore germaniques, S. 38

den germanischen Franken genauso wenig bekannt wie den Burgundern, von denen die Insel Bornholm ihren Namen hat. Sie lernten ihn erst kennen, als er von den Goten, die aus dem Osten oder Südosten Europas kamen, «importiert» wurde. Bereits 1822 hat der deutsche Gelehrte H. Leo auf diese Tatsache hingewiesen. Inzwischen sind die meisten Runologen der Ansicht, daß die Schrift – zufällig die Runen – von den Goten den germanischen und nordeuropäischen Völkern gebracht wurde. Diese Ansicht vertreten, um nur einige zu nennen: Weinhold, Carl Pauli, Marstrander und Lucien Musset.

Mit welchen Argumenten aber können dann Gelehrte wie James W. Marchand anzweifeln, daß die Goten Runen kannten und verwendeten (trotz solcher archäologischer Beweise wie der Lanze von Kowal und dem Halsband von Pietroasa)? Nun, fragen diese Gelehrten zurück, wieso findet man vom 5. Jahrhundert n. Chr. an weder bei den Ostrogoten in Italien noch bei den Wisigoten in Südfrankreich und Spanien Runen?

Es stimmt – und es ist auf den ersten Blick verblüffend –, daß bei beiden Stämmen des Gotenvolks, die zum arianischen Christentum übertraten, gleichzeitig mit dem alten Glauben auch die Runen verschwunden zu sein scheinen. Anderseits haben wir greifbare Beweisstücke dafür, daß Ostro- wie Wisigoten die Runen kannten und gebrauchten und diese in Nordeuropa auch noch lange nach der Christianisierung erhalten blieben. Wieso also sollten sie bei den Goten in Südeuropa durch ihren Glaubenswechsel verloren gegangen sein?

Nun darf man sich einen solchen Übergang zum Christentum nicht wie einen abrupten Einschnitt auf religiösem und kulturellem Gebiet vorstellen. Solche Einschnitte gibt es nirgendwo in der Geschichte, immer sind es Entwicklungen: Alter und neuer Glaube existieren eine Zeitlang nebeneinander, und der eine beeinflußt den anderen. Kann es also nicht so gewesen sein, daß nur vordergründig die Runen verschwunden waren, daß sie aber im Verborgenen weiter benutzt wurden, nur vielleicht durch eine Begriffe-Veränderung der einzelnen Zeichen nicht sofort erkennbar? Schließlich waren die alte Schrift und der alte Glaube von einander untrennbar.

1789 gab Moreri seinen *Dictionnaire Historique* heraus, der auf diese Frage vielleicht den Ansatz einer Antwort enthält. Unter dem Stichwort «Carcassonne» heißt es dort: «In der Stadt Carcassonne gibt es eine Burg, in der sehr alte Akten aufbewahrt werden, die in einer eigentümlichen Schrift auf Baumrinden verfaßt sind. Einige vermuten, daß sie von den Wisigoten stammen.»

Diese Angaben bestätigt eine Denkschrift im Archiv der Pioniereinheiten von Perpignan:

«Mit ihren Schätzen brachten die Goten auch sehr alte, auf Baumrinde geschriebene Akten aus Rom nach Carcassonne. Sie werden in den dortigen Archiven aufbewahrt.»

Diese Denkschrift stammt aus der Zeit vor der Französischen Revolution. In deren Verlauf haben die Aufständischen am 30. Brumaire des Jahres II (Zeitrechnung der Revolution) die Dokumente aus dem Stadtarchiv auf der Place de la Liberté verbrannt. Dieses Autodafé war verständlich, denn im Archiv befanden sich viele Dokumente, die die Bürger an das Joch unter den Feudalherren erinnerten, aber es ist ein unersetzlicher Verlust, daß dabei auch jene Dokumente, in Hieroglyphen auf Baumrinde geschrieben, verbrannt wurden. Es dürften mit ziemlicher Sicherheit Runen-Tafeln gewesen sein, die von den Wisigoten, auch als sie bereits Christen geworden waren, allen Schwierigkeiten zum Trotz aufbewahrt worden sind.

Nachdem diese Beweisstücke für immer verloren sind, können wir nur hoffen, daß wir an und in den Bauwerken, die – zu recht oder zu unrecht – als gotisch bezeichnet werden, Hinweise auf Runen und die alten Götterhimmel von Asgard und der Walhalla entdecken, die die Goten nach ihrem Übertritt zum Arianismus dort versteckt eingearbeitet haben.

Ein abenteuerliche Suche gilt es anzutreten! Auf unser eigenes Risiko, wenn wir – bei aller Gewissenhaftigkeit – auch an manche anerkannte Methode und bestandene Idee anstoßen werden. Denn wenn es solche Hinweise überhaupt gibt, dann nur verschleiert; sie können nichts anderes sein als versteckte Anspielungen, und als solche – im wahrsten Sinn des Wortes – hermetisch verschlossen.

165 Der «Schöne Gott» in der Kathedrale von Chartres. Auf dem Buchdeckel erkennt man deutlich die Rune «Odal», die Wotan gewidmet war (Foto Girardon)

166/167 Wisigotischer Sarkophag. Provinzmuseum von Burgos (Spanien) (Foto: Roger-Viollet). Der Runen-Schrein aus der Kirche von Auzon (Obere Loire). Er vereint die gotische Mythologie der Edda mit der christlichen Mythologie. *Links:* Völund schnitzt einen Trinkbecher aus dem Schädel von Niduds Sohn. *Rechts:* Die Anbetung der Weisen aus dem Morgenland (British Museum)

168 *Oben:* Die Runen in der Kathedrale. In Chartres die Rune *dags,* die den Tag bezeichnet (Cl. Editions, Foto: Auguste Allemand). *Unten:* Kirche von Aulnay de Saintonge: Der Esel, Symbol der Asen, liest eine Messe (Photographisches Archiv Paris)

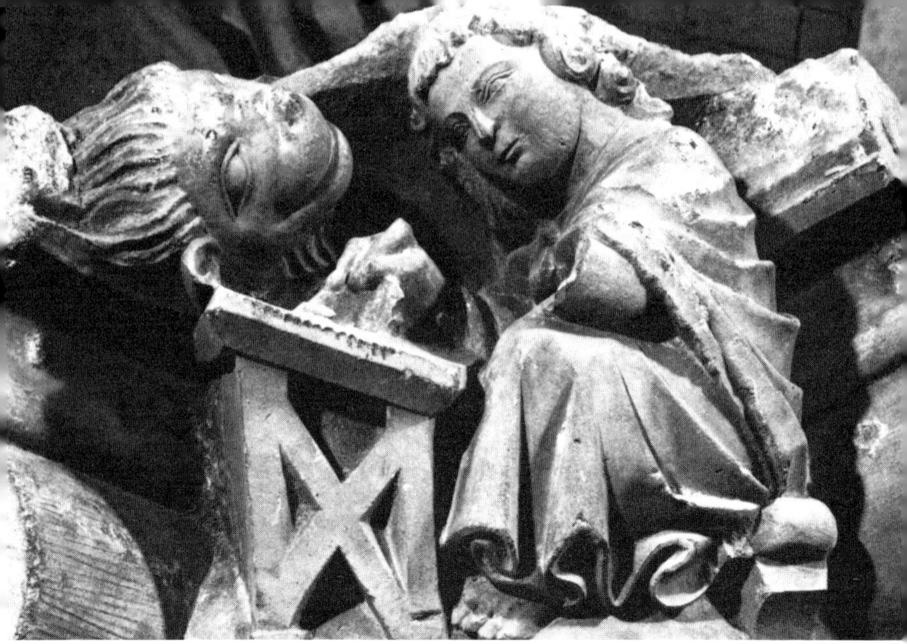

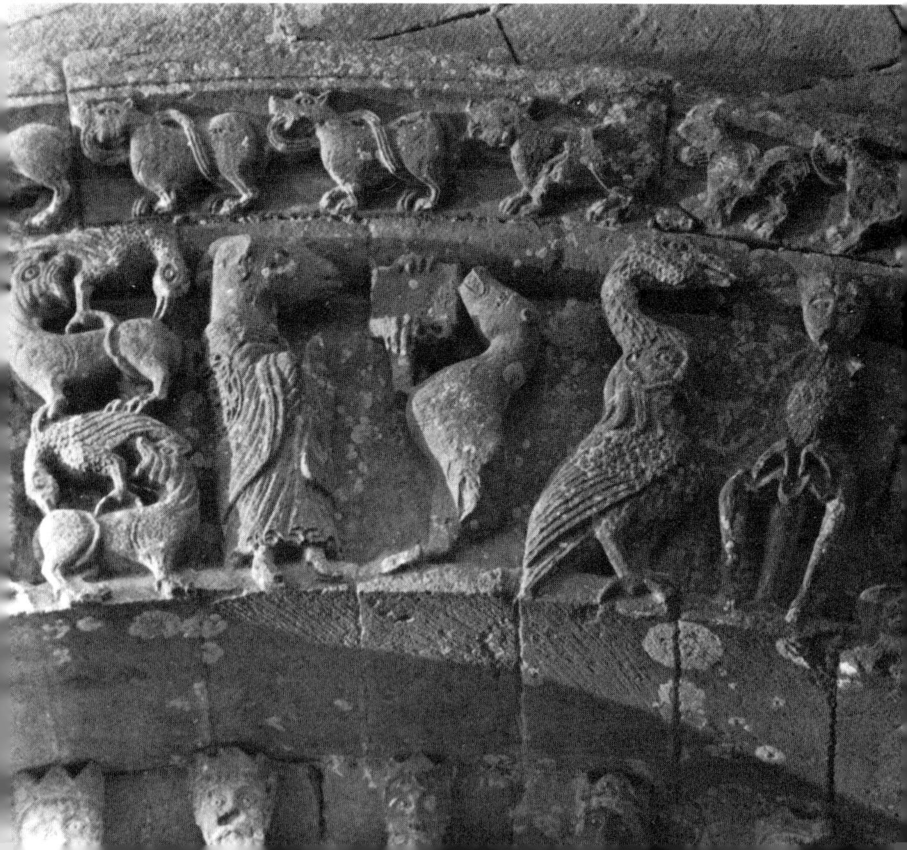

3. Kapitel

Metamorphose der Schrift und der Götter: Wulfila

Die Übersetzung der Runen-Inschrift auf dem Halsband von Pietroasa war nur möglich, weil wir die gotische Sprache kennen, in der diese Inschrift abgefaßt ist und die sich ganz deutlich von anderen Sprachen der germanischen Völkergruppe unterscheidet.

Die Sprachforscher haben die germanischen Sprachen in drei Gruppen aufgeteilt: die des Nordens, die des Westens und die des Ostens, auch ostische oder gotische Sprachgruppe genannt.[1]

Von der nordischen Gruppe (heute isländisch, schwedisch, norwegisch, dänisch) und von der westlichen (deutsch mit seinen verschiedenen Mundarten, englisch und holländisch) gibt es lebende Nachfolge-Sprachen. Zur östlichen Sprachgruppe gehörten theoretisch alle Sprachen, die einst von den Burgundern, Vandalen, Herulern, Gepiden und den Goten gesprochen wurden, also nur tote Sprachen. Dies ist die Theorie, praktisch jedoch ist von dieser Gruppe nur die gotische Sprache bekannt, weil in ihrer Sprache geschriebene Dokumente auf uns überliefert wurden. Nur die Goten kannten innerhalb dieser Gruppe die Schrift, daher auch ihre

[1] Diese drei Gruppen wurden u. a. nach der unterschiedlichen Entwicklung aufgeteilt, die das protogermanische Wort *dalaz* (Tal) in jeder der Gruppen durchgemacht hat. In der nordischen Gruppe wurde es zu *dalr*, in der westlichen zu *dal* und in der östlichen zu *dals*

Bezeichnung «Weise Goten» (Wisigoten) und «Glänzende Goten» (Ostrogoten).
Das wichtigste Dokument, dank dem wir die gotische Sprache kennen, ist die Bibel des Wulfila, des gotischen Bischofs, durch dessen Bibelübersetzung im 4. Jahrhundert in seine Muttersprache das arianische Christentum unter den Wisigoten verbreitet wurde.
Hier ist eine Zwischenbemerkung notwendig: es ist üblich, von der «Bibel des Wulfila» zu sprechen; das eine Exemplar jedoch, das sich in der Universitätsbibliothek von Uppsala befindet, ist erst gut zwei Jahrhunderte nach dem Tod von Wulfila (382) als *Codex Argenteus* bekannt, weil es in Silberbuchstaben auf purpurnem Pergament geschrieben ist. Von diesem Exemplar sind nur noch Fragmente erhalten: ein Teil des Buches Nehemia und drei Viertel des Neuen Testaments. Doch werden auch wir der Einfachheit halber dieses Manuskript «Bibel von Wulfila» nennen.

𐌰	𐌱	𐌲	𐌳	𐌴	𐌵	𐌶	𐌷	𐌸
1	2	3	4	5	6	7	8	9
a	b	g	d	e	q	s	h	þ
𐌹 ï	𐌺	𐌻	𐌼	𐌽	𐌾	𐌿	𐍀	𐍁
10	20	30	40	50	60	70	80	90
i	k	l	m	n	j	u	p	–
𐍂	𐍃	𐍄	𐍅	𐍆	𐍇	𐍈	𐍉	𐍊
100	200	300	400	500	600	700	800	900
r	s	t	w	f	x	h	e	–

Die Bibel des Wulfila, aus dem Griechischen ins Gotische übersetzt, ist nicht in Runen-Schriftzeichen geschrieben, sondern Wulfila hat für seine Übersetzung eine Alphabet-Reform vorgenommen. Die Schrift, die Wulfila benutzte – und in leicht veränderter Form die beiden Schreiber des *Codex Argenteus* – ist eine Mischung aus Runenzeichen und griechischen und lateinischen Buchstaben.

Es besteht logischerweise zwischen der religiösen Absicht des Wulfila und seiner Schriftreform eine unmittelbare Beziehung. Das eine war die Ursache für die gewünschte Wirkung. Um die Anhänger des Asen-Glaubens zum (ketzerischen) Christentum des Arius zu bekehren, mußte zuerst einmal eine «Bekehrung» der Runen-Schrift erfolgen, weil diese ganz eng mit dem Glauben an die Asen, oder genauer: mit der Figur Wotans verbunden war.

Historikern und Sprachforschern ist dies sehr wohl bekannt, aber nach unserer Meinung haben sich die meisten von ihnen eine zu ungenaue Vorstellung von den wahren Motiven und der eigentlichen Natur dieser doppelten Verwandlung auf graphischem und religiösem Gebiet gemacht. Diese hingen enger zusammen, als man gemeinhin annimmt.

So begründet Ferdinand Mossé[1] die Notwendigkeit, für die Übersetzung der Bibel in die gotische Sprache ein neues Alphabet zu schaffen, damit, daß diese Sprache «bis dahin ohne jede gelehrte Tradition war und unfähig, abstrakte Gedanken auszudrücken».

Nun, es erscheint doch zu leichtfertig, so über die «Weisen Goten» zu urteilen, von denen wir durch Jorda-

---

[1] F. Mossé: Handbuch der gotischen Sprache, Aubier, Paris 1959

nes wissen, daß sie vier Jahrhunderte vor Wulfila von einem «wissenschaftlichen Geist» (Dicineus)[1] geleitet wurden und «beinahe den Griechen gleichzusetzen waren». Außerdem: wie konnte eine so spitzfindige, sophistische Glaubensrichtung wie die des Arius bei einem Volk sich ausbreiten, das nicht schon zuvor fähig gewesen wäre, abstrakt zu denken? In Wahrheit sind unsere Egozentrik und unsere geistige Überheblichkeit schuld, wenn wir uns außerstande sehen, hinter den Runen und der Mythologie der Edda eine geistige Konzeption zu erkennen, die bereits den Begriff des «Logos», der Symbole und der Kosmogonie[2] weitgehend ausgearbeitet hatte.

Eine eingehendere Beschäftigung mit der Schriftreform des Wulfila bestätigt diese auf den ersten Blick verwegene Behauptung:

1. Hätte Ferdinand Mossé recht und die Runenschrift wäre absolut unbrauchbar gewesen, um eine für die Goten völlig neue religiöse Idee auszudrücken, dann hätte Wulfila nichts weiter zu tun brauchen, als in Griechisch oder Lateinisch zu schreiben.

Aber das hat er eben nicht getan! Er hat es vorgezogen, eine Mischung zu wählen, in der die Runen-Zeichen mit lateinischen und griechischen koexistieren. Vielleicht hat er dies getan, weil durch die Runenschrift der alte Glaube der Goten, so eng mit dieser Schrift verbunden, in das arianische Christentum einmünden konnte und so, wenn auch versteckt, durch die Runen des neuen Alphabets erhalten blieb.

---

[1] Siehe Erster Teil, erstes Kapitel
[2] Kosmogonie (gr.) = Lehre von der Entstehung der Welt

Mit anderen Worten: *Wulfila lieferte nicht eine wortwörtliche Übersetzung, sondern eine Umsetzung.*

2. Auf der Tabelle auf Seite 170 sieht man, daß *jeder Buchstabe* im Alphabet des Wulfila außer der Schriftbedeutung *auch einen Zahlenwert darstellt.* Genauso wie es im griechischen und hebräischen Alphabet der Fall ist. Das ist sehr aufschlußreich, da Wulfila sein Alphabet entwickkelte, um eine Übersetzung der Bibel nach der Septuaginta-Fassung durchzuführen, also einer griechischen Übersetzung aus dem hebräischen Urtext.[1] Nun ist seit den jüdischen Kabbalisten[2] bekannt, daß in den Bibeltexten ein zusätzlicher Sinn versteckt ist, der sich durch die doppelte Bedeutung der Buchstaben – einerseits als Laute, andererseits als Zahlen – ergibt. Durch die moderne Exegese der Offenbarung des Johannes, ein hebräisch inspirierter, griechisch geschriebener Text, wurde dies bestätigt.

Halten wir außerdem fest:

1. Die Reihenfolge des Wulfila-Alphabets unterscheidet sich von der des Runen-, des hebräischen und des griechischen Alphabets.

---

[1] Der Name Septuaginta («die der Siebzig») bezieht sich ursprünglich auf die 72 Juden der griechischsprechenden Diasporagemeinde in Alexandria, die im Auftrag Ptolemäus' II. im 3. Jahrhundert v. Chr. die jüdische Thora der Überlieferung nach in 72 Tagen aus dem Hebräischen ins Griechische übersetzt haben. Der Name Septuaginta wurde später auf das ganze Alte Testament übertragen, das in den drei letzten vorchristlichen Jahrhunderten in Alexandria übersetzt wurde (s. Aristeasbrief um 100 v. Chr.)

[2] Es gibt drei kabbalistische Disziplinen: die *Gematrie,* die sich mit dem Zahlenwert befaßt, die *Notarik,* die sich mit dem buchstäblichen Sinn befaßt, und die *Temorah,* die sich mit der Anordnung der Buchstaben befaßt

2. Die Zahlenwerte der Buchstaben das Wulfila-Alphabets sind teils identisch, teils völlig anders als die der griechischen oder hebräischen Buchstaben, die wiederum in beiden Alphabeten untereinander differieren.

Damit kann Wulfila durch seine Alphabet-Reform das erhalten, was die Runen mit den Buchstaben des hebräischen und griechischen Alphabets gemeinsam haben: den Charakter von heiligen Zeichen und – wie wir sogleich sehen werden – die Doppelbewertung sowohl als Buchstaben wie als Zahlenwerte.

Ziel von Wulfilas Schriftreform war es nicht, eine oberflächliche Lektüre der Bibeltexte zu ermöglichen, sondern ihm kam es darauf an, den verborgenen Sinn der Bibeltexte auch in die gotische Übertragung hinüberzuretten. Es galt also die Doppelbedeutung der Buchstaben als Laut oder Zahl zu erhalten, so wie es in der hebräischen Sprache durch die Kabbala und in der griechischen durch Umsetzungen möglich war.[1]

Mit anderen Worten: diese Reform wäre unnötig gewesen, wenn die Bibel nur als eine Sammlung einzelner Geschichten hätte übersetzt werden sollen. Die Übersetzungsmethode des Wulfila jedoch ließ die innere Struktur, den großen Sinn der Texte auch in gotischer Sprache

---

[1] Ein bezeichnendes Beispiel für die Doppelbedeutung von Buchstaben sowohl als Laut wie als Zahl steht im griechischen Text der Apokalypse (XIII, 18); dort wird die «Zahl des Tieres», 616, in die Widmung «Attei» (für Attis) versteckt. Das ergibt: A=1, T=300, T=300, E=10, I=5, zusammen: 616. Auf diese Weise kann z. B. der Name Jesus durch die Zahl 888 ausgedrückt werden. Der griechisch schreibende Johannes verwendet also ein typisch kabbalistisches Verfahren. (Diese Deutungen können erweitert werden; so ergibt 616 auch den Schlüssel für den Namen Nero, usw.)

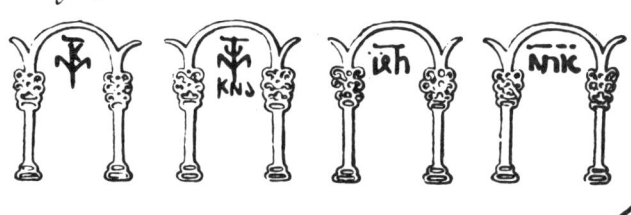

DIE GOTISCHE BIBEL, DIE SOGENANNTE WULFILA BIBEL
(Codex Argenteus, *Bibliothek der Universität von Uppsala, Schweden*)

erkennen. Für Wulfila war die Bibel nicht das Produkt eines einzelnen Kulturkreises, sondern er erkannte eine Ähnlichkeit des biblischen Schöpfungsberichts (cosmogonie) mit den Schöpfungsallegorien anderer Völker. Liest man die Wulfila-Bibel unter diesem Blickpunkt, entdeckt man erstaunliche Übereinstimmungen zum gnostischen Gehalt der arianischen Glaubensrichtung.

Es ist deshalb falsch, wenn behauptet wird, daß Wulfilas Alphabeth-Reform Sinn und Geist der Runen-Schrift getötet habe.

Das Alphabet des Wulfila besteht aus 25 Buchstaben.[1] Zu diesen Buchstaben-Zahlen kommen zwei weitere Zeichen, die nur Zahlen sind; das eine Zeichen bedeutet 800, das andere 900. Für diese Kürzel hat Wulfila interessanterweise die Runenzeichen beibehalten, und es kann doch kaum Zufall sein, daß ausgerechnet diese beiden Runen die Zeichen zweier Götter sind: das Zeichen *Odal* ᛟ das – wie bereits erwähnt – Wotan bedeutet, und das Zeichen *Tyr* ↑, mit dem der Ase gleichen Namens gemeint ist.

Wer war eigentlich dieser Wulfila? Es ist herzlich wenig über ihn bekannt. Nur ein früher Schriftsteller, ein nicht sehr glaubwürdiger Chronist namens Philostorg, hat einige, allerdings recht zweifelhafte biographische Einzelheiten überliefert. Nach seinen Angaben stammte Wulfila, beziehungsweise seine Eltern, aus den Karpaten, seine Großeltern sollen von den Goten gefangen genommen worden sein. Nach dieser Darstellung wäre Wulfila also kein Gote gewesen, doch scheint dies unwahrscheinlich, denn sein Name ist gotisch. Heutige Historiker, die sich nicht mit Gerüchten zufrieden geben, sondern nach

[1] Dagegen hat das hebräische Alphabet 22, das griechisch-ionische 24 und das erste lateinische 16 Buchstaben

belegbaren Tatsachen urteilen, geben zu, daß sie sehr
wenig über diesen Wulfila wissen.: «Er wurde wahrscheinlich um 311 geboren», und «man vermutet, daß er
einen gotischen Vater hatte.» – «Er muß eine vorzügliche
Ausbildung gehabt haben.» – «Es heißt, daß er an mehreren Konzilen teilgenommen hat.» – «Das Jahr 382 wird
allgemein als sein Todesjahr angenommen» – das ist alles,
was man von seinem Leben zu wissen glaubt. Und alles
mit Fragezeichen und im Konjunktiv auf den Spuren von
Ferdinand Mossé.
Vorweg: Wulfila ist nur ein Name. Ein Name aber, der
einigen Aufschluß über den Mann liefern kann ...
Der Wolf spielt in der alten Religion der Goten eine
wichtige Rolle. Das kann aus der Zeit der Goten in
Kleinasien herrühren und später in Griechenland im 5.-
6. Jahrhundert v. Chr. In Kleinasien hatte Lykien, das
soviel wie «Land des Wolfes» bedeutete, seinen Namen
von seinem ersten legendären König Lykos (der Wolf).
Auch der erste legendäre König von Arkadien hieß
Lykaon. Bemerkenswert am Rande, daß es im 4. Jahrhundert v. Chr. in Arkadien nahe des Flusses Alphios
eine befestigte Stadt namens Asea gab. Dieser Name, der
an die Asen erinnert, könnte der Beweis sein, daß sie von
Goten gegründet wurde. Deshalb, und um etwas über
die Gründung dieser Stadt zu erfahren, haben schwedische Archäologen zu Beginn des letzten Weltkrieges in
dieser Gegend Ausgrabungen vorgenommen.[1]
Es ist keineswegs ein Zufall, daß der Wolf zu einem
heiligen Tier erhoben wurde: In der antiken Astrologie
symbolisierte er die Vertreibung des Winters durch die

[1] Siehe Erik J. Holmberg: Die schwedischen Ausgrabungen bei Asea
in Arkadien, Lund und Leipzig 1944

aufsteigende Sonne. (Deshalb gaben die Griechen dem Apoll den Beinamen «Wolfstöter».)

Der kosmische Wolf der Edda war Fenrir, der sein Maul so weit aufreißen konnte, daß sein Unterkiefer die Erde und sein Oberkiefer den Himmel berührte. Er gehorcht dem bösen Zauberer Loki, der ihn zu schlechten Scherzen anstiftet. Eines Tages beschlossen die Asen, Fenrir zu bändigen. Sie bauten ihren Plan auf das große Selbstvertrauen auf, das Fenrir wegen seiner ungeheuren Muskelkraft besaß. Als erste Aufgabe verlangten sie von ihm, die mächtige Kette Lödingr zu zerreißen. Fenrir ließ sie sich um den Hals legen und zerriß sie ohne besondere Mühe. Als nächstes fesselten die Asen ihn mit der noch stärkeren Kette Dromi, die Fenrir jedoch genau so spielend sprengte. Nun befahl Wotan den Zwergen, eine dritte Kette anzufertigen. Sie wurde aus dem Geräusch von Katzenschritten, aus den Wurzeln eines Felsens, dem Atem eines Fisches und dem Speichel eines Vogels angefertigt. Also aus lauter Dingen, die es gar nicht gibt. Dieses Band, Gleipnir genannt, war offensichtlich mehr als zerbrechlich, es war geistig. Umso mehr war Fenrir überzeugt, als die Asen ihn das Band um den Hals legten, daß er auch diese dritte Probe leicht bestehen würde. Er irrte sich, es war ein magisches Band und er blieb dessen Gefangener.

Doch Fenrir war auch blutrünstig: er hatte – von Loki dazu angestiftet – dem Asen Tyr, Gott des Krieges, die rechte Hand abgebissen, so daß nach dieser Verstümmelung Wotan die Aufgabe Tyrs mitübernehmen mußte. In der Lokasenna-Saga reizt Loki Tyr mit den Worten:
– Nicht ohne Schadenfreude denke ich daran, daß Fenrir dir deine rechte Hand abgebissen hat.

Worauf Tyr gelassen antwortet:

– Ich habe meine Hand verloren, das ist wahr, aber du hast den prächtigen Wolf verloren: angekettet erwartet Fenrir die Ankunft des Ragnarokr.

Ragnarokr ist jenes Ereignis, das man nur annähernd mit «Götterdämmerung» übersetzen kann. Wagner wurde durch diese Vorstellung zu seinem großartigen Werk inspiriert.

In der Edda beginnt die Ragnarokr mit den drei Großen Wintern. Schnee bedeckt die ganze Erde, und die Sonne hat ihren Glanz verloren. Überall auf der Erde herrscht Krieg und Kampf, selbst Brüder bringen sich gegenseitig um. Die beiden Wölfe Skade und Hate fressen die Sonne und den Mond auf, die sie seit Jahrhunderten verfolgen. Der kosmische Raum Ygdrasil bricht zusammen. Die große Schlange Lormungandur taucht aus den Fluten auf. Das Schiff *Naglefore,* das aus den Nägeln von Toten gebaut wurde, läuft aus. Das Heer der Feuergeister, von Surtur angeführt, setzt sich in Bewegung. Daraufhin schlägt der weiße Ase Heimdall Alarm, er bläst in sein Horn Giallar, und alle Asen eilen zu den Waffen. Die Asen und ihre Feinde bringen sich gegenseitig um, so töten sich Heimdall und Loki, Tyr und der Hund Garmar, der die Hölle bewacht. Thor zerschmettert zwar mit seinem Hammer den Kopf der Großen Schlange, dabei wird er aber selbst durch deren Gift getötet. Jetzt kann der Wolf Fenrir seine Kette sprengen, er springt Wotan an die Kehle und frißt ihn auf. Doch Wotans Sohn Vidar rächt seinen Vater: Er reißt Fenrirs Ober- und Unterkiefer aus den Gelenken und tötet ihn. Die Götter sind tot, Surtur setzt die Erde in Brand.

Aber aus dem Meer wird eine neue Erde auftauchen, die

immer grünt. Auf ihrem jungen Gras werden die Runen wiederentdeckt. Der Mann Lif und die Frau Lifthraser, die beide dem Weltuntergang auf einem Berggipfel entgingen, gründen eine neue Rasse von Menschen, während Val und Vidar – die Ewigkeit und die Seele – ebenfalls weiterleben, weil sie immun gegen Feuer und Wasser sind. Sie bleiben auf dem Berg Ida, der schon immer die Heimstatt der Asen war.

Die Berichte der Edda, hinter deren poetischer Kraft sich eine große Weltanschauung verbirgt, enden so wie sie beginnen: mit der Entdeckung von Runen. Von neuen Runen! Denn ein Zyklus ist beendet, ein neuer Zyklus beginnt. Das Alte Testament ist tot, es lebe das Neue Testament! Aber die Runen selbst sind unsterblich, denn sie überdauern den vollen Bogen der Zyklen, die ewige Wiederkehr, über die Nietzsche so klug meditiert hat. Dieser ewige Kreis von Zusammenfügen, Auflösen und Wiederzusammenfügen aller kosmischen Dinge wird von den Runen zusammengehalten – genau wie es die Hieroglyphen in der Kabbala tun.

Wotan mag ruhig sterben, der «Logos», aus dem er seine Kraft schöpfte, bleibt bestehen. Und dieser ewige «Logos» wird einen neuen Wotan schaffen, von anderer Gestalt vielleicht als der erste, denn er muß dem neuen Zyklus gerecht werden, aber im Wesen wird er nicht anders sein als der vorherige.

Der Wolf Fenrir muß den alten Göttervater töten, aber nur, damit dieser sich in seine neue Gestalt verwandeln kann. Genau dies und nichts anderes hat Wulfila getan: Er hat bei den Goten den Glauben an den alten Wotan getötet und einen neuen Glauben mit Hilfe einer neuen Schreibweise propagiert.

Der Name Wulfila aber setzt sich in der gotischen Sprache aus *Wulf* (Wolf) und der verkleinernden Nachsilbe *ila* zusammen, das ergibt «kleiner Wolf».[1]

Ein Name, der genau zur Aufgabe paßt, die dieser Wulfila, dieser «neue Wolf», übernommen hat: So wie der «alte Wolf» Fenrir schließt auch er einen Zyklus und beginnt gleichzeitig einen neuen, indem er die alten Götter abschafft, doch nur, um ihnen die Wiederkehr in neuer Gestalt zu ermöglichen.

Wulfila ist also kein Familienname, sondern ein Beiname, ein Pseudonym, nur Eingeweihten verständlich. Vielleicht hat Wulfila sich diesen Beinamen selbst gegeben, vielleicht wurde er ihm von anderen verliehen, vielleicht aber gab es diesen Mann überhaupt nicht, sondern er ist eine Figur der Legende, wie viele Heilige und Bischöfe dieser Zeit, und «Wulfila» wäre nur die Bezeichnung für die Veränderung des Glaubens. Doch dies alles ist unwichtig; wichtig ist nur, daß dieser Name beweist, wie die Goten oder zumindest ihre Priester die Bekehrung zum Arianismus nicht als endgültigen Bruch mit der Religion ihrer Vorfahren auffaßten, sondern nur als Erneuerung dieses Glaubens, so wie sie bereits in der Vision des Ragnarokr angekündigt worden war.

Und diese Auffassung blieb, wie wir sehen werden, nicht ohne Auswirkungen.

[1] Mehr über den Namen Wulfila bei Ferdinand Mossé, «Handbuch der gotischen Sprache», Seite 25

4. Kapitel

Die gotische Kunst trägt ihren Namen zu recht

Neunundneunzig Prozent aller Kunst- und Architektur-historiker bestreiten, daß der gotische Stil, der sich zwischen dem 12. und 14. Jahrhundert über ganz Westeuropa ausbreitete, irgend etwas mit den Goten zu tun hätte. Das ist wirklich erstaunlich.

Sicher haben die Goten nicht, wie es die Schriftsteller der Renaissance annahmen, die Spitzbogen erfunden; keines ihrer Bauwerke, soweit noch erhalten, hat Spitzbögen. Aber es geht auch nicht an, Spitzbögen als einziges Merkmal der gotischen Architektur anzuführen, genau so wenig, wie man den gotischen Stil auf die Architektur beschränken kann. Dazu gehören untrennbar die Skulpturen, die Goldschmiedearbeiten, die Malerei und die dekorativen Künste.

Überspitzt formuliert: Die Behauptung, der gotische Stil könne nicht von den Goten stammen, weil sie die Spitzbögen nicht erfunden haben, ist genau so wenig ernst zu nehmen wie die Behauptung, der Jazz käme nicht von den Negern, weil sie das Saxophon nicht erfunden hätten. Wer das behauptet, vergißt, daß zum Beispiel beim Jazz durch die christlich inspirierten «Spirituals» noch immer das ferne Echo heiliger afrikanischer Musik klingt.

Alle Argumente, die irgendeine Verbindung zwischen dem gotischen Stil und den Goten leugnen, lassen sich auf ein einziges Vorurteil zurückführen: da die Goten Barbaren waren, kann der gotische Stil – Vorbild für große Kunst – nicht von ihnen stammen.

Statt dessen behauptet man, daß die Bezeichnung «Gotik» für diesen Stil als eine Abwertung zu einer Zeit erfunden wurde, in der man keine Beziehung zur mittelalterlichen Kunst hatte. Die Schlußfolgerung aus dieser Annahme lautet: Die gotische Kunst ist eine nationale Kunst, eine Schöpfung des französischen Geistes *ex nihilo*.

Wiederholen wir, was wir zu Beginn dieses Buches und im ersten Teil festgestellt haben: Es geht nicht an, den wahren, eigentlichen Sinn des Wortes «Barbar» und die kulturelle Leistung der Goten einfach zu ignorieren.

Bereits im vergangenen Jahrhundert hat der Archäologe J. F. Colfs der Ansicht widersprochen, die Bezeichnung «Gotik» sei mehr oder weniger per Zufall entstanden. Er schrieb:

«Das Wort Gotik hat bei uns keinen guten Klang, es entspricht dem Wort ‹Barbar› bei den Römern. Dies war die Konzeption der Schöpfer des gotischen Stils: ‹Die Steine und die Tiefe des Himmels sind das Haus Gottes.› Und diese Konzeption, dieses Programm, das Himmel und Erde zu einer allumfassenden Einheit zusammenfügt, in der jedes Detail dem Ganzen dient, die Macht der Mittel und die Größe der Wirkung, mit einem Wort: alle Eigenschaften unserer edelsten Empfindungen sollen ‹Gotik› genannt werden, ohne daß dieser Name sich auf ihre Schöpfer bezieht? Wenn dem so wäre, warum hat man dann nicht auch die spanische Literatur gotisch genannt, obwohl doch die Spanier von einem Zweig der Goten abstammen?! Viel wahrscheinlicher ist es doch, daß der Name Gotik aus dem Namen ihrer Schöpfer abgeleitet ist.»[1]

Etwa zur gleichen Zeit hat sich der angesehene englische Kunstkritiker John Ruskin mit dem gotischen Stil beschäftigt und aus seiner Sicht folgende Deutung für den Vorwurf des «Barbarischen» bei diesem Stil gefunden:

«Es stimmt, daß die gotische Architektur und deren Skulpturen barbarisch sind, aber diese Bezeichnung, richtig verstanden, ist keineswegs abwertend. Es gibt keinen Grund, diese Bezeichnung als abfälliges Werturteil zu benutzen. Im Gegenteil, ich glaube, daß es gerade dieser barbarische Charakter ist, der uns so tief beeindruckt.»[2]

Die chauvinistische Vorstellung, daß der gotische Stil, weil er so vollkommen ist, nicht von den Goten stammen könne, sondern nur in Frankreich geschaffen werden konnte, existiert nicht erst seit gestern. Schon im Mittelalter wurde die oberflächliche Meinung vertreten, dieser Stil sei eine absolute Leistung aus französischem Geist *(opus francigenum),* und auch später konnten sich selbst so verdienstvolle Männer wie Viollet-le-Duc und Fulcanelli nicht völlig von dieser Vorstellung frei machen. Erst die moderne Archäologie hat sie zur Seite geschoben.

Eine klare Trennung zwischen dem sogenannten romanischen und dem als gotisch bezeichneten Stil gibt es nur auf architektonischem Gebiet: in diesem Sektor wird nicht nur der Rundbogen vom Spitzbogen abgelöst, sondern auch die Apsis und das Querschiff, deren Grundriß

[1] J. F. Colfs: Die genealogische Herkunft aller gotischen Stilrichtungen, drei Bände, Paris 1884
[2] John Ruskin: Über die Natur der Gotik

in der Romanik dreilappig und halbkreisförmig geschwungen waren, wurden in der Gotik eckig.

So paradox es klingt: in den Grundformen entspricht der romanische Stil eher dem der Goten als jener, den man gotisch nennt.

So zeigen die wenigen noch existierenden wisigotischen Bauwerke, besonders in Spanien, bereits jene Rundbögen und Kuppeln, die sich in romanischen Kirchen in Südeuropa wiederfinden, in Kirchen, die in Gebieten stehen, die von den Goten beherrscht wurden. Wir kommen darauf noch zu sprechen.

Ganz anders bei den Verzierungen! Hier mündet die Romanik weich in die Gotik. Dies gilt sowohl für den Stil wie für die Wahl der Themen – immer ist die gotische Symbolik die direkte Fortsetzung der romanischen.

Je mehr Funde aus jener Zeit ausgegraben werden, desto deutlicher wird für die Archäologen, daß im Grunde das Kunstgefühl der Eindringlinge, der sogenannten «Barbaren», die Grundlage der romanischen Bildhauerei ist. In ihrer Einführung zur Ausstellung «Das Gold der Skythen» (Paris 1975) schreibt Véronique Schlitz den bemerkenswerten Satz:

«Die Kenntnis dessen, was man die Kunst der Steppen nennt, ist eine wesentliche Voraussetzung für alle, die Kunst in ihrem Zusammenhang begreifen wollen, nicht nur die Geschichte der Kunst im riesigen euro-asiatischen Raum, sondern auch die Herkunft unserer mittelalterlichen Kunst.»

Um diese Ausführungen zu belegen, hat Véronique Schlitz in einem Fernsehvortrag Dias von Stücken skythischer und gotischer Goldschmiedekunst auf solche projiziert, die auf den Kapitälen unserer romanischen

Kirchen zu sehen sind. Die Ähnlichkeit ließ keinen Zweifel, daß ein direkter Weg von den einen zu den anderen führt.

Einmal mehr hat damit die Archäologie das chauvinistische Vorurteil widerlegt, jenen Scheuklappenblick, der in der mittelalterlichen Kunst immer nur eine rein westliche, in ihren Ursprüngen sogar rein französische Kunst sehen wollte. Die Tier- und Personendarstellungen in unseren romanischen und gotischen Kirchen und auch die heraldischen Zeichen auf unseren ersten Münzen sind aus Asien zu uns gekommen. Über Jahrhunderte haben sie die Goten während ihrer Wanderungen mit sich geführt, sei es als Verzierung an ihren Waffen, als Pferdegeschirr, als Zeichen auf den Trinkhörnern, Halsketten, Ohrgehängen oder Fibeln.

Es lag nahe, sie mit unseren religiösen Bauwerken zu verbinden, weil sie ja bereits ursprünglich nicht aus bloßen ästhetischen Motiven geschaffen wurden, sondern vor allem zu magischen Zwecken.

Véronique Schlitz schreibt dazu:

«Die Existenz (solcher Kunstgegenstände) bei Völkern, denen die Schrift noch unbekannt war, hat weit mehr als nur einen dekorativen Zweck. Diese Gegenstände sind voller Symbolismen und mit all jenen Kräften versehen, die die Darstellung auf magischem Wege auf ihren Besitzer überträgt. Aus dieser Überzeugung entstanden jene fantastischen Schöpfungen, die keinem anderen Gesetz verpflichtet sind als der Schönheit der Form und der magischen Kraft, die in ihnen steckt.»

Ein typisches Beispiel, zu welch archäologischen Schnitzern jene chauvinistischen Vorurteile, von denen eben die Rede war, führen können, ist die Einordnung der Fibeln:

lange Zeit wurden sie «fränkische» oder «merowingische» Fibeln genannt – nur weil man die ersten in Merowinger-Gräbern in Frankreich gefunden hatte!

Diese Fibeln haben eine charakteristische Form: unten zeigen sie einen stilisierten Tierkopf, ihr oberer Teil ist «gefingert», das heißt, es sind fünf auseinanderstrahlende Zeiger, die an die fünf Finger einer Hand erinnern.

Die Fibeln, die in Frankreich, Belgien und Deutschland in Frankengräbern gefunden wurden, stammen aus dem 6. und 7. Jahrhundert, aber gleiche Stücke hat man in der Charente und im Aveyron in wisigotischen Grabstätten gefunden. Außerdem fand man weitere, absolut gleiche, aber viel ältere in alemannischen, bayerischen und lombardischen Grabstätten. Diese drei Stämme waren den Goten in die Schweiz und nach Italien gefolgt.

Noch wesentlich ältere wurden in Gotengräbern aus dem 5. Jahrhundert in Ungarn gefunden und schließlich die frühesten in gleicher Form aus dem 4. Jahrhundert in Gotengräbern im Kaukasus und auf der Krim. Diese Schmuckstücke von gleicher Form, aber aus verschiedenen Epochen, sind wichtige Markierungen, um den geographischen Verlauf des Gotenzugs zu rekonstruieren. Außerdem beweisen die Funde, daß der Stil dieser Fibeln keineswegs fränkisch ist, sondern von den Goten ins fränkische Gebiet gebracht wurde.

Was von den Fibeln gesagt wurde, gilt auch für die sogenannten fränkischen Ohrgehänge. Sie waren Ringe, mit kubischen oder vielkantigen Edelsteinen verziert. Auch von viereckigen Gürtelschnallen, die mit den Köpfen von Tieren geschmückt waren, fand man viel ältere Stücke in Ungarn, auf der Krim, in Schleswig und in Norditalien als jene, die bis dahin aus Frankreich bekannt waren.

DIE FIBELN IN FINGERFORM

1. SÜDRUSSLAND
Funde aus gotischen Grabstätten, 4. Jahrhundert

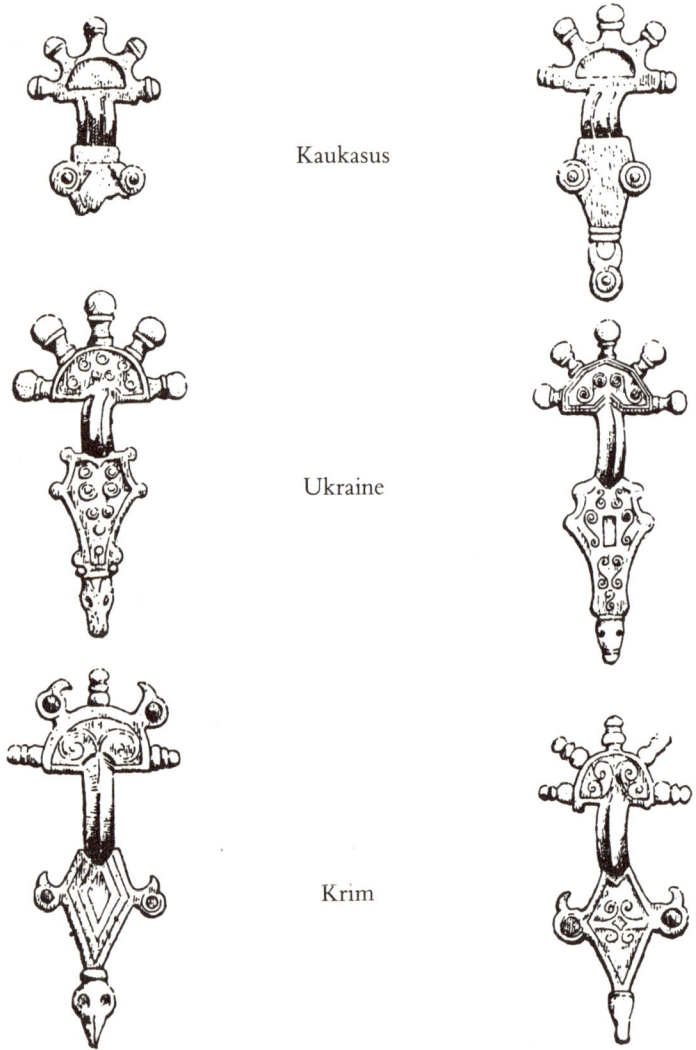

Kaukasus

Ukraine

Krim

2. UNGARN
Gotische Grabstätte, 5. Jahrhundert (Nationalmuseum Budapest)

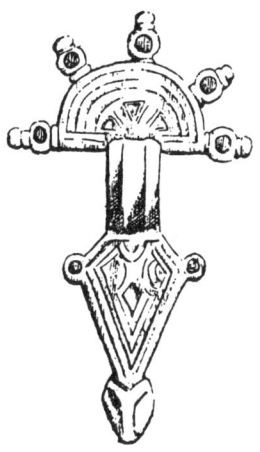

3. ITALIEN UND DEUTSCHLAND
Alemannische und lombardische Grabstätten, 6. Jahrhundert

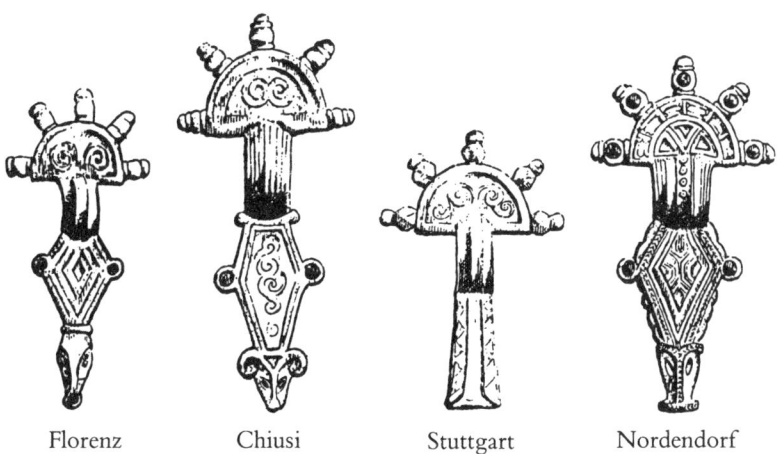

Florenz   Chiusi   Stuttgart   Nordendorf

4. FRANKREICH
Gotische Grabstätten, Anfang des 6. Jahrhunderts

Museum von Rodez   Herpes (Charente)

5. FRANKREICH, BELGIEN UND DEUTSCHLAND
Fränkische Grabstätten, 7. Jahrhundert

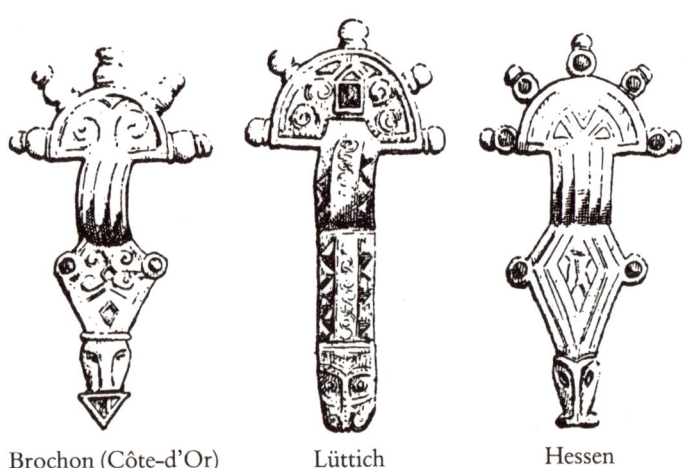

Brochon (Côte-d'Or)   Lüttich   Hessen

Man braucht nur das Brera-Museum in Mailand oder das Nationalmuseum von Budapest oder die Kertsch-Galerie der Ermitage in Leningrad zu besuchen, um sich zu überzeugen, daß jene Goldschmiedekunst, die man «fränkisch» getauft hat, in Wirklichkeit gotischen Ursprungs ist. Um wieviel mehr muß doch dann die Architektur, die man «gotisch» getauft hat, Verbindungen zu den Goten haben!

Ich jedenfalls bin überzeugt, daß es eine direkte Verbindung von der alten religiösen Tradition der Goten zu den Baumeistern der Kathedralen gibt, und zwar auf zwei Wegen, je nach der Epoche und nach der jeweiligen Gegend.

Zunächst ein Wort zum südlichen Entwicklungsweg. Jene Goten, die Anfang des 5. Jahrhunderts in Italien und Occitanien[1] siedelten, waren mit wesentlichen architektonischen Geheimkenntnissen vertraut. So ist z. B. das Grabmal Theoderichs des Großen in Ravenna mit einem Monolithen abgedeckt, der über 600 Tonnen wiegt. Auch heute noch gibt es keine bündige Erklärung, wie er auf die Wandmauern gesetzt werden konnte:

«Um als Dachabschluß nach oben gehievt zu werden», schreibt Maurice Vieux, «hätte es einer Maschinerie bedurft, wie sie in den technischen Vorstellungen jener Zeit noch nicht einmal gedacht werden konnte.»[2]

Es ist auch kein Zufall, daß Richard Wagner die Sankt Vital-Kirche mit der achteckigen Kuppel von Ravenna als Vorlage für das Bühnenbild zu seinem *Parsifal* gewählt hat.

---

[1] Occitanien: das Gebiet zwischen Toulouse und Avignon
[2] Maurice Vieux: Das Geheimnis der Baumeister, Laffont, Paris

Wisigotische Könige von Toulouse waren es auch, die die erste Kirche «de la Daurade» bauten, eine zehneckige Kirche, deren Kuppel in der Mitte offen ist, so daß der Himmel in ihre Wölbung einbezogen wird.

Unbedingt muß man in Occitanien auch auf dem Gebiet der Festungs-Architektur die Ruinen der Burg von Bézu im Departement Aude erwähnen. In dieser weitläufigen Anlage, von der große Teile von Gestrüpp überwachsen sind, gibt es Mauerreste, an denen man noch das Fischgrät-Baumuster erkennt und die fraglos gotischen Ursprungs sind. Die ganze Anlage wäre ein lohnendes Objekt für systematische archäologische Feldarbeit.

Die bedeutendsten wisigotischen Kirchen Spaniens sind San Juan de Banos de Cerrato in der Provinz Palencia, 661 erbaut, und die Kirche Santa Comba in der Provinz Orense, 672 erbaut, sowie San Pedro de la Neve in der Provinz Zamora, 691 erbaut. Außerdem natürlich das Castro Visigodo in Rosas in Katalonien.

Das schönste wisigotische Bauwerk Portugals ist das Heiligtum von Balsemeo, in der Nähe von Lamego. Es wurde 570 von König Sisebut erbaut. Leider ist seine Fassade durch eine unsachgemäße Restaurierung im 18. Jahrhundert verschandelt worden, doch die Innenräume blieben in ihrer ursprünglichen Art erhalten und geben einen Begriff von dem geistigen Bogen, der die wisigotische Kunst mit der romanischen verbindet.

Treffend bemerkt dazu Louis Charpentier:

«In den Pyrenäen und an der kantabrischen Küste (Atlantikküste), besonders auf dem Weg nach Saint-Jacques-de-Compostela ist deutlich eine Überlieferung zu erkennen, die zu den Wisigoten führt ... Möglicherweise haben die Wisigoten auf diesem Weg eine handwerkliche Tradition begründet … Auch wäre es erstaunlich, wenn es kein stillschweigendes Einverständnis zwischen den Mönchen und den weltlichen Erbauern gegeben haben sollte. Denn die freien Handwerker der Pyrenäen und der kantabrischen Küste sind es, die den sogenannten wisigotischen Stil schaffen.»[1]

Der zweite Weg, über den die alte religiöse Tradition der Goten in die mittelalterliche Kunst kam, war der «Normannische Weg».

In der Zeit zwischen dem 4. und 7. Jahrhundert kam es zu den ersten Vorstößen Skandinaviens auf dem Seeweg. Avranches, Coutances, Bayeux, Lisieux, Evreux wurden erobert.

Im 10. Jahrhundert, nach dem Vertrag von Saint-Clair-sur-Epte (911), wurde die Besiedelung dieser Gebiete ganz konsequent betrieben und hierauf England erobert. Durch den Vertrag von Saint-Clair-sur-Epte wurde aus dem Skandinavier Rawulf, den die Franzosen Rollon nennen, der erste Herzog der Normandie. Karl der Einfache (Charles le Simple) hatte dies verfügt, nachdem Rawulf auf recht oberflächliche Art zum Christen geworden war: Er brauchte nichts weiter zu tun, als seinen Namen – der «heiliger Wolf» bedeutete – in Robert zu ändern.

Die skandinavischen Eroberer, alles Wotan-Treue, wurden auf ihren Wikingerschiffen von ihren Priesterinnen und von Schiffsbauern begleitet. Die ersten Kirchen, die sie nach ihrem Übertritt zum Christentum in der Normandie und in England errichteten, entsprachen den

[1] Louis Charpentier: Les Jacques et le mystère de Compostelle, Ed. Rob. Laffont, Paris 1971, deutsche Ausgabe Walter-Verlag, Olten 1979

ersten christlichen Kirchen in Skandinavien; sie waren aus Holz und hatten die Form eines umgekippten Schiffes mit dem Kiel nach oben.

Der Übertritt dieser Anhänger der Asen-Religion zum Christentum war mehr äußerlich als echt. Das hat jedoch nichts mit Unaufrichtigkeit zu tun, sondern hatte eine allgemein bekannte Ursache: Es ist einfach unmöglich, daß ein ganzes Volk von heute auf morgen dem Glauben und der Kultur seiner Vorfahren abschwört und dafür etwas völlig Neues und Fremdes annimmt.

Tatsache ist jedenfalls, daß fast alle Bischöfe, die als Bauherren sowohl die ersten Kirchen wie auch später die gotischen Kathedralen in der Normandie errichten ließen, nicht nur skandinavische Namen hatten, sondern häufig sogar solche, die Verbindungen zum Gott Odin herstellten. Dies geht eindeutig aus Inschriften auf Bischofsgrabstätten und aus den Texten ihrer Sterbemessen hervor. Von vielen Beispielen hier eine Auswahl.:[1]

RUNFAR, Bischof von Coutances im Jahre 526: Priester der Runen.

CHRODEGAND, Bischof von Sées im Jahre 760: *Skratta-Gandr* = Stab des Zauberers.

AETTERNWALD, Bischof von Évreux von 666 bis 690: *Aettir* Woldr = Meister des Aettir.[2]

FRODOMOND, Bischof von Coutances im Jahre 677: *Froda Mund* = Magische Hand.

---

[1] Zitiert nach Maurice Guignard: *Die odinistischen Architekten der normannischen Kathedralen*. Die Worterklärungen entsprechen dem Altnorwegischen

[2] Aettir: die zahlenmäßige Aufteilung der Runen und der Himmelsteile

RAGNERIK, Bischof von Évreux im Jahr 644: *Ragna-Riki* = Macht der Götter.

THURGINUS, Bischof von Avranches von 1097 bis 1133: *Thor– Ginn* = Zauber Thors.

THUROLD, Bischof und Baumeister von Bayeux von 1097 bis 1104: *Thor Hauld* = Thors Mann.

TURGIS, Bischof und Baumeister von Avranches von 1094 bis 1133: *Thor Geis* = Thors Geist.

ASBERN, Abbé von Saint-Evroult: *Ass Ber* = Bär der Asen.

ASCIO, Wiedererbauer der Kathedrale von Sées: *Ask Hjo* = Bruderschaft der Schiffahrt. Und so weiter.

Dies zeigt, daß sowohl auf dem südlichen wie auf dem normannischen Weg das architektonische wie auch das religiöse Verständnis der Goten über die Romanik zu jenem Kunststil führte, den man zu recht Gotik nennt.

Denn – man muß es wiederholen – die Erbauer der Kathedralen haben nicht versucht, einen völlig neuen Stil zu entwickeln. Selbst wenn sie es gewollt hätten, wäre es ihnen nicht möglich gewesen. Sie wollten nichts anderes, als jene Botschaft, die in überholter Form die romanische Kunst ausdrückte, in eine neue Form umsetzen, die ihnen verständlicher war, die sie mehr ansprach. Sie wollten die romanische Kunst weiterentwickeln, aber keinesfalls abschaffen. Die Romanik war statischer und verstandesmäßiger, die Gotik dagegen dynamischer und stärker gefühlsbetont. Beide aber basieren auf der gleichen Herkunft. Louis Charpentier fand dafür die treffende Bezeichnung: «Das Wisigotische lebt in der Gotik weiter.»

Wieso aber konnten jene Bischöfe, unter denen der Bau

der Kathedralen betrieben wurde, sich auf ihre gotische Herkunft berufen? Von diesen Ketzern war doch weiter nichts als eine schlechte Erinnerung geblieben, falls man sich im 12. Jahrhundert, vierhundert Jahre nach dem Zerfall ihres Reiches, überhaupt noch an sie erinnerte!? Auch dafür gibt es Gründe: Genau in jener Epoche, in der sie die gotischen Kathedralen im «style flamboyant» serienmäßig bauen ließen, haben sich diese Bischöfe auf ihre gotischen Vorfahren berufen, wenn es darauf ankam, ihre Vorrangstellung anderen gegenüber zu betonen.

Von 1431 bis 1449 fand in Basel eines der wichtigsten Konzile der Kirchengeschichte statt. Dreihundert Vertreter aus allen christlichen Ländern waren zusammengekommen. Wie schon bei den bisherigen Konzilen haben sie sich auch in Basel ganz von selbst zu nationalen Gruppen zusammengeschlossen, zu denen von Gallien (Frankreich) und denen von Anglia (England); in der «natio hispanica» waren die spanischen und portugiesischen Delegierten vereint, und die «natio germanica»

197 *Oben:* Auf der Innenseite des Triumphbogens des Titus in Rom ist auf einem Relief der siebenarmige Leuchter aus dem Tempel zu Jerusalem zu erkennen. 410 erbeutete ihn der Wisigoten-König Alarich (Archives E.R.L.). *Unten:* Turm der Kathedrale und einer der wisigotischen Türme des erzbischöflichen Palais zu Narbonne (Aude) (Foto: Roger-Viollet)
198/199 Die Stadt Carcassonne mit dem «Wisigoten-Turm» (Foto A. Perceval)
200 *Oben:* Die wisigotische Kirche von San Pedro de las Navas (Spanien) (Foto André Corboz, Office du Livre, Fribourg). *Unten:* Wotan hört den beiden Raben Hugin und Munin zu (Museum nationaler Altertümer, Saint-Germain-en-Laye)

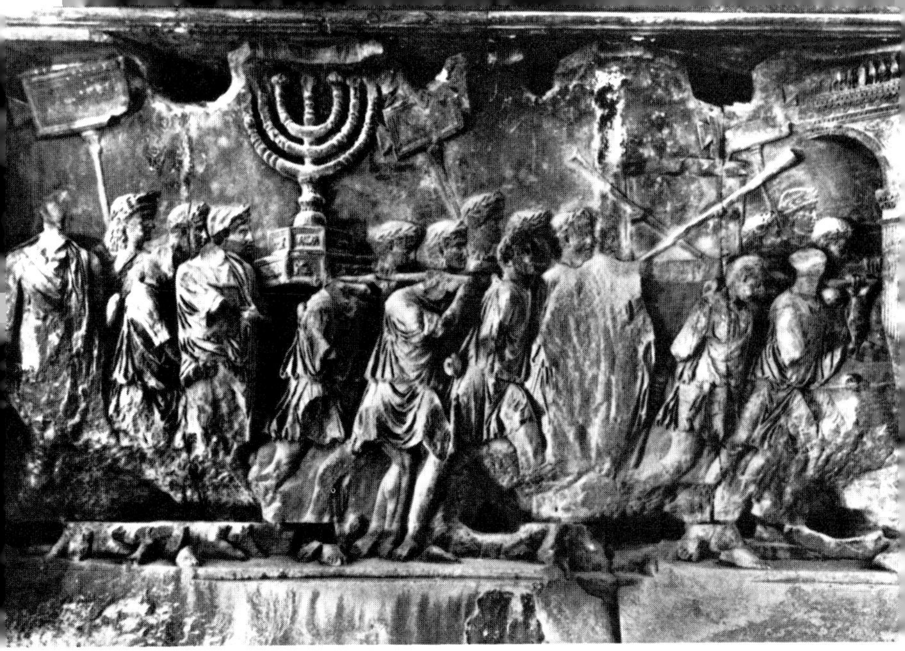

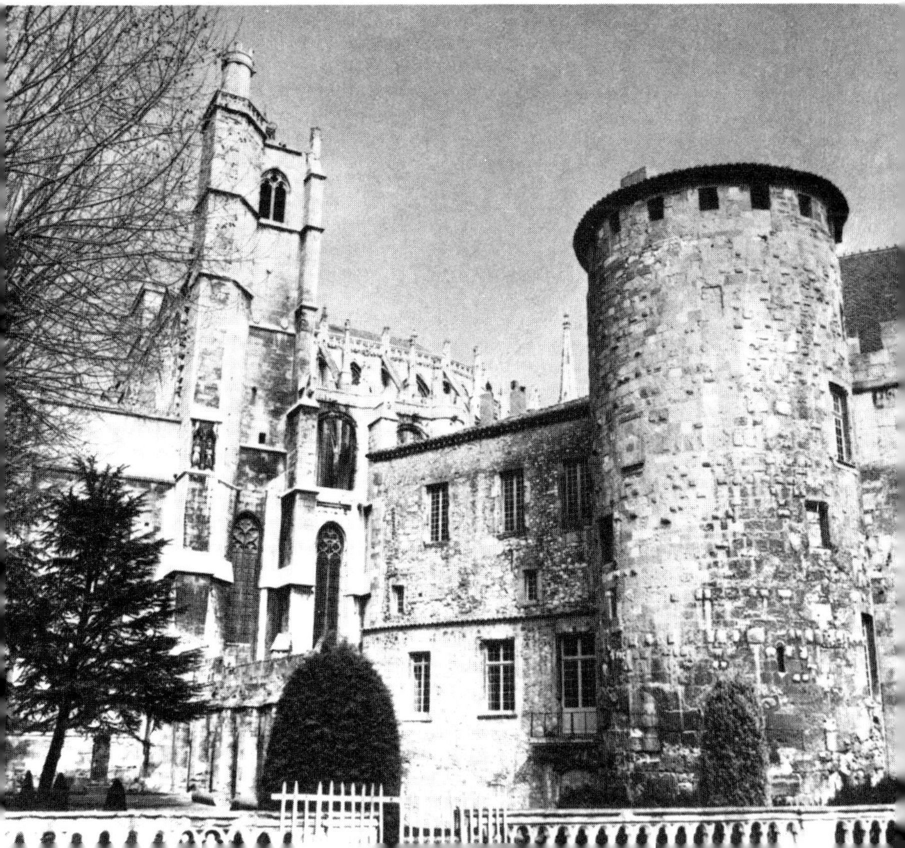

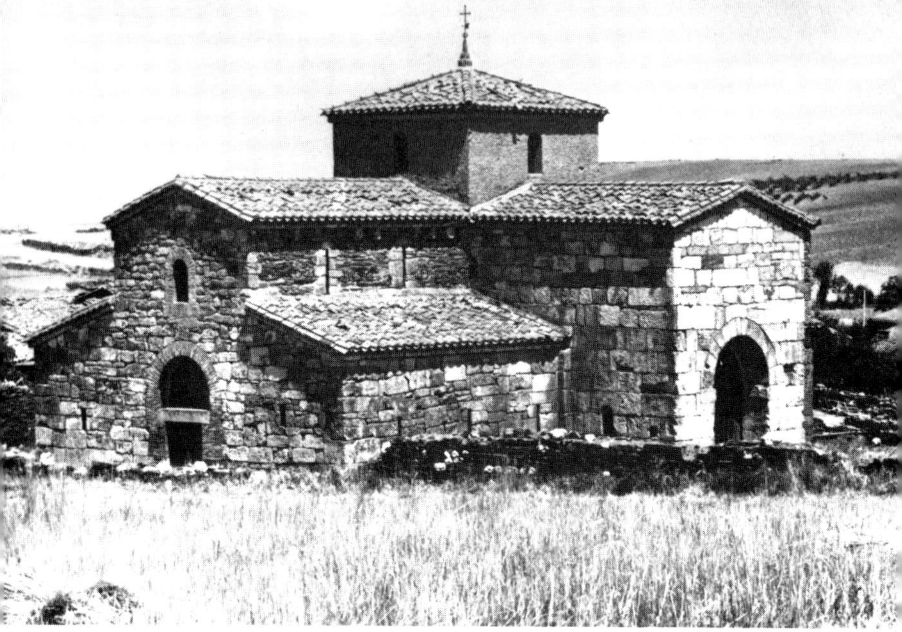

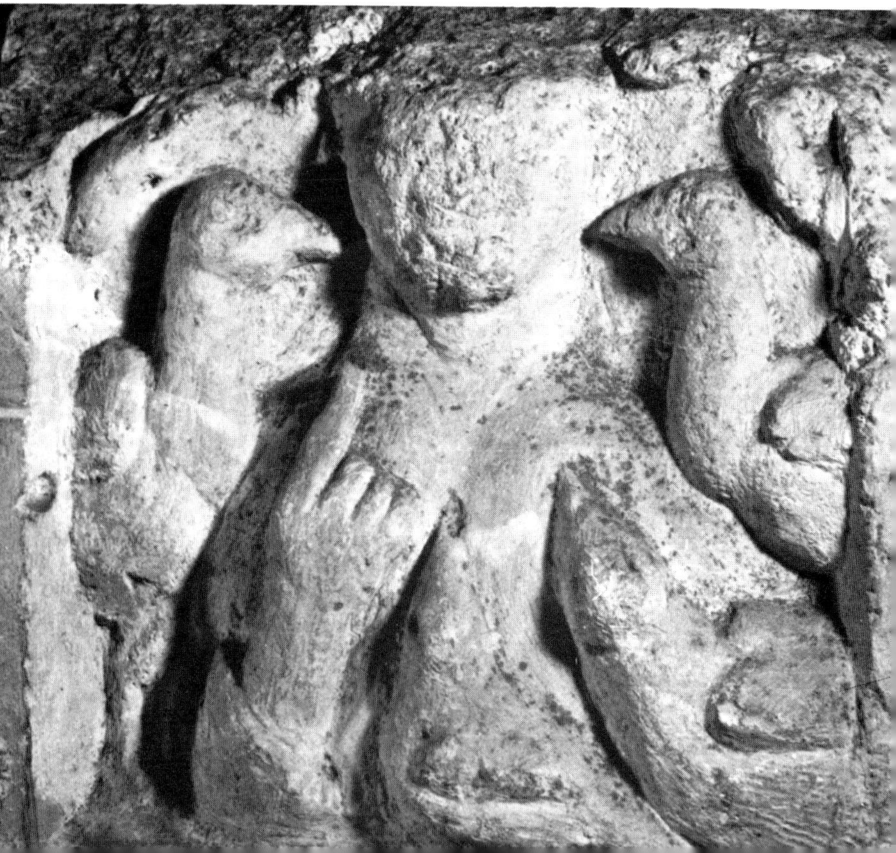

umschloß die Vertreter aus Deutschland, Polen, Ungarn und Skandinavien, das damals noch Dacia genannt wurde.[1]

Der Ehrenplatz bei einem Konzil war die erste Reihe rechts. Auf ihn erhoben sowohl die skandinavischen wie auch die spanischen Bischöfe Anspruch, indem beide auf die gotische Herkunft ihrer Völker pochten und mitunter auch auf ihre persönliche Stellung.

So erklärte Nicolas Ragvaldi, der schwedische Bischof von Växjö:

«Ich selbst bin Gote, und meinem Land gebührt der Vorrang vor den anderen, weil es einst das Land der Goten war, die nicht nur so mächtig wie Alexander der Große waren, sondern auch führend in allen religiösen Fragen *(fidei professores).*»

Daraufhin erhebt sich der Bischof von Burgos, Alfonso de Cartagena, und antwortet:

«Auch mein Land gehörte einst Walja, Theoderich, Rekkeswinth und Swinthilla, diesen frommen Königen, und damals hieß es spanisches Gotien.»

Halten wir fest: Diese Bischöfe berufen sich nicht nur auf die einstige politische Macht der Goten, sondern auch auf deren religiöse Tradition! Halten wir weiter fest: Der spanische Bischof beruft sich nicht nur auf die letzten wisigotischen Könige, die zum katholischen Glauben übergetreten waren, sondern auch auf deren Vorgänger,

---

[1] Daß man den Namen der im heutigen Rumänien und Ungarn liegenden ehemaligen römischen Provinz Dacia im Mittelalter für Skandinavien verwendete, liefert einen weiteren Hinweis darauf, daß die Goten noch vor ihrer Landung in Skandinavien zwischen dem Schwarzen Meer und dem Balkan siedelten (wohin sie dann im 4. Jahrhundert zurückkehrten), s. 2. Teil, 1. Kapitel

die noch der Lehre des Arius folgten. Genauso bemerkenswert: Der schwedische Bischof bestätigt den Goten, daß sie führend in allen religiösen Fragen waren. Er sagt dies von Goten, die – wie wir gesehen haben – im 3. oder 2. Jahrhundert v. Chr. in sein Land kamen und die, als sie es verließen, noch immer keine Christen waren!

Das mag auf den ersten Blick verblüffen, wird aber verständlich, wenn man bedenkt, daß in jener Zeit, in der die antike Welt ins Mittelalter einmündet, die Kirche sich bei den «barbarischen» Völkern Europas nur durchsetzen konnte, wenn sie deren alten Glauben respektierte.

So hat sie öfter Menhire mit Kreuzen versehen als sie zu zerstören, hat ihre Kirchen dort errichtet, wo sich die Weihestätten für die alten Götter und die Geister der Quellen befanden. Wälder und Felder wurden «eingeheiligt», indem man sie ganz schnell mit frommen Legenden umrankte.

Die ersten Missionare kamen aus römischem Hoheitsgebiet, aber es waren zu wenige, sie mußten aus der heimischen Bevölkerung verstärkt werden, und diese bodenständigen Priester wußten natürlich, welche Götter ihrer Vorfahren sich hinter den Namen der neuen Heiligen versteckten. Sie waren nur klug genug, das nicht groß hinauszuposaunen.

Auf einen Nenner gebracht: um ihre Bekehrungsmission nicht zu gefährden, mußte die Kirche genau den schmalen Weg finden, der die *Tradition,* welche die Völker, die sie betreute, mit dem *Dogma,* das nur sie verkünden konnte, verband.

Die Kirche fand sehr schnell diesen Weg: das war auch das Geheimnis ihres Erfolges. Es war unserer Meinung nach einfach eine soziologische Notwendigkeit, eine sol-

che doppelte Lehre – exoterisch und esoterisch[1] – aufzu-
bauen, sie zu tolerieren und sogar zu propagieren, jedenfalls bis zur großen Spaltung durch die Reformation.
Es ist erstaunlich, wie lange sich die primitivsten heidnischen Bräuche in christlichen Ländern erhalten haben.
Zum Beispiel in Irland: Schon im 4. Jahrhundert war es
vom Heiligen Patrick christianisiert worden, bereits zwei
Jahrhunderte später war es buchstäblich übersät mit Kirchen und Klöstern der Mönche des Heiligen Columban.
Aber das hinderte die Könige von Ulster nicht, sich noch
im 12. Jahrhundert am Krönungstage mit einer Stute zu
paaren, die danach in Stücke geschnitten und gegessen
wurde, genauso wie es ihre Vorfahren in der Steinzeit
getan hatten.
Wenn sich aber derart primitive Bräuche in Westeuropa
bis in jene Zeit hielten, als die ersten Kathedralen errichtet wurden, um wieviel mehr muß dann die ausgereifte
religiöse Tradition eines so hochstehenden Volkes, wie es
die Goten waren, erhalten geblieben sein. Nur anders! Sie
fand ihren Niederschlag auf unterschwellige, verschlei-
ert-symbolische Art in den «Büchern aus Stein», jenen
mittelalterlichen Bauwerken, die wir gotisch nennen.
Die Weltentstehungslehre der Goten war den Vorkämp-
fern der Christianisierung sehr wohl bekannt, schließlich
klingt ja ihr Echo aus der Offenbarung des Johannes. Er
erwähnt die Goten ausdrücklich mit jenen Namen, die sie
in der Bibel haben: Gog und Magog. Er macht sie zu den
Akteuren des letzten eschatologischen Ansturms, der in
einem Weltbrand endet. («Und es fiel Feuer vom Him-

---

[1] exoterisch: für Uneingeweihte bestimmt
esoterisch: nur für Eingeweihte bestimmt

mel und verzehrte sie» 20,9.) Der Weg zu einer kosmischen Erneuerung ist frei («Und ich sah einen neuen Himmel und eine neue Erde; denn der erste Himmel und die erste Erde sind verschwunden, und das Meer ist nicht mehr.» 21,1) Das aber ist genau der Ablauf des Ragnarokr.

Die christlichen Gelehrten des Mittelalters, deren bevorzugte Lektüre die Offenbarung des Johannes – jenes «Buch mit den sieben Siegeln» – war, haben sich viele Gedanken über diese Übereinstimmung gemacht. Wenn sie in den gotischen Kathedralen vor dem Kreuz knieten, wußten sie sehr wohl, daß dieses älteste Zeichen der Menschheit die senkrechten Achsen der Sonnenwende und der Tagundnachtgleiche symbolisierte, den Tod und die Auferstehung durch die ewige Wiederkehr der Sonne. Sie wußten auch, daß die Schrift I.N.R.I. oben am Kreuz auch so gelesen werden kann: *Igne Natura Renovatur Integra*, «Alle Natur wird durch das Feuer erneuert». Genau wie der Heilige Johannes hatten sie begriffen, daß dieses Kreuz die unsichtbare Verbindung zwischen allen ist, für die sich im Tod der ewige Rhythmus aller kosmischen Götter erfüllt, ganz gleich, ob sie von menschlicher oder tierischer Natur sind.

Diese Eingeweihten betrachteten auch die Portale und Kapitäle der Kathedralen genau, an denen rätselhafte Figuren zu sehen waren, wie musizierende Esel, Hirsche, die fortwährend gejagt wurden, Hasen, Bären, Raben und Wölfe. Daneben aber auch unförmige Wesen in gewagten und obszönen Positionen.

Sie verstanden sich auch auf die Deutung der «nicht figürlichen» Elemente, denn in der Ornamentik der Voluten, Friese und Wasserspeier steckt eine ganze Kryptographie[1], die auch die Form und die Aufteilung der Kirchenfenster einschließt.

Viel wichtiger als die Verwendung der Spitzbögen, die nur eine charakteristische Nuance des architektonischen Stils waren, ist die Feststellung, daß jener Stil, den wir Gotik nennen, in seinem eigentlichen Wesen ein *verschlüsselter Stil* ist, wobei allem eine symbolische Bedeutung innewohnt. Dies hat bereits im frühen Mittelalter der Theologe Gerson immer wieder betont.

Obwohl sich dieser Wille zum Symbol in den Bauwerken der Gotik selbst in den kleinsten Einzelheiten auswirkt, sind sie nicht das Ergebnis einer schulmäßigen Konzeption einiger sophistisch überspannter Geister. Nein, was diese Bauten ausdrücken sollten, ist nur aus der Zeit zu verstehen, in der sie geschaffen wurden. Einer Zeit, in die wir uns nur schwer hineindenken können. Die Priester hatten praktisch das Monopol der Schrift; die Stelle aber, die bei uns heute Geschriebenes einnimmt, wurde damals durch die Aussage der Formen, der Farben und der Bilder ausgefüllt.

Fernand Bartholoni schreibt dazu:

«Schon die Farben hatten symbolische Bedeutung. Zur Zeit der Gotik signalisierten sie Begriffe, so wie es heute bei uns das Grün oder Rot der Verkehrsampel tut. Oder das Schwarz-Rot-Gold der Nationalflagge. Ähnlich war es bei der Linienführung, selbst die einfachste hatte ursprünglich eine mystische Bedeutung.»[2]

Über die Deutung der Bilder äußerte sich Etienne Tabourot des Accords, ein Schriftsteller des 17. Jahrhunderts:

[1] Kryptographie: Geheimschrift
[2] F. Bartholoni: Führer durch die Wappenkunde, Paris 1975

«Im 12. und 13. Jahrhundert war es möglich, sich allein durch Farben verständlich zu machen.» Oder mit anderen Worten: sich durch Bilderrätsel zu verständigen.

Schriftsteller wie Gobineau de Montluisant, Grillot de Givry oder – uns näher – Fulcanelli, welche sich mit den rätselhaften Bildern befaßten, die in mittelalterlichen Kirchen unseren Scharfsinn herausfordern, hatten absolut recht, als sie meinten, daß in diesen Bildern eine verschlüsselte Sprache versteckt sei. Ihr einziger Fehler war, daß sie nicht noch einen Schritt weitergingen und den Schlüssel zu dieser Sprache nicht dort gesucht haben, wo er zu finden war: bei den Goten.

Versuchen wir es. Verfolgen wir den Weg, der von den Runen zu den Kathedralen führt.

5. Kapitel

Das Rätsel der beiden goldenen Hörner – gelöst

Fraglos sind die zwei goldenen Hörner, die unter dem Namen «Hörner von Gallehus» bekannt sind, die beiden prachtvollsten Stücke des archäologischen Museums in Kopenhagen. Diese beiden Hörner, von denen eines 1639, das andere 1734 in Dänemark gefunden wurde, dürften vom Anfang des 5. Jahrhunderts stammen. Es sind absolute Meisterwerke der Goldschmiedekunst. Sie sind mit sehr präzis gravierten realen und mythologischen Mensch- und Tierdarstellungen verziert, die geschickt über mehrere Friesbänder verteilt sind. Beide sind Trinkhörner, aber von einer Art, von der man nur sehr wenige gefunden hat. Die meisten sonst sind plump verarbeitet. Der künstlerische Wert dieser beiden Hörner ist sehr groß, ihr archäologischer jedoch übertrifft ihn bei weitem.

Es hat seinen Grund, wieso die damaligen Goldschmiede all ihr Können und ihre äußerste Sorgfalt in die Fertigung dieser Hörner steckten: sie dienten einem besonderen Zweck. Es waren nicht einfache Gefäße, aus denen man sein Bier trank und wie sie Leconte de Lisle in seinem berühmten Gedicht *La fille d'Hilmer* (Die Tochter Hilmars) beschrieben oder, richtiger, sich vorgestellt hat. Nein, diese Hörner waren für gemeinsame religiöse Trankopfer bestimmt, zu denen sie mit einem Zaubertrunk gefüllt wurden.

Obwohl beide Hörner aus der gleichen Zeit stammen und auch ihre Machart sehr ähnlich ist, unterscheiden sie sich doch ganz wesentlich.

Das eine, als Horn A bezeichnet, weil man es zuerst fand, hat keine Inschrift. Das andere jedoch, das Horn B, ist an seinem oberen Rand mit einer Runen-Inschrift im alten FUThARK versehen. Ihre Zeichen sind weder vertauscht noch verschlüsselt, sie werden ganz normal von links nach rechts gelesen. Sie ist in proto-germanischer Sprache verfaßt und schon seit langem übersetzt. Es ist die Signatur des Goldschmieds. So hat man sie übersetzt:

ICH, HLEWAGSTIR, SOHN DES HOLT, ICH HABE
DIESES HORN GEMACHT.

Mit dieser Übersetzung haben sich die Archäologen lange Zeit zufrieden gegeben. Sie hatten zwei Hörner gefunden, die mit ornamentalen Figuren geschmückt waren, das eine Horn mit, das andere ohne Inschrift. Das genügte ihnen.

Übrigens war die Inschrift auf Horn B schuld, daß sie nicht auf die Idee kamen, die figürlichen Darstellungen genauer daraufhin zu untersuchen, ob sie nicht vielleicht ebenfalls eine Botschaft enthielten. Irgendwie ist ihr Verhalten verständlich, sie sagten sich: Da die Runen ohnehin eine Hieroglyphen-Schrift sind, warum sollten dann bei den figürlichen Darstellungen weitere hieroglyphische Zeichen versteckt sein, die nur eine zweitrangige Bedeutung haben können?

Über mehr als zwei Jahrhunderte blieben also die beiden goldenen Hörner von Gallehus im Museum, bestaunt von Generationen von Besuchern, aber ohne die Wissenschaftler zu neuen Überlegungen anzuregen.

Doch die Figurinen auf beiden Hörnern zeigen zwei

Das Horn B mit aufgefalteter Oberfläche (Gesamtansicht)

charakteristische Besonderheiten: erstens sind sie in Reihen angeordnet, und zweitens wiederholen sich die meisten von ihnen mehrmals. Dadurch bekommen diese kleinen Szenen, vom rein künstlerischen Standpunkt betrachtet, einen Anflug von Monotonie. Das verwundert, wenn man an die erstaunliche Sorgfalt denkt, mit der die Gesamtdarstellung gefertigt wurde.

Diese Monotonie bekäme jedoch einen Sinn, wenn in den Figurinen Hieroglyphen versteckt wären! Dann wäre die Anordnung in Reihen und auch die Wiederholung

209

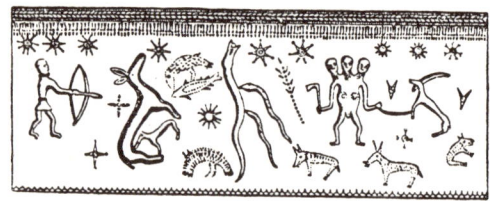

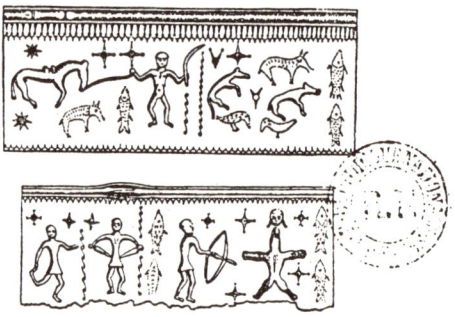

Das Horn B, die Verzierungen flächig dargestellt; Einzelheiten der
fünf um das Horn laufenden Bild-Bänder

210

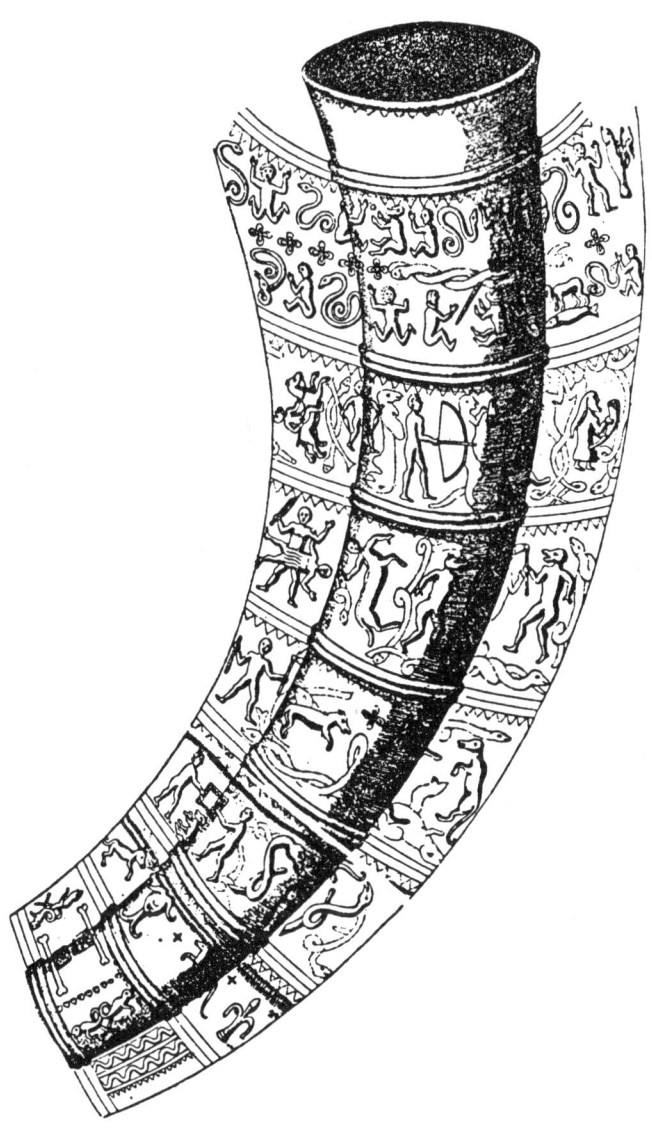

Das Horn A, aufgerollt

bestimmter Figuren erklärlich. Sie wäre geradezu notwendig, um aus den so angeordneten Zeichen Worte und Sätze zu bilden. Um es überspitzt zu formulieren: Die Art, wie die Figuren auf diesen merkwürdigen «gezeichneten Bändern» der Hörner von Gallehus angeordnet sind, entspricht jener auf dem Obelisken an der Place de la Concorde in Paris.

Vor einigen Jahren hatte ein junger dänischer Forscher, Jens Juhl Jensen, sich die Frage gestellt, ob die Figuren auf den goldenen Hörnern nicht eine Art Geheimschrift sein könnten. Er versuchte, sie zu entziffern. Doch da er von einer falschen sprachlichen Voraussetzung ausging, kam er zu derart abwegigen Ergebnissen, daß sie von den Philologen leicht zerpflückt werden konnten.

«Herr Jens Juhl Jensen», erklärte Professor Harry Andersen, «mag gar nicht so unrecht haben, wenn er annimmt, daß die Hörner von Gallehus hieroglyphische Figuren haben, aber wenn er sie mit Hilfe des Altnordischen zu entziffern versucht, beweist er, wie wenig seriös er ist, denn diese Sprache existierte noch gar nicht, als diese Hörner hergestellt wurden.»

Es dauerte bis 1969, da nahm ein deutscher Fachkenner, Willi Hartner, der sowohl Sprachforscher wie Naturwissenschaftler war, die Lösung des Problems auf seriöser Basis erneut in Angriff. Nach langen Überlegungen fand er die Lösung.

Und diese Lösung war verblüffend!

Hartner widerlegte eine Ansicht, die bis zu seiner Entdeckung von niemandem angezweifelt worden war. Die Ansicht nämlich, daß auf dem Horn A keine Inschrift sei und man es deshalb, um es von dem anderen zu unterscheiden, «Das Horn ohne Runen» genannt hatte. Hart-

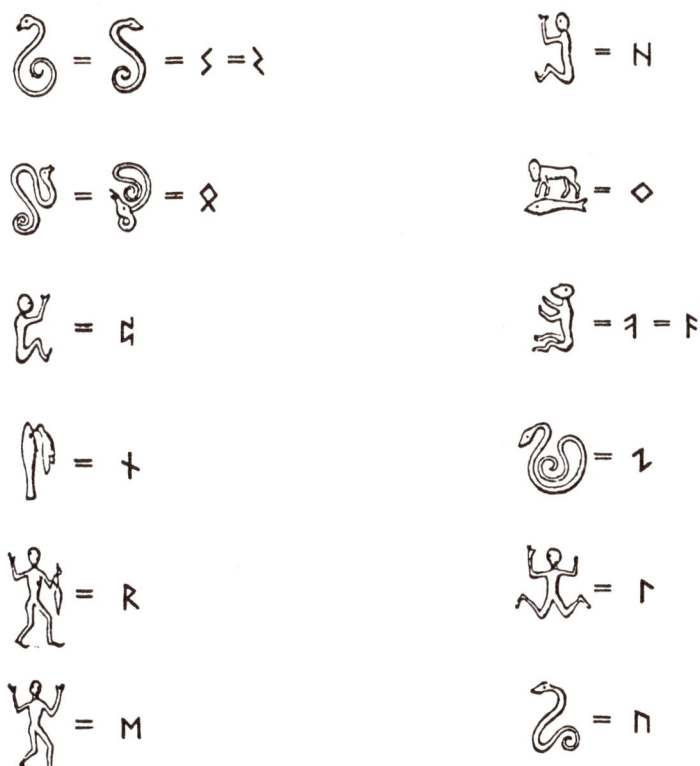

Die 12 Runen-Figurinen des Horns A

ner wies nach, daß das Horn A sehr wohl eine Inschrift hat und daß diese in einer klaren, stilisierten Runenschrift abgefaßt ist.

Minutiös hatte er eine Figur nach der anderen, die auf dem Horn dargestellt sind, untersucht, bis er darauf kam, daß jede einzelne durch ihre Formgebung an die Form bestimmter Runen erinnerte. So ist zum Beispiel die kleine sitzende Figur, die die Arme hebt, eine ausgezeichnete Stilisierung der Rune **ᚾ** *pairth-ra,* die dem Laut P entspricht. Auf den beiden oberen Streifen des Horns sind einmal 12 und einmal zehn Figuren dargestellt, insgesamt also 22. Aber da sich einige Figuren mehrmals wiederholen, gibt es auf den beiden Streifen nur zwölf unterschiedliche Figuren. Diese zwölf Figuren hat Hartner für stilisierte Runen gehalten und eine Liste aufgestellt, die die Figuren zeigt und jene Runen, die ihnen nach seiner Ansicht entsprechen. Der Beweis, daß seine Arbeitshypothese richtig war und die Figuren Geheimschrift-Runen sind, konnte erbracht werden; die Umsetzung der Figuren in Runen ergab eine völlig klare Inschrift von 22 Buchstaben:

L U P A / H O R N S / E N S
H E L P A / H J O H O

Und so hat man sie übersetzt:

MÖGE DER MAGISCHE ZAUBERTRANK AUS DIESEM HORN
DER GEMEINSCHAFT HELFEN

Doch damit war erst der Anfang für die Lösung des Rätsels der goldenen Hörner gemacht!

Denn die Goten, ganz gleich, ob sie nun «weise» (wisi) oder «glänzend» (ostro) waren, verstanden sich auf die Mystik der Zahlen. Jordanes hat darauf hingewiesen, daß sie bereits im 2. Jahrhundert v. Chr. durch ihren legendären Anreger Dicineus in Mathematik und Astrologie Kenntnisse besaßen. Und als Wulfila später seine Reform des Runen-Alphabets betrieb, achtete er sehr genau darauf, daß jeder Buchstabe auch einem Zahlenwert entsprach, damit auch die Goten die Bibel in ihrer Sprache so lesen konnten wie die Kabbalisten. Wie sehr sich seine Bemühungen ausgezahlt haben, beweisen Dokumente, die man vor einigen Jahren in Aragon, im Kloster von San Juan de la Pena gefunden hat. Es sind eine wisigotische Fassung des Buches Numeri (3. Buch Mose), ein Kalender, astrologische Berechnungen und eine Tabelle der Mondbewegung innerhalb von neunzehn Jahren, in der die Berechnungen der Daten mit Buchstaben des gotischen Alphabets eingetragen sind.[1]

Nach diesen Funden ist die Frage nicht abwegig, ob dies alles nicht auf eine sehr alte Tradition zurückgeht und ob nicht schon immer die Runen eine besondere Numerologie, eine Art von Gematrie[2], einschlossen. Diese Frage nahm Hartner als Arbeitsformel, als er seine Erforschung der goldenen Hörner von Gallehus fortsetzte.

Bekanntlich hatte jede der 24 Runen des alten FUThARK ihren bestimmten Zahlenwert und ihren festen Platz im

---

[1] Es ist das Manuskript 3307 der Nationalbibliothek von Madrid

[2] Gematrie: kabbalistischer Kunstgriff. Der Zahlenwert bestimmter Wörter wird durch Addition ihrer Quersumme, die sich aus der Zahlenbedeutung der hebräischen Wörter ergab, ermittelt

Alphabet. Außerdem waren diese 24 Runen in drei Gruppen zu je acht unterteilt. Diese Gruppen hießen *aettir* (Einzahl: *aett*). Hartner ging nun folgendermaßen vor: Er ermittelte den Zahlenwert jeder einzelnen der 22 Runen der Inschrift von Horn A und addierte die einzelnen Zahlen. Das gleiche machte er mit den 23 Runen, aus denen die Inschrift des Horns B gebildet ist. Ergebnis: der Gesamtzahlenwert des Horns A beträgt 288, der des Horns B 408.

Diese Zahlen, meint Hartner, sind keine Zufallsergebnisse, denn beide Zahlen sind durch 24 teilbar, also genau jener Zahl, wie das alte FUThARK Runen hatte! So ergibt $24 \times 12 = 288$ und $24 \times 17 = 408$. Die Zahlenwerte der Inschriften auf Horn A und auf Horn B stehen also im Verhältnis 12/17 zueinander.

Das aber entspricht genau dem Verhältnis zwischen der Seitenlänge eines Quadrats zu seiner Diagonalen: hat ein Quadrat eine Seitenlänge von 12, dann ist seine Diagonale 17 lang.

Hartner weist nun darauf hin, daß auf dem Horn A in der fünften Reihe von oben zwei Personen ein Quadrat halten und schreibt:

«Diese Darstellung steht nicht zufällig da, im Gegenteil, sie ist von äußerster Wichtigkeit für das Verständnis der Ikonographie der beiden Hörner. Denn dieses Quadrat, das läßt sich beweisen, entspricht einer der ältesten uns bekannten astronomischen Konstellationen: dem Viereck des Pegasus. Bereits zu Beginn der mesopotamischen Astronomie wurde anhand dieser Konstellation das Sonnenjahr berechnet, nach dem wiederum die Daten für die Opfergaben festgelegt wurden. Doch es kommt noch besser: Dieses himmlische Quadrat, das man für den

Gesamtansicht der bearbeiteten Fläche des Horns A

Spieltisch der Götter hielt, auf dem die goldenen Würfel (*gollnar toflur*) der Sonne, des Mondes und der Planeten hinwegrollten, hat eine entscheidende Bedeutung in der Eschatologie der Edda: Siehe *Voluspa 60*».

Für Hartner steht fest, daß durch die Zahlen-Beziehung der Inschriften auf beiden Hörnern bewiesen ist, daß sie als zwei zusammengehörende Stücke geschaffen worden sind und daß Hlewagastir, der die erste in Runenschrift signierte, auch die zweite geschaffen hat.

Aber zu welchem Zweck? Zu dieser Frage wird die außerordentlich genaue Beantwortung des deutschen Gelehrten wahrhaft außergewöhnlich.

Am 16. April des Jahres 413 um 14 Uhr 16 Minuten ereignete sich ein astronomisches Phänomen, das alle, die es miterlebten, tief beeindruckte: Eine totale Sonnenfinsternis. In der Gegend von Gallehus (Jütland), wo die beiden Hörner gefunden wurden, war sie genau zu beobachten. Nun stand für die Archäologen bereits seit langem fest, daß die beiden Hörner zwischen den Jahren 400 und 425 angefertigt worden sind. Hartner glaubt, daß ihre Verzierungen in einem Zusammenhang zur Sonnenfinsternis stehen. Tatsächlich läßt sich die Position der Gestirne zum Zeitpunkt der Sonnenfinsternis deutlich auf dem Horn A ausmachen.

So ist auf diesem Horn rechts in der dritten Reihe von oben die Sonne durch zwei Menschen dargestellt, die wie Radschläger Arme und Beine horizontal und vertikal ausstrecken, so daß sie wie Strahlen wirken.

In der Mitte der vierten Reihe ist das Sternbild des Taurus (Stier) durch eine Darstellung des gleichnamigen Tiers versinnbildlicht. Über seinem linken Horn stellt ein stilisierter Stern die Venus dar.

Links und rechts sind ebenfalls durch stilisierte Sterne die sechs anderen Planeten dargestellt. Tatsächlich war während dieser Sonnenfinsternis das Sternbild Taurus links von der Sonne zu sehen, und die Venus befand sich in der Nähe seines linken Horns. Die übrigen Planeten waren in einem Sektor von 90 Grad zu sehen.

Sowohl auf dem Horn A wie auf dem Horn B ist mehrfach das Sternbild des Drachens wie der Schlange in Verbindung mit dem der Zwillinge und des Schützen zu sehen. Mit Zwilling und Schütze aber waren nach Meinung der antiken Astrologie Kopf und Schwanz des Drachens – dem Monster der Finsternis – «in Ekstase».

Soweit die Darstellung von Willi Hartner. Sie deckt sich vollkommen mit der archäologischen Datierung der beiden Hörner von Gallehus. Mit einem Male erschließt sich, dank der Deutung dieses Gelehrten, der eigentliche Sinn der Inschrift in Runen-Figuren: Geschaffen in der Erwartung eines astronomischen Wunders und einer bemerkenswerten Konstellation der Sterne. Dies wurde auf dem kostbaren Horn durch die richtige Zahl von Runen in gültiger Reihenfolge ausgedrückt. So war es würdig, jenen Zaubertrank aufzunehmen, der dem ganzen Klan Kraft und Erfolg schenkte.

Als im 11. Jahrhundert Saemund Sigfusson auf Island die alten Gedichte der Edda sammelte, galten die Goldhörner von Gallehus, die man erst 600 Jahre später wiederentdeckte, als verloren. Doch im *Gudrunlied* war die Erinnerung an sie wachgehalten worden. In ihm wird ihre Pracht besungen, aber auch ihre verborgene Runenschrift und ihre wunderbaren Kräfte.

6. Kapitel

Die Runen in der Kathedrale Lund

Die erste gotische Kathedrale wurde weder in Frankreich, noch in England, noch in Deutschland gebaut. Sie entstand – wie einfach! – in Gotien.

Der Grundstein für die Kathedrale von Salisbury wurde 1070 gelegt, der von Chartres, der ältesten Kathedrale Frankreichs, 1150, für die von Paris 1163, für die von Bourges 1190, für die von Reims 1211, für die von Amiens 1220, für den Kölner Dom im Jahre 1235 und für die Kathedrale von Beauvais wurde der Grundstein 1247 gelegt.

Doch bereits im Jahre 1002 wurde mit dem Bau der Kathedrale von Lund begonnen, «eines der schönsten Meisterwerke gotischer Kunst, das es in Europa zu bewundern gibt», steht im Großen Larousse.

Lund – lateinisch *Lundina Gothorum,* das Lund der Goten, ist heute eine Stadt mit 50 000 Einwohnern in der Provinz Gotland, Schweden, 600 Kilometer südlich von Stockholm.

Von allen schwedischen Städten bieten Lund und Uppsala die meisten Besonderheiten. In Lund ist nicht nur eine Burg aus dem 13. Jahrhundert sehenswert, sondern auch das Rathaus, in dem die Bruderschaft des heiligen Knut ihre Zusammenkünfte hat. Diese Vereinigung existiert seit dem 16. Jahrhundert, ganz genau seit 1536, und widmet sich sowohl der Kunst wie dem Sport. Schöne

Literatur, Tanz und Bogenschießen gehören zu ihrem Programm. Bei ihrer Aufnahme müssen die Mitglieder einen Eid schwören, indem sie den rechten Arm heben und die Finger dieser Hand spreizen. Merkwürdig, zumindest auf den ersten Blick, ist der Umstand, daß diese Bruderschaft in einem so nördlichen Land wie Schweden einen Papagei als Wappentier hat. Doch das hat seinen Grund. Die Wahl dieses Wappentiers beruht auf der Wertschätzung der berühmten «Sprache der Vögel», womit man die Geheimsprache der Bilderrätsel bezeichnet.

Möglicherweise ist auch der Name dieser Bruderschaft ein solches verschlüsseltes Rätselwort. Der Heilige Knut, nach dem sie sich nennt, war nämlich alles andere als ein sympathischer Zeitgenosse: Als König belastete er sein Volk mit derart hohen Abgaben, daß er von Aufständischen durch einen Pfeilschuß getötet worden sein soll. Außerdem war er kein Schwede, sondern Däne und der Gegenspieler des Heiligen Erik, dem Schutzpatron Schwedens. Durch ihre Ausbildung im Bogenschießen wiederholen die Mitglieder der Bruderschaft symbolisch die Tat der Aufständischen, durch die dem habgierigen, despotischen König, der sie zum Christentum bekehren wollte, ein vorzeitiges Ende bereitet wurde. Die Bruderschaft steht also genau im Gegensatz zu dem Schutzpatron, den sie sich auserkoren hat: Die Bruderschaft des Heiligen Knut ist in Wahrheit die Bruderschaft derer, die den Heiligen Knut töteten.

Doch in diesem Widerspruch steckt auch ein Wortspiel. Denn das Wort «Knut», «Knot» bedeutet «Knoten». Die Kunst, Knoten zu schlingen, galt aber in früheren Zeiten bei allen Völkern als Zauberei. So benutzten die Inka

Knoten, um Worte zu bilden und zu rechnen. In der Renaissance knoteten einige der angesehenen Familien ihre Gürtelbänder auf eine ganz eigene Art, um dadurch die Zugehörigkeit zu dieser Familie zu dokumentieren.[1] Auch heute noch spielen Knoten bei den symbolischen Ritualen der Freimaurer eine wichtige Rolle.

Die «Bruderschaft des Heiligen Knut» ist demzufolge in Wirklichkeit eine «Bruderschaft der heiligen Knoten» oder, wie man auch und vielleicht richtiger sagen kann, eine «Bruderschaft der geweihten Schnüre». Tut man dies, dann muß man aber auch ihre Anfänge viel weiter zurückdatieren als ins 16. Jahrhundert.

Einmal im Jahr treffen sich die Mitglieder der Bruderschaft des heiligen Knut zu einem Wettbewerb der wohlgesetzten Worte und der manuellen Geschicklichkeit. Dabei dient ein bunt bemalter Holzpapagei auf einer Stange als Ziel für die Bogenschützen, wobei der Sieger als Preis einen silbernen Papagei erhält.

Für diese bizarre Ziel- und Preiswahl gibt es eine Erklärung in der «Sprache der Vögel». Der Name Papagei kommt aus dem arabischen, wo dieser Vogel *babagha* heißt, aus dem das italienische *papagallo,* das spanische *papagayo* und das altfranzösische *papegai* abgeleitet wurden. Das altfranzösische «papegai» könnte der Schlüssel sein, warum die Brüder vom heiligen Knut in einem protestantischen Land ihre Vorbehalte gegen die katholische Glaubensrichtung durch einen dieser «papes gais»[2]

[1] So spricht man in England vom «Knoten zu Stafford», vom «Knoten zu Harrington», vom «Knoten zu Bowen». (Siehe zu diesem Thema Fernard Bartholoni: «Führer durch die Wappenkunde»)

[2] papes gais = franz. Wortspiel, beide Worte können auch «lustige Päpste» bedeuten

zum Ausdruck brachten. Sie konnten damit das lustige Leben der Päpste, deren aufwendigen Hofstaat und ihr Nachplappern eingeübter Formeln, ohne nach deren Inhalt zu leben, anprangern. Diese Päpste hatten seit der Renaissance durch die Gegnerschaft zu Martin Luther und durch die Ablehnung der Ironie eines Rabelais,[1] der übrigens keine Gelegenheit zu diesem Wortspiel ausließ, eine solche Haltung geradezu provoziert.

Zu religiösen Feiertagen hatten die Brüder des heiligen Knut Anspruch auf Ehrenplätze in der Kathedrale von Lund.

Der Bau dieser Kathedrale wurde 1002 begonnen und im Jahre 1145 beendet. Die Erzbischöfe von Lund waren gleichzeitig die Oberhäupter der gesamten skandinavischen Kirche. Im Mittelalter waren sie es, die den Königen und dem Volk die Gesetze gaben. Als 1452 König Karl VIII. Knutsson den Widerstand des Erzbischofs Thur gebrochen hatte und von ihm ein Ergebenheitsbekenntnis verlangte, erklärte dieser stolz: «Ich werde niemals wieder so arm sein, wie ich es einst gewesen bin, denn ich mußte in meiner Kindheit betteln, noch werde ich mächtiger werden können als ich es jetzt bin, denn ich bin Erzbischof von Lund; mein weiteres Schicksal ist mir also gleichgültig.»

Die Kathedrale von Lund ist dem Heiligen Lorenz geweiht. Ein Heiliger, der durchaus unsere besondere Aufmerksamkeit verdient.

Lorenz war Spanier, und in Spanien erlitt er auch sein Martyrium in einem unbestimmten, aber sehr frühen Jahrhundert. Die Legende berichtet, daß er der Zauberei

---

[1] François Rabelais, 1494–1553, Satiriker u. Humanist

angeklagt worden sei und bei lebendigem Leib verbrannt wurde, «weil er sich weigerte, die Kirchenschätze herauszugeben, die dazu dienten, den Blinden das Augenlicht wiederzugeben». Er erlitt, dieser Satz beweist es, sein Martyrium wegen seiner Verschwiegenheit. Aus der gleichen legendären Quelle stammt auch der Bericht über die Nonne Sabine, einem Ausbund an Tugend, aber schwatzhaft. Sie soll neben Lorenz begraben worden sein, allerdings erst, nachdem man ihr *post mortem* die Zunge verbrannt hatte.[1]

Ausgerechnet dieser sonderbare Heilige der «Gothia hispanica» war also der Schutzpatron der Kathedrale von Lund, obwohl er nie einen Fuß auf schwedischen Boden gesetzt hatte. Doch in den Steinen der Kathedrale ist die Erinnerung an eine seiner legendären Taten festgehalten. Aus einem Pfeiler der Krypta ist die Figur eines riesengroßen Mannes herausgearbeitet, aus einer anderen Säule die Darstellung einer normal großen Frau, die ein Kind trägt. Die «offizielle» Erklärung für diese beiden Figuren bedient sich einer Legende: Als eines Tages der heilige Lorenzo in den Bergen spazieren ging, beschäftigte er sich in seinen Gedanken mit der Möglichkeit, dem einzigen, wahren Gott einen Tempel zu errichten. Zufällig trifft er auf den Riesen Finn, der sich ihm gegenüber jedoch nicht zu erkennen gibt. Der Riese bietet Lorenzo an, für ihn den Bau des Tempels durchzuführen, allerdings unter einer Bedingung: Wenn Lorenz nicht in der Lage ist, den Namen des Riesen Finn zu erraten, muß er diesem entweder den Mond oder die Sonne, oder seine Augen als Belohnung geben. Lorenz akzeptiert, und der

---

[1] Siehe *Vida del martir espanol san Lorenzo,* Madrid 1780

Riese macht sich an die Arbeit. So sehr sich Lorenz auch bemüht, gelingt es ihm doch nicht, den Namen seines seltsamen Baumeisters herauszufinden. Da kommt ihm der Zufall zu Hilfe: Als er an einer einfachen Hütte vorbeigeht, hört er, wie eine Mutter ihr weinendes Kind mit dem Satz tröstet: «Weine nicht, bald wird dein Vater Finn wiederkommen und dir entweder den Mond oder die Sonne oder die Augen des heiligen Lorenz mitbringen.» Als Finn seine Arbeit beendet hat und seinen Lohn fordert, spricht ihn Lorenz mit seinem richtigen Namen an. Wütend stürzen Finn, seine Frau und ihr Kind in den Tempel, rütteln an den Pfeilern, um das ganze Gebäude einstürzen zu lassen. Aber Lorenz macht nur das Zeichen des Kreuzes, und die Familie Finn erstarrt zu Stein.

So fromm und moralisch diese Legende auch klingt, sie offenbart, daß Finn, einer der Riesen, die durch die Odin-Erzählungen der Edda geistern, die Kathedrale von Lund erbaut habe.

Grund genug, die Konstruktion der ersten aller gotischen Kathedralen einmal genauer daraufhin zu untersuchen, ob sich nicht vielleicht unter der Schicht christlicher Symbole auch solche finden, die noch mit dem alten Glauben der Goten verbunden sind.

Die Kathedrale ist 810 Fuß lang, 306 Fuß breit und 288 Fuß hoch. Die Maße der Krypta sind: 126 Fuß von Norden bis Süden, 90 Fuß von Osten nach Westen, und sie hat eine Höhe von 36 Fuß.

Leicht zu erkennen: diese Maße entsprechen einem geheimen Zahlensystem, das auf der Zahl 18 basiert.

Es ergeben sich folgende Kombinationen:

$810 = 18 \times 45$	$288 = 18 \times 16$	$90 = 18 \times 5$
$306 = 18 \times 17$	$126 = 18 \times 7$	$36 = 18 \times 2$

Betrachtet man die Anzahl der Pfeiler und Säulen, so wird dieses 18er Zahlensystem noch deutlicher:

Ebene Fläche des Baues:

Pfeiler der Seitenschiffe:	9 + 9 = 18
Pfeiler des Hauptschiffs:	9 + 9 = 18
Pfeiler des Querschiffs:	6 = 18 : 3

Krypta:

Pfeiler:	6 = 18 : 3
Säulen:	18

Diese permanente Wiederholung der Zahl 18 beweist doch wohl, daß diese Zahl ganz bewußt gewählt worden ist. Die legendäre Entstehung dieses Bauwerks, die durch die Steinfiguren symbolisiert wird, läßt eine «odinistische» Beeinflussung bei der Konzeption der Kathedrale vermuten. Vielleicht kann uns die Zahl 18 und ihre Bedeutung im Runen-Alphabet bei der Aufklärung behilflich sein!

Zuerst einmal fallen zwei Eigenarten auf:

1) 18 ist der Zahlenwert der Rune ᛒ, die in gotischer Sprache *bairkan* bedeutet. Diese Rune bezeichnet die Göttin Frigg, die erste Frau des Odin-Wotan und Herrscherin über die Asen.

2) 18 ist aber auch die Gesamtzahl aller Göttinnen, der *Asinyus* (die weibliche Form von Asen, die nur im Plural gebraucht wird).[1]

Diese zwei Bedeutungen der Zahl 18 muß man im Zusammenhang sehen, denn wenn Frigg die Zahl 18 zugeeignet ist, dann eben nur, weil sie als Herrscherin mehr

---

[1] Frigg, Lara, Eira, Gofiona, Fulla, Freia, Siofna, Lobna, Var, Vora, Sinia oder Sin, Iina oder Alin, Snotra, Gna, Sol, Bil, Jord und Rinder

oder weniger die Gesamtheit der Asinyus verkörpert. Sie ist sozusagen die Spitze und die Summe in einem.

Demnach steht die Kathedrale von Lund unter dem geheimen Patronat von Odin-Wotans Gattin Frigg, aber auch unter dem aller Asinnen. Der Heilige Lorenz ist also nur ihr äußerer Schutzpatron, er enthüllt uns nicht den «Schatz», d. h. die verborgene Bedeutung.

Spätestens bei dieser Überlegung könnte man einwenden: Mit welchem Recht kann man, darf man die Runen und ihre Bedeutung zur Erklärung des verborgenen Sinns, der im Bau der Kathedrale von Lund steckt, heranziehen?

Die Antwort ist rasch gegeben: Die Erbauer der Kathedrale haben selbst die Runen in die Mauern eingeritzt! Einige, die unverschlüsselt zu erkennen sind und andere auf versteckte Art.

Wir haben 115 Zeichen im Mauerwerk der Kathedrale entdeckt. Für gewöhnlich werden diese Zeichen als «Signum der Dazugehörigkeit» zur Bruderschaft der Steinmetze gedeutet, aber tatsächlich sind nur 69 der 115 Zeichen Steinmetz-Markierungen, die anderen sind entweder einfache Runen (24) oder Bigramme aus zwei Runen (15) oder Buchstaben aus dem Alphabet der Freimaurer (7).

Außerdem aber findet man in der Kathedrale den Namen eines der Architekten in Runenschrift eingraviert. Er hieß Adam van Düren. Seinen Vornamen hat er unverschlüsselt eingemeisselt, die anderen Worte sind teilweise von links 'nach rechts, dann wieder von rechts nach links zu lesen. Einige Buchstaben sind im Klartext geschrieben, andere in Spiegelschrift. Im Ganzen ein Kryptogramm, das immer wieder die Neugier der Besucher weckt:

ᚢᚨᛏᚷᛁᛁᛒ ᚨᚦᚨᛗ
ᚢᚨᛏᛋᚷᛁᛁᛒ

Doch ist das nicht der einzige Beleg für die Verwendung von Schrift- und Zahlenwerten der Runen in der Kathedrale von Lund. Auf versteckte, nicht sofort offenkundige Art wird immer wieder ausgedrückt, daß dieses Bauwerk den alten gotischen Göttern und Göttinnen gewidmet war.

Wenn wir alle Pfeiler der Grundfläche des Bauwerkes zu Paaren verbinden und außerdem alle Pfeiler der Krypta, dann erhalten wir den Beweis dafür. Betrachten wir diese gedachten Linien, so stellen wir folgendes fest:

Grundfläche des Bauwerks:
16 mal die Rune ᛒ *bairkan,* die Frigg geweiht ist
10 mal die Rune ᛟ *othal,* die Odin-Wotan geweiht ist
6 mal die Rune ᚷ *giba,* die soviel wie «Gabe» bedeutet.

Krypta:
36 mal die Rune von Frigg
24 mal die Rune von Odin-Wotan
4 mal die Rune für «Gabe».

Doch das ist noch nicht alles! Nimmt man nämlich die Zahl der Runen ᛒ von der Grundfläche und multipliziert sie mit deren Zahlenwert, also 16 mal 18, dann erhält man genau 288, was wiederum der Höhe der Kathedrale, in Fuß gerechnet, entspricht.

1.

2.

3.

4.

5.

1. *Lektorium, 2. Hauptschiff, 3. Krypta, 4. Querschiff Ostseite, 5. Querschiff Nordseite*

Die meisten dieser Zeichen sind Runen oder aus Runen zusammengestellt. Besonders bemerkenswert die Rune Odal ᛟ im östlichen Querschiff. Sie ist Wotan (Odin) geweiht

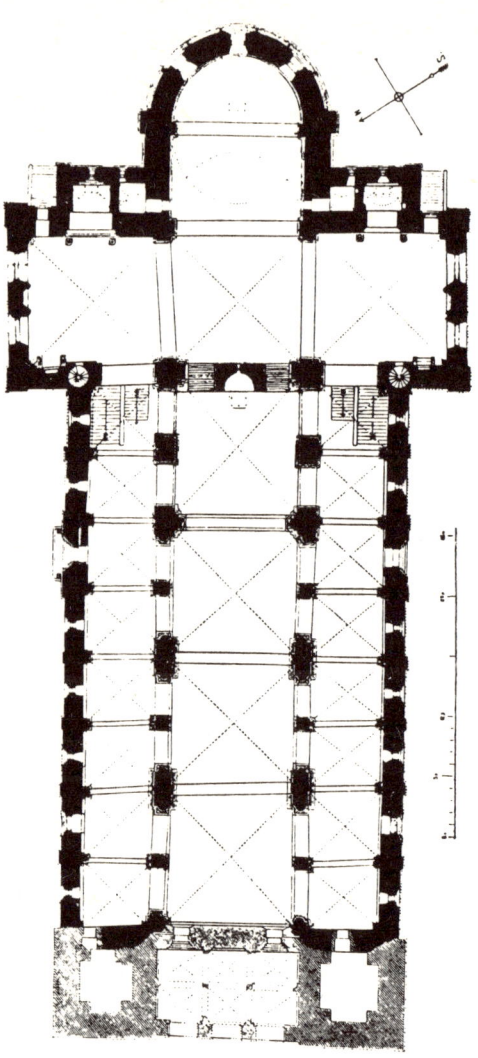

Grundriß der Kathedrale von Lund
Die Summe der gedachten Linien, die die Pfeiler zu Paaren verbinden,
ergeben 10 mal die Rune ⟨(Odin-Wotan) 16 mal die Rune ᛒ (Frigg)
und 6 mal die Rune ✕ (Gabe)

Eine ähnliche Rechnung kann man in der Krypta aufstellen. Die Summe aller Runen ᛉ mit ihrem Zahlenwert multipliziert, also 24 mal 24, ergibt 576. Diese Zahl ist durch den Zahlenwert der Rune ᛒ teilbar. Der Quotient dieser Teilung ist 32 und dies wiederum ist die Gesamtzahl der Asen und Asinnen! Das heißt doch nichts anderes, als daß der gesamte gotische Götterhimmel hier versammelt ist. Noch ein Beweis: Die Gesamtzahl der Runen in der Kathedrale von Lund entspricht der Anzahl der Runen des alten FUThARK!

Verfolgt man die gedachten Linien zwischen den Pfeilern, und zwar sowohl auf der Grundfläche wie bei denen der Krypta, dann entstehen «unsichtbare Runen», die folgenden Satz ergeben:

FRIGG UND ODIN GEWIDMET,

DEN ASEN UND ASINNEN[1]

In der Krypta mit dem Riesen ist ein weiterer «odinistischer» Hinweis versteckt: auf einem Fenstersturz ist ein doppeltes othal ᛜᛜ eingraviert:

Dieses Zeichen ist nicht etwa einmalig im schwedischen Gothien, es findet sich unter anderem auch an einem Fenster der Kirche von Ethelhem.

---

[1] Die legendäre Tat des heiligen Lorenz entpuppt sich als eine Geheimschrift-Information, durch die *«die Blinden sehend werden»*

Auf dem Boden des Chors der Kathedrale von Lund entdeckt man unschwer einen Stein, der sich völlig von den anderen Steinen unterscheidet; er ist nicht nur viel größer, sondern auch viel abgenutzter als die anderen in seiner Umgebung. Den Besuchern wird erklärt, daß dieser Stein im Mittelalter jene Stelle markierte, an der Flüchtlinge, die in der Kirche um Asyl baten, vor Verfolgern sicher waren. Dieser Stein hat bis heute seinen Namen «Asylstein» behalten, den er im Mittelalter auf lateinisch *(Petra Asyli)* hatte.

Doch die Existenz eines Asylrechts reicht viel weiter als nur bis zum Mittelalter zurück. Es bestand nicht nur bei den Griechen und Römern, sondern auch bei Gemeinschaften, die weit von ihnen entfernt lebten und bei denen die Waldlichtungen der heiligen Wälder die Asylplätze waren.

Getreu unserer Methode, nach dem gotischen Ursprung christlicher Darstellungen in dieser Kathedrale zu forschen, müssen wir uns fragen: Was war ursprüngliche Funktion und Bedeutung des «Asylsteins»?

Zuerst einmal zum Wort «Asyl». Es hatte ursprünglich eine andere und viel begrenztere Bedeutung als heute und stammt vom griechischen Wort *asylos* (a = 1. Person singular + sulaos = ich plündere). Im Lateinischen wurde daraus *asylum.* Mit diesem Wort bezeichnete man jenen Teil geweihter Gebäude, der nicht geplündert werden durfte, sonst zog man den Zorn der Götter auf sich. Es waren jene Räume, in denen der Tempelschatz, also jene Dinge oder auch nur der eine Gegenstand aufbewahrt wurden, die den Göttern heilig waren.

Ganz anders im Gotischen. Dort bedeutet das Wort ASIL (aus dem unser deutsches «Esel» und das englische «Ass»

hervorgingen) Esel. Daraus abgeleitet nannten die Goten
ihre Meilensteine *Asilu-Kairus,* also *Stein des Esels.*[1]
Meilensteine aber waren einst bei allen Völkern heilige
Steine. Anfangs waren es einfache, roh behauene Fels-
quader, später erst erhielten sie in Griechenland und Rom
die Gestalt des Götterboten Hermes, allerdings ohne
Beine, um dadurch auszudrücken, daß der Stein nicht
bewegt werden durfte. Deshalb nannte man diese Steine
im alten Griechenland einfach Hermen.
Man verehrte sie so sehr, daß im Jahre 416 v. Chr.
Alkibiades schnell von Athen nach Sparta fliehen mußte,
um einem Prozeß zu entgehen, in dem man ihm vorwer-
fen wollte – wahrscheinlich zu Unrecht –, er habe die
Herme von Athen in der Nacht mit Urin beschmutzt.
Die Flucht schien ihm richtiger als das Risiko, sich einen
Prozeß wegen Götterlästerung anhängen zu lassen.[2]
Bei den Goten war der dem Hermes entsprechende Gott
kein anderer als Odin-Wotan, der höchste Ase. Genau
wie Hermes hatte auch er die Sprache erfunden, und
deshalb wurde auch er – genau wie Hermes – der «Spre-
cher der Götter» genannt. Der Gott des Ackerbaus war
gleichzeitig der Gott der Meilensteine, und die ihm zuge-
hörige Rune ᛟ steht gleichzeitig für Grundbesitz.[3] Die
Asilu-Kairnus waren demnach Steine, die Gott Odin
geweiht waren.
Wenn die Goten sie Esels-Steine nannten, dann wohl
deshalb, weil im Gotischen mit dem Wort *Ase* und mit
dem für Esel, *Asil,* leicht ein Wortspiel gebildet werden

[1] Zu *Asilu-Kairus* siehe G. H. Balg: *Glossary of gothic language*
[2] Das römische Gegenstück der Hermen waren die Thermen (T+(H)
ERMES), zu deren Ehren man die Feste der Therminalien feierte
[3] Siehe Dritter Teil, erstes Kapitel

kann. Übrigens genauso wie mit dem Wort *Asinyus* für das Göttinnen-Kollektiv und mit *Asilus,* der Verkleinerung von *Asil,* oder mit dem lateinischen Wort für Esel *Asinus!*

Was folgt daraus? Der Asyl-Stein im Chor der Kathedrale von Lund ist in Wahrheit ein alter *Asilu-Kairnus,* ein Esels-Stein; Odin, dem höchsten Asen geweiht.

Im ursprünglichen Wortsinn ist es tatsächlich ein Asyl-Stein. Nämlich ein Stein, «den man nicht rauben darf». Ein unantastbarer Stein, als einziger unter vielen dem höchsten Gott geweiht. Das erklärt auch die Sorgfalt, die die Erbauer aufgewendet haben, um diesen Stein zu erhalten und richtig zu plazieren. Durchaus auch möglich, daß die Kathedrale, wie es so oft der Fall war, an einer Stelle errichtet wurde, die schon vorher ein heiliger Platz war. Vielleicht wurde die Kathedrale um den Stein herum errichtet. Immerhin liegt er in der Mitte des Chors.[1]

---

[1] In der Kathedrale von Lund gibt es außerdem viele seltsame Figuren, mit denen wir uns in diesem Buch nicht beschäftigen können. Die merkwürdigste ist wahrscheinlich ein riesiger Floh, 50 Zentimeter im Durchmesser. Er ist an einer Kette befestigt und hält ein Lamm im Maul. Die Lösung dieses Bilderrätsels ist einmal durch den lateinischen Namen für Floh (*pediculus* = kleiner Fuß) und durch das germanische Wort *Lamm* gegeben, aus dem man ein Wortspiel mit *lahm* ableitete. Gemeint wäre demnach der hinkende Gott, der die Ketten schmiedet, also Odin

Kapitel 7

Das Geheimnis des Schreins von Auzon

Auzon ist ein hübscher, kleiner Marktflecken, der in der Art eines Amphitheaters angelegt ist. Er wurde auf einem Vorgebirge aus Granitgestein zwischen Issoire und Brioude errichtet. Die Haute-Loire und der Puy-de-Dôme fließen um Auzon herum. Der Ort schaut in zwei Täler, und in der reißenden Allier zu seinen Füßen springen Lachse. Zwei Wege führen nach Auzon, der von Champagnac-le-Vieux und der von Saint-Martin-d'Ollières. Auzon hat 1200 Einwohner und muß schon vor sehr langer Zeit gegründet worden sein. Das beweist sein Name, der aus dem gallischen *alès* abgeleitet ist und «Felsen» bedeutet.

In Auzon gibt es die Ruine eines Feudalschlosses, aber das eigentlich bemerkenswerte alte Bauwerk ist die Kollegkirche, die dem Heiligen Lorenz geweiht ist.

Eine romanische Kirche? Das sagt sich schnell. Richtiger ist vielleicht: eine Mischung aus Romanik und Gotik. Die Rundbögen sind romanisch, das Kreuzrippengewölbe und das der Kuppel ist im Stil wisigotischer Kirchen gebaut, wie wir sie aus Spanien kennen. Der Glockenturm paßt in seinen Proportionen überhaupt nicht zur Kirche, und auch der Chor ist im Verhältnis zum Hauptschiff überproportioniert.

Innen wie außen wirkt diese Kirche auf jeden Fall höchst merkwürdig. Über dem Portal erkennt man zwei Griffons (Greife), und auf einem der Kapitelle steht eine Christusfigur mit einem Pergament in der Hand, flankiert von zwei Aposteln, von denen jeder ein Buch hält. Ein Sinnbild für die Überlegenheit der Tradition über das Dogma. Das gleiche Thema wird noch einmal in anderer Form ausgedrückt: auf einem weiteren Kapitell halten zwei junge Männer den Arm eines bärtigen Greises.

In einer der Nischen, neben anderen Heiligen, steht eine seltsame Figur. Sie ist wie ein Bauer gekleidet, hat einen Filzhut auf dem Kopf, in der einen Hand hält sie ein Winzermesser, in der anderen eine Weinrebe, zu ihren Füßen liegt ein kleines Weinfaß. Diese bacchantische Gestalt ist ein Überbleibsel, gegen «das man einen unerbittlichen Kampf führt und das man mit allen Mitteln aus der Kirche auszustoßen versucht hat».[1] Es ist der Heilige Vernis, der jedoch in keinem Heiligen-Kalender erwähnt wird.

Im vergangenen Jahrhundert haben fromme Exegeten mit allen möglichen sprachgeschichtlichen Verrenkungen versucht, aus ihm den Heiligen Werner zu machen. Ein katholischer Heiliger, der besonders in Deutschland verehrt wird. Doch dieser Werner ist unglücklicherweise als Opfer eines Ritualverbrechens ums Leben gekommen und hatte auch nicht im entferntesten irgendeine Beziehung zu Wein oder Weinernte. So jedenfalls berichtet die Legende.

Wie kam der Heilige Vernis in die Kirche von Auzon? Eine Vereinigung von Bauern hatte seine Statue, die sie zu Frühlingsanfang in einer Prozession durch ihre Weinberge trug, der Kirche förmlich aufgedrängt. Vernis ist

[1] *Grasset d'Orcet,* a. a. O.

also ein Heiliger des Frühlings, vor allem aber ein in dieser Gegend heimischer Heiliger. Sein Name kommt aus dem proto-germanischen *boern,* mit dem die Idee der Geburt ausgedrückt wird. Aus dieser Wortwurzel stammt unser deutsches Wort *bauen* genauso wie das Substantiv *Bauer.*[1] Der Heilige Vernis ist also sowohl *Heide* wie *Erbauer.* Ein *heidnischer Erbauer?*[2]

Wie kam diese pseudo-germanische Gestalt ins Velay, dem Gebiet des Languedoc? Weil dieses Gebiet – so berichten uns die alten Historiker – einst von den Geten, also den Goten, besiedelt war. Sie haben übrigens ihre Spuren bis heute in den Ortsnamen hinterlassen. So gibt es nicht weit von Auzon entfernt ein kleines Flüßchen mit dem Namen Goth, das der Gemeinde Giat Wasser liefert, und wahrscheinlich ist auch der Spitzname «Gavots» für die Bewohner dieser Gegend aus der Erinnerung an die Goten entstanden.[3]

Als der wisigotische König Theoderich II. (453–466), der Arianer war und in Toulouse regierte, seinen Machtbereich bis in die Auvergne ausbreitete, hatte er ziemlichen Ärger mit der dort herrschenden Priesterschaft, beson-

[1] ebenda

[2] *boern* hat den Sinn von «Eingeborener», «Mann des Landes», also «Bauer». Es waren immer die Bauern, lateinisch *«pagani»,* die am längsten die religiösen Traditionen ihrer Vorfahren bewahrten, genauso wie deren Bau- und Anbautechniken. Deshalb nannte man verständlicherweise jene, die sich der Christianisierung widersetzten, ebenfalls *«pagani»,* französisch *«païen» (Heide)*

[3] Siehe *Grasset d'Orcet,* (a. a. O.) Die Katalanen nennen ihre Nachbarn im Languedoc, dem ehemaligen Gotien, «Gavatch». Auch heute noch bedeutet dieses Wort «Bergbewohner», genauer «Mann der Gaves». Gaves sind die Sturzbäche der Pyrenäen, deren Wasserfälle melodisch herabstürzen, so daß man ihnen den Namen von Vogelkehlen gab

ders mit Sidonius Apollinaris, dem Bischof von Clermont.[1] Um die Provinz fest in seine Gewalt zu bekommen, ernannte Theoderich einen Wisigoten zum Grafen der Auvergne. Dieser Graf von Auvergne, namens Victor, ließ im 5. Jahrhundert die Kirche von Auzon erbauen, die im Laufe der Jahrhunderte mehrmals umgebaut wurde.

1850 machte man in dieser Kirche eine aufsehenerregende Entdeckung.

Bei Restaurierungsarbeiten fand sich ein merkwürdiger Schrein. So bemerkenswert, daß viele Archäologen mit allen Tricks versuchten, ihn in ihren Besitz zu bekommen. Es war ähnlich wie bei dem Schatz von Fuente de Guarrazar, und auch dieses Stück wurde aus dem Land, in dem er einst versteckt und nun wiedergefunden worden war, entführt. Nachdem der Schrein über Clermont-Ferrand nach Paris gekommen war, landete er im Britischen Museum in London. Das war im Jahre 1867. Dort wurde er unter der Bezeichnung «Franks-Schrein» registriert. Franks war der Name des englischen Archäologen Sir Augustus Wollaston Franks, der sich eingehend mit diesem Stück befaßt hatte. Doch der Schrein im Britischen Museum ist nicht vollständig, eine der Facetten fehlt, sie ist im Bargello-Museum von Florenz zu besichtigen.

Der Schrein von Auzon ist aus einem einzigen Walfischknochen gefertigt. An seiner Vorderseite sind zwei außerordentlich fein geschnitzte Szenen zu erkennen, die von Runen-Inschriften umrahmt sind. Auf einer Seitenwand ist eine sehr einfache Szene eingeritzt, und auf der

[1] Siehe Erster Teil, Kapitel 2

Hinterfront schließlich entdeckt man eine zweite Runen-Inschrift.

Betrachten wir zunächst einmal die Vorderseite genauer. Sie ist die wichtigste. Auf der rechten der beiden Szenen ist die Anbetung der heiligen drei Könige dargestellt, also ein christliches Motiv. Zwei der drei Könige, über denen ein Gestirn schwebt, tragen einen Kelch in der Hand, der dritte König wahrscheinlich eine Pflanze. Alle drei verneigen sich vor der Jungfrau, die das Kind auf ihrem Schoß hält. Mutter und Kind haben je einen Heiligenschein. Es gibt keinen Zweifel an dem Sinn dieser Darstellung, da der Künstler sie außerdem mit einer kleinen Inschrift versehen hat, in der, mit Runen geschrieben, das lateinische Wort *magi* – die Magier, die hl. drei Könige – vorkommt.

Und dennoch gibt es im Verhältnis zur klassichen Drei-Königs-Legende in dieser Darstellung drei bemerkenswerte Abweichungen. Es sind dies, in der Reihenfolge ihrer Wichtigkeit:

1) Die Jungfrau beugt sich nicht über eine Krippe, sondern sie sitzt auf einem Thron, um auf diese ungewöhnliche Weise ihre Überlegenheit dem Kind gegenüber zu demonstrieren.

2) Die Weisen werden nicht von einem Stern, sondern von der Sonne geleitet.

3) Den drei Königen voran fliegt ein Vogel. In keiner der christlichen Geburtslegenden ist von ihm die Rede.

Die zweite Darstellung auf der Vorderseite des Schreins ist aus einer ganz anderen Gedanken- und Glaubenswelt, zumindest auf den ersten Blick, und entsprechend schwieriger zu interpretieren. Ein offenbar hinkender Schmied arbeitet am Amboß. In seiner rechten Hand hält er eine Schale, in der linken eine große Zange, in die ein Menschenkopf eingeklemmt ist. Zu seinen Füßen liegt ein enthaupteter Mensch, dessen Kopf offensichtlich der in der Zange ist. Dem Schmied gegenüber sitzt eine Frau und reicht ihm so etwas wie eine kleine Krone oder großen Reif. Eine andere Frau steht hinter der ersten. Sie hält in ihrer rechten Hand etwas ähnliches wie eine Börse oder Tasche. Auf der rechten Seite, mit dem Rücken zu dieser Gruppe, steht eine vierte Gestalt, die, nach der Bekleidung zu urteilen, ebenfalls eine weibliche Figur sein dürfte. In jeder Hand hält sie einen langhalsigen Vogel. Zwei andere Vögel, den beiden in ihren Händen ähnlich, sind – der eine sitzend, der andere fliegend – neben ihr eingraviert.

Diese beiden Darstellungen der Vorderseite sind von einer Runeninschrift eingefaßt, die sich jedoch überhaupt nicht auf diese Darstellungen bezieht, sondern die übersetzt folgendermaßen lautet:

WALFISCHKNOCHEN: DIE FLUT WARF DEN FISCH AUF DIE FELSIGE KÜSTE ZURÜCK. DER VON DEN FANGSPIESSEN VERWUNDETE FISCH WAR UNGLÜCKLICH, ALS ER ANS UFER SCHWAMM!

Auf der Seitenwand des Schreins zeigt eine einfache Darstellung einen Bogenschützen, der in seiner Burg belagert wird.

Die Runen-Inschrift auf der Rückseite des Schreins ergibt folgende Übersetzung:

ROMWALDUS UND REUMWALDUS, DIE BEIDEN BRÜDER, EINE WÖLFIN HAT SIE IN ROM GESÄUGT, WEIT ENTFERNT VON IHREM LAND!

Die Erklärung für die Darstellung des Schmieds auf der Vorderseite und für die des Bogenschützen auf der Seitenwand findet, wer in dem poetischen Teil der Edda und im «Völundarkvida» (dem Lied von Völund) liest.

Völund ist der Jäger, «der die Zeit und das Wetter kennt». Eines Tages, als er die Spur eines Bären im Wald verfolgt, trifft er auf vier Schwäne, die jedoch verzauberte Frauen sind. Eine der Frauen ist Swanhilde, die Frau des Gotenkönigs Ermanarich. Sie verliebt sich in ihn. Er nimmt sie ins Tal des Wolfes mit, wo er lebt. Doch eines Tages ist Swanhilde verschwunden.

Völund, am Amboß genau so geschickt wie auf der Jagd, schmiedet Armreifen, während er auf Swanhildes Rückkehr wartet. Siebenhundert hat er nach und nach geschmiedet, und einer davon besitzt Zauberkräfte. Dieser ist für Swanhilde bestimmt.

König Nidud hat von Völunds Geschicklichkeit gehört, und eines Tages, während Völund auf der Jagd ist, schickt der König seine Leute ins Tal des Wolfes, um den magischen Reif in seinen Besitz zu bringen. Als Völund zurückkehrt und seine Reife zählt, entdeckt er zwar, daß er bestohlen wurde, aber er schläft ein. Als er erwacht, ist er angekettet, gefangen. Er wird vor Nidud geführt, der ihn zwingt, in seiner Schmiede zu arbeiten; damit er nicht weglaufen kann, bricht er ihm ein Bein.

Völunds Rache ist furchtbar: er tötet die zwei halbwüchsigen Söhne Niduds und schnitzt aus ihren Schädeln Trinkgefäße, die er ihrem Vater schickt. Als eines Tages Bödwild, die Tochter des Königs, ihm einen Reif zum Reparieren bringt, erkennt er, daß es jener mit den magischen Kräften ist. Er vergewaltigt Bödwild und flieht, indem er sich in die Lüfte erhebt, wozu er durch die Zauberkraft des Reifs, der ihm Vogelgefieder auf den Armen wachsen läßt, in der Lage ist.

Diese Geschichte und nichts anderes ist auf der Vorderseite des Schreins von Auzon dargestellt. Und der Bogenschütze auf der seitlichen Darstellung ist niemand anderes als Völunds Bruder Egil, der nach einer anderen Edda-Geschichte in seiner Burg belagert wurde.

«Das Lied von Völund», schreibt Renauld Krantz in seiner *Anthologie de la poésie nordique ancienne,* «ist mit ziemlicher Sicherheit gotischen Ursprungs.» Tatsächlich wird ja in dieser grausamen Saga um den rachsüchtigen Schmied durch die zwiespältige Figur der Swanhilde der berühmte gotische König Ermanerich II., der im vierten Jahrhundert lebte, namentlich erwähnt. Ein Beweis mehr, daß dieser Schrein nicht zufällig nach Auzon gekommen ist, sondern daß er mit klarer Absicht von den Erbauern der Kirche, den Wisigoten, in dieser aufgestellt wurde.

Zumal der Schrein – und darüber sind die Archäologen mit uns und untereinander einig – liturgischen Zwecken diente.

Der Schrein ist so außergewöhnlich interessant, weil er in seinen Darstellungen altes Glaubensgut unter dem Schleier einer neuen religiösen Ausdrucksweise versteckt. Bei diesen «Bilderfolgen» ziehen Szenen der alten gotischen Mythologie und solche der christlichen vor unseren Augen vorbei. Und beide sind nicht etwa gegeneinander abgesetzt, sondern ergänzen sich in ungebrochenem Ablauf.

Aus diesem Blickpunkt ist die Wahl des Motivs von der Anbetung der heiligen drei Könige durchaus nicht zufällig, sondern sie drückt die Anerkennung der Legalität des Christentums aus. Das Christentum wird dadurch als eine neue religiöse Form symbolisiert, die von den in

Hinterseite

Seitenwand

Zwillinge
(Romulus und Remus)
Wolf
(Konstellation)

Schütze
(Egli)

Fische

Skorpion
(Völund) Schwan
(Konstellation)

Sonne
Jungfrau Rabe
(Konstellation)

Vorderseite

früheren Glaubenslehren Eingeweihten übernommen wird. Die früheren Glaubenslehren – das war das gemeinsame Erbe der drei großen heidnischen Gruppen, aus denen sich zu jener Zeit die damals bekannte Menschheit zusammensetzte.

Mehr noch! Dieser versteckte Symbolismus erklärt auch, warum die Darstellung von der Anbetung durch die heiligen drei Könige in einigen Einzelheiten nicht mit der allgemeinen christlichen Überlieferung übereinstimmt. Denken wir nur an den Vogel – der ganz anders dargestellt ist als die langhalsigen Schwäne der zweiten Szene –, der den Königen vorausfliegt, ferner an die Sonne anstelle des Sterns und an den Thron, auf dem die Jungfrau sitzt.

Alles Zeichen, die eine «gotische» Deutung erlauben: Geführt von den Raben des Odin-Wotan, ziehen die drei Könige nicht etwa im Dunkel der Nacht, sondern bei hellstem Sonnenlicht – also vollkommen bewußt – dem neugeborenen Gott entgegen, um ihm ihre Ehrerbietung zu erweisen. Ihm, dem letzten Nachkommen einer Glaubenswelt, die über allem steht, unabänderlich. Was aber ist beständiger als die Anordnung der Sterne?

Aus dieser Erkenntnis heraus ist es für uns zweifelsfrei, daß der oder die Schöpfer des Schreins von Auzon in ihm eine versteckte astrologische Bedeutung zusätzlich eingearbeitet haben.

Untersuchen wir einmal die Gestalt von Völund, dem Jäger, «der die Zeit kennt». Er verfolgt den Bären und trifft den Schwan. Er hat, wenn man die Symbole richtig deutet, das Benehmen eines Priester-Astrologen auf der Suche nach dem Polarstern.[1]

Außerdem hinkt Völund genau wie Vulkan, und auch dieser Schmied-Gott ist mit einer Zange ausgerüstet. Beide sind mit Zauberkräften und außergewöhnlicher

---

[1] Der Zeitpunkt der Tag- und Nachtgleiche, d. h. die scheinbare Verschiebung der Frühlingsgleiche, verändert sich alle 72 Jahre um ein Grad. Die Dauer der Drehung der Erdachse beträgt demnach 25 900 Jahre. Durch diese Drehung zeigt die Erdachse im Laufe der Jahrtausende auf verschiedene Polarsterne. Der jetzige Polarstern ist der Stern Delta im Sternbild des Kleinen Bären; zwischen 10 900 und 13 600 wird es der Doppelstern Albireo sein, der den Kopf des Sternbildes «Schwan» darstellt. Dieses astronomische Wissen steckt auch in dem Rätselwort, das auf dem Grab des Herzogs Jean de Berry steht: «Oursine (ours = Bär, sine = Cygne = Schwan) le temps viendra» (die Zeit wird kommen)

Sex-Potenz ausgestattet. Und da er fähig ist, zu fliegen, gehört er dem Tierkreiszeichen Skorpion an, das ursprünglich durch den Adler symbolisiert wurde.

Sein Bruder, der Bogenschütze Egil, der auf der einen Seitenwand dargestellt ist, symbolisiert eindeutig den Schützen.

Was nun die beiden Runen-Inschriften betrifft, so bezieht sich die erste logischerweise auf das Sternbild der Fische und die zweite, in der von Romulus und Remus die Rede ist, auf das Sternbild der Zwillinge.

Die drei Seitenwände des Schreins von Auzon, die man im Britischen Museum betrachten kann, sind also absolut mit den Hörnern von Gallehus zu vergleichen: Auch sie stellen eine verschlüsselte, aber völlig korrekte Himmelskarte dar.

8. Kapitel

Die «Gavots» und die Sprache der Vögel

Bis zum 18. Jahrhundert gab es in Südwest-Frankreich und in Nordwest-Spanien eine Kaste der Unberührbaren, die jener der Parias in Indien entsprach. Wer dazugehörte, mußte total abgesondert leben. Sie waren in Ghettos zusammengefaßt und verpflichtet, ein bestimmtes Abzeichen zu tragen: eine rote Patte in Form einer Hand, die auf den rechten Ärmel aufgenäht werden mußte. Kirchen durften sie nicht durch das Hauptportal betreten, auch war es ihnen untersagt, das allgemeine Weihwasserbecken zu benutzen. In einigen Kirchen des Südens, z. B. in Libourne und in Saint–Bertrand-de-Comminges, sind heute noch die kleinen Türen und die speziellen Weihwasserbecken zu sehen, die nur für sie bestimmt waren. Wenn ein Priester ihnen die Hostie reichte, dann nur an einem Stock aufgespießt. Selbstverständlich hatten sie auch nur die Möglichkeit, unter sich zu heiraten. Auch nach ihrem Tode bleiben sie abgesondert, sie hatten keinen Anspruch auf dem Friedhof, also auf geweihtem Boden, beerdigt zu werden, sondern man begrub sie in Talsenken oder nahe der Küste.

Diese Parias wurden «Cagots» genannt.

Ihr entwürdigendes Schicksal steckt voller Eigentümlichkeiten. Warum mußten sie so abgesondert leben? Schließlich war das Land Occitanien eine Insel des Liberalismus inmitten eines sehr dogmatischen mittelalterlichen

Europa. Rassismus kannte man nicht. Man war gastfreundlich gegenüber den Goten wie den Juden und den Arabern. Die Absonderung der Cagots ist also sicher nicht aus rassischen oder völkischen Vorurteilen erfolgt.

Auch religiöse Gründe kann man ausschalten, wenn auch die Absonderung zum ersten Mal 1288 erwähnt wird, also nach der Zerschlagung des toleranten «catharischen Occitanien» und dem erneuten Aufleben der aggressiven Inquisition. Aber die Cagots blieben ja der Messe nicht fern, im Gegenteil, sie scheinen sehr fromm gewesen zu sein, wie aus einem alten Text hervorgeht, nach dem man ihnen Almosen geben soll «zum Dank für ihre Frömmigkeit und ihre Absonderung».

Um dem Volk diese Absonderung zu erklären, behauptete man, die Cagots wären «Gavots». Da aber niemand wußte, oder richtiger: sich keiner mehr erinnern konnte, was darunter zu verstehen sei, erklärte man einfach, «Gavot» bedeute «Leprakranker». Aber in der Sprache Occitaniens, der Langue d'oc, ist die Verwendung des Worts «Gavot» für «leprakrank» äußerst selten, und außerdem haben zahlreiche Gelehrte, u. a. Manveille, Fay und Auzouy, die sich mit den Cagots zwischen dem 17. und dem 19. Jahrhundert beschäftigten, bestätigt, daß sie absolut gesund gewesen seien, und zwar in jeder Beziehung.

Im Jahre 1867 schrieb der Mediziner Auzouy mit boshaftem Seitenhieb auf die Absonderung, die man den Gavots auferlegt hatte: «Die Gavots haben eine völlig normale Konstitution; da sie also nicht krank sind, haben sie auch keine Genesung zu erwarten, ausgenommen eine Gesundung der öffentlichen Moral in jenen Gegenden, in denen sie leben.»

Die öffentlich betriebene Absonderung der Cagots scheint also ein Geheimnis zu bleiben. Doch zunächst einmal: Wo kamen sie her?

Waren sie vielleicht die letzten Nachkommen eines untergegangenen Volkes? Das ist gar nicht so unwahrscheinlich, denn in ihrem Äußeren unterschieden sie sich wesentlich von der übrigen Bevölkerung der Pyrenäen; sie waren klein, blond und hatten blaue Augen.

1625 bereits behauptet Oihenart, die Cagots stammten von den arianischen Goten, und nannte für ihre Absonderung zwei Gründe: Sie waren weder aus dieser Gegend, noch waren sie strenggläubig im landläufigen Sinn. Die gleiche Herkunft wird ihnen in einem alten occitanischen Gedicht nachgesagt, das heute noch bei der Feierabend-Arbeit gesungen wird. Seine Verse lassen die Cagots von den Ostrogoten abstammen und präzisieren:

> Das Land, in dem sie geboren wurden,
> Ist einst verbrannt worden
> Durch eine Horde von Sarazenen,
> Die Gott verachteten.
> Zurückgeblieben unter uns,
> Sind sie die letzten eines Heeres,
> Das nicht mehr vorwärtsschreiten konnte.

Selbstverständlich kann man von einem Volkslied nicht die wissenschaftliche Genauigkeit einer geschichtlichen Datierung verlangen, aber dieses Gedicht enthält andererseits einige interessante Hinweise: Das Herkunftsland der Cagots, das von Sarazenen überfallen wurde, war möglicherweise das spanische Wisigotenreich, und die Cagots könnten die letzten Nachkommen aus einem

Heer sein, das sich den Wisigoten angeschlossen hatte und nach deren Niederlage nach Norden geflohen war, bis sich die Männer und Frauen in Asturien und nahe der Atlantik-Küste ansiedelten. Tatsächlich fanden sich Spuren dieser Cagots in Spanien bei Guipúzcoa, Navarra und in der Gegend von Jaca sowie in benachbarten Gebieten Frankreichs: der Gascogne, Béarn und Comminges.

Schlägt man in einem Wörterbuch unter dem Stichwort «cagot» nach, so findet man, z. B. im Quillet, folgende Erklärung:

«CAGOT *(Canis Gothi,* Hund der Goten): beleidigende Bezeichnung für Volksstämme, die man verachtete. Einige Vertreter solcher Volksstämme existieren noch in bestimmten Gebieten Frankreichs, besonders am Fuß der Pyrenäen.»[1]

Diese Begriffsbestimmung ist ohne Zweifel richtig. Man kann sogar auf den Umweg über das Lateinische verzichten, denn in der Sprache Occitaniens, der Langue d'oc, schreibt man «chien» (Hund) *can* und spricht es *ca* aus, und man schreibt «goth», das aber *got* ausgesprochen wird.

Die etymologische Erklärung «Hund der Goten» kann aber doch nicht ohne weiteres akzeptiert werden, denn auf occitanischem Boden haben die Goten höchst respektable Erinnerungen hinterlassen: Ein Berg heißt noch immer nach König Alarich, Castelnaudary entstand aus «Castell novo ariens» («Neue Burg der Arianer»), und wir erinnern uns, daß die Bewohner von Toulouse noch im 17. Jahrhundert «die Zinsfreiheit, die ihnen von den

---

[1] Zitiert nach der Ausgabe von 1935. Das Zitat beweist, daß damals noch Cagots existierten. Wir selbst haben 1967 in Luz-Saint-Sauveur eine alte Frau fotografiert, die als «cagote» bezeichnet wurde

guten gotischen Königen zugesichert worden war», verteidigten.

Ähnliche Hinweise finden sich in Spanien: Dort ist die Bezeichnung «Hidalgo» synonym für Adel, und sie heißt nichts anderes als «Sohn der Goten». Warum also sollte man den Nachkömmlingen der Goten ein Schimpfwort wie «Hund der Goten» anhängen? Nein, Cagot, Hund der Goten, hat keine abwertende Bedeutung, sondern muß im Sinne von «Treuer Diener der Goten» verstanden werden. Dies entspricht etwa dem Wortspiel mit dem Begriff *Dominikaner,* aus dem man *domini canes* (Hunde Gottes) gebildet hat, in Anspielung auf ihre exemplarische Treue der römischen Kirche gegenüber.

Nach dieser Auslegung wären die Cagots nicht die Nachkommen der Goten, sondern eines Volkes oder einer Menschengruppe, die zum Gefolge der Goten gehörte und die für die Goten arbeitete.

Wenn sich dafür eine Bestätigung fände, wäre die Absonderung der Cagots erklärt. Vielleicht ist dies eine: Bedenken wir, daß, dem Wortursprung nach, «Segregation» (Absonderung) das Synonym für «Sakralisation» ist (sinngemäß übersetzt: Heiligsprechung). Das Wort «sacré» (heilig) stammt ja vom Lateinischen *sacer,* was geweiht, heilig, verwünscht, verflucht, separiert, abgesondert bedeutet.

So erklärt sich auch das Wort «Sacerdoce» (Priesteramt), denn ursprünglich hielt man die Ausübung dieses Berufs nur mit Hilfe magischer Kräfte für möglich, so daß aus diesen Berufenen «abgesonderte Menschen» der Allgemeinheit gegenüber wurden. Ihre Tätigkeiten, einerseits helfend, anderseits drohend, wirkten auf alle Fälle geheimnisvoll. Weil sie ihr Geheimwissen für sich behielten, verbreiteten sie sowohl Achtung wie Furcht: das alles steckt in dem Wort «sakral». Wenn aber die Furcht über die Achtung siegt, gelten diejenigen, die eine «sacerdotale» (priesterliche) Kunst ausüben, als aus der Gemeinschaft verbannt. Das widerfuhr zum Beispiel den Zigeunern, die einst in Indien eine geachtete und gefürchtete Vereinigung von Schmieden gewesen waren. Als jedoch eines Tages die Außenstehenden vor ihrem mysteriösen Umgang mit Feuer und Metall einen «heiligen Horror» bekamen, wurden die Zigeuner ins Exil verbannt und zum ständigen Herumirren wie zur Verachtung verurteilt.

Vielleicht war es auch bei den Cagots so, daß sie eine bestimmte Tätigkeit ausübten, die ebenfalls den Charakter einer «priesterlichen Kunst» hatte. Denn die Cagots waren ausschließlich Maurer, Steinmetze und vor allem Zimmerleute, die sich besonders dem Kirchenbau widmeten.

Schenkt man einem occitanischen Gedicht Glauben, so widerfuhr ihnen ein ähnliches Schicksal wie einst den Zigeunern:

Cagot aus Kanaan, Abschaum der Zimmerleute,
vom Osten zum Westen, warum bist du
    gekommen?
Weiche der Antwort nicht aus, hoffe nicht, durch
    Schweigen
Deine Geschichte den Völkern der untergehenden
    Sonne zu verheimlichen.
Wir kennen sie, Cagot: die Bibel berichtet,
Warum du aus deinem Land vertrieben wurdest.
Du wolltest deinem Herrn einen Tempel bauen,

Du, der noch nicht einmal einen Schweinestall
errichten kannst.
Nichts kannst du erbauen, und mit Recht
Hat dich der große König Salomo vom Bauplatz
verjagt.

Doch kann man den Vorwurf der beruflichen Unfähig-
keit von vornherein aus diesem legendären Gedicht eli-
minieren. Er ist, was die Cagots betrifft, sowohl absurd
wie verleumderisch.
Wieso hätten die Cagots Bauhandwerker sein können,
wenn sie dafür keinerlei Voraussetzungen mitgebracht
hätten? Der Autor des Gedichts widerspricht sich übrigens selbst, denn einige Zeilen später heißt es:

Das ist die große Cagoterie,
Alles Männer, die ihr Fach verstehen,
Die die schönen Schlösser bauen,
Die rote Kokarde am Hut,
Die handförmige Patte auf der Schulter.[1]

[1] Die letzte Zeile des Gedichts läßt vermuten, daß es sich um die
Baumeister-Bruderschaft des «Ordens zum Tempel zu Jerusalem»,
den Templern, gehandelt haben dürfte. Der Orden wurde nach einem
höchst umstrittenen Prozeß verboten, die einzelnen «Bauhütten» existierten weiter, so daß die Cagots die Baumeister der Kathedralen
gewesen sein können und nun ohne Schutz durch den Orden als
Ausgestoßene leben mußten. Diese Bauhandwerker des Ordens trugen auf der rechten Seite ihrer braunen Kutte nicht das Kreuz wie die
Ritter, sondern eine handförmige Patte als Zeichen dafür, daß sie
unter dem Schutz des Ordens standen. Mehr darüber in Louis Char-
pentiers «Macht und Geheimnis der Templer», Walter-Verlag, Olten.
(A. d. Ü.)

Tatsächlich verdankt die Pyrenäen-Gegend den Cagots zahlreiche hervorragende Bauwerke. Sie waren es auch, die die Stadt Cauterets gründeten, die das Montaut-Viertel von Toulouse bauten und vor allem die zahlreichen Kirchen vom 8. bis zum 12. Jahrhundert, besonders die wunderschöne Abtei von Saint-Savin in der Nähe von Argelès.

Interessanterweise tauchen diese abwertenden Anschuldigungen erst relativ spät auf, nämlich im 16. Jahrhundert, bemerkenswerterweise genau zu der Zeit, in der es Mode wurde, über die gotische Kunst die Nase zu rümpfen.

Das Gedicht aber verrät eines: In den Cagots sah man die Nachfahren der Erbauer des Tempels von König Salomo – selbst wenn sie deshalb verdammt wurden. Dieses Gedicht ist ein Gedicht für Eingeweihte einer Berufs-Bruderschaft, aus der vermutlich die Freimaurer hervorgegangen sind.

Unter einer «Compagnonnage», einer Bruderschaft, verstand man die geheimen Zusammenschlüsse von Angehörigen einer Berufsgruppe. Als erste diese Bruderschaften bildete sich im 13. Jahrhundert die der Bauleute. Diese Gründung (durch die Zerschlagung des Templerordens ausgelöst) hatte zwei Motive: Einmal wollte man sich damit gegen die Abhängigkeit in der Arbeit zur Wehr setzen, zum andern aber wollte man durch die Auswahl der Einzuweihenden die Geheimnisse der Baukunst nicht der Allgemeinheit preisgeben. Obgleich in drei verschiedene Zweige aufgeteilt, behielt diese Bruderschaft bis ins 15. Jahrhundert den gemeinsamen Namen «Bruderschaft der Pflicht». Diese drei Zweige leiteten sich von den drei legendären Gründern der Bruderschaft ab: Hiram, Meister Jacques und Soubise, die alle drei als die Erbauer des Tempels Salomos gelten.

Die Mitglieder der «Bruderschaft der Pflicht» (franz. du Devoir,) nannten sich intern «Devoirants»; waren Fremde dabei, bezeichneten sie sich als «Dévorants», um ihre Zusammengehörigkeit zu kaschieren. In dieser Bezeichnung steckt ein Wortspiel, denn *dévorer* heißt im französischen *zerfleischen*. Ein Dévorant wurde je nach dem Grad seiner Weihen durch einen Fuchs, einen Wolf oder einen Hund symbolisiert.

Aus diesen Symbolen und aus dem Zwang, daß sich die «Dévorants» nur im Dunkeln und Geheimen treffen konnten, hat sich bis heute die französische Redensart «entre chien et loup» («zwischen Hund und Wolf», was soviel wie «in der Dämmerung» bedeutet) erhalten.

Da sie ständig von Bauhütte zu Bauhütte zogen, immer weit von ihrem Heimatland entfernt, nannte man sie auch die Passanten oder die Fremden (les Estrangers), wobei die letzte Bezeichung eine Anspielung auf ihre fremdartigen Riten, ihre Sprechweise und ihre Werke war.

Jene «Dévorants», die sich als Nachfolger Hirams zum ältesten der drei Zweige zusammengeschlossen hatten, nannten sich «Compagnons Estrangers du Devoir de Liberté» (Bruderschaft der Fremden aus Freiheitspflicht). Sie bezeichneten sich auch – und dies noch heute, denn es gibt sie noch – «Kinder Salomos». Ihr Wappen war der aus zwei Dreiecken gebildete sechszackige Stern, der als Siegel Salomonis bekannt ist, und ihr geheimes Alphabet ist unter dem Namen «Pendel Salomos» bekannt. Nur Baumeister, Zimmerleute, Steinmetze und Bildhauer konnten aufgenommen werden. Allen anderen Berufen blieb dieser Zweig verschlossen.

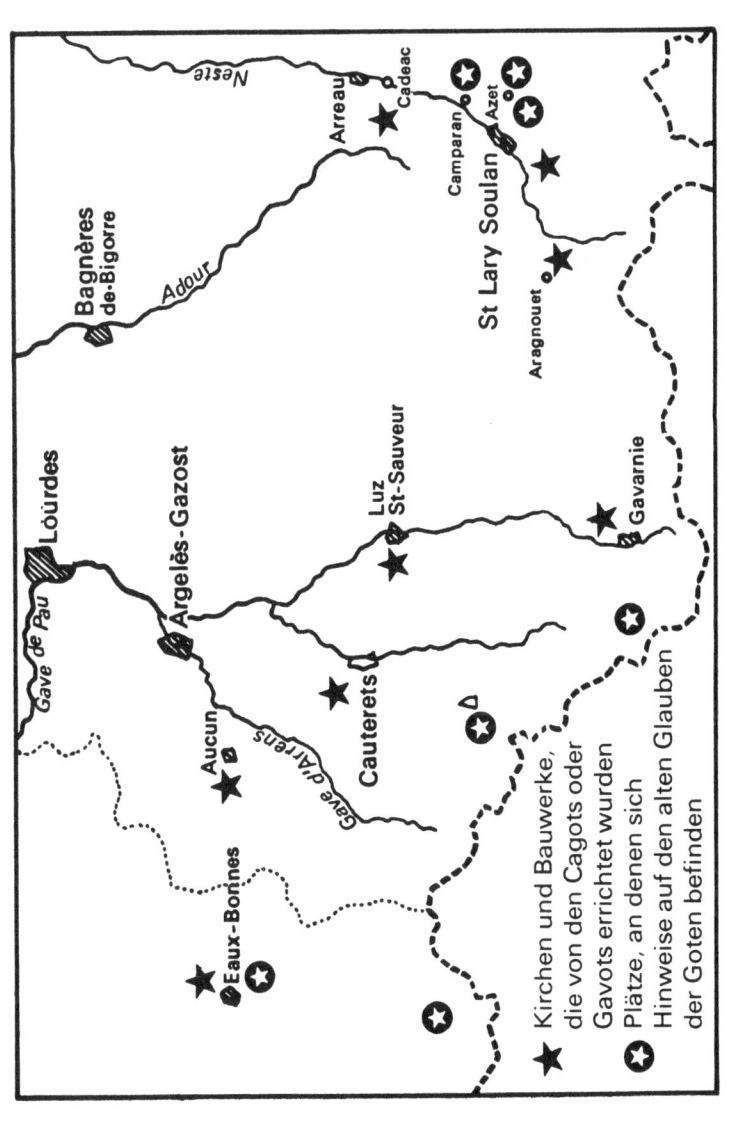

Kirchen und Bauwerke,
die von den Cagots oder
Gavots errichtet wurden

Plätze, an denen sich
Hinweise auf den alten Glauben
der Goten befinden

Anhand von Tatsachenkombinationen glaubt man, daß diese «Compagnons» die direkten Erben der Cagots waren, Baumeister wie sie, aber auch bereits vor ihnen. Zunächst die geographischen Tatsachen: Das Pyrenäen-Gebiet scheint die Wiege der Bruderschaft gewesen zu sein, und in Occitanien begann ihre Verbreitung. Hierzu liefert die Geschichte der Bruderschaft interessante Aufschlüsse: Meister Jacques, einer der legendären Begründer, wurde in dem Pyrenäendorf Carte geboren. Der zweite Gründer, Soubise, soll aus Jerusalem gekommen und in Bordeaux an Land gegangen sein. Der dritte Gründer, Hiram, ist eine Figur aus dem Alten Testament. Er soll auf dem Bauplatz von Salomos Tempel ermordet aufgefunden worden sein.[1]

Wichtige Hinweise für den geographischen Ursprung der Bruderschaft enthält auch jenes *Chanson de geste*[2] aus dem 13. Jahrhundert, das nach seinem Helden *Renaud de Montauban* betitelt ist. Dieser Renaud, ein occitanischer Ritter, nimmt an einer Kreuzfahrt nach Jerusalem teil, läßt sich dort als Bauarbeiter bei der Errichtung einer Kathedrale anstellen und wird, genau wie Hiram, auf dem Bauplatz ermordet.

Außerdem befinden sich ausgerechnet im Pyrenäengebiet sowohl jene Kirchen, die von den Cagots vor dem 12. Jahrhundert errichtet wurden, wie auch eine Zusam-

---

[1] Die Bibel (Buch der Könige I) assoziiert zwei verschiedene Hiram beim Bau des Tempels: Hiram, der König von Tyrus, liefert das wertvolle Holz, der andere Hiram ist der Erbauer der berühmten Säulen

[2] Die Chansons de geste entstanden um 1100 in Nordfrankreich und sind «Gesänge der Helden»; aber auch Königslieder, Vasallenlieder und Empörerlieder gehören dazu. Das älteste und zugleich bedeutendste ist das *Rolandslied*

menballung von Kirchen, die vom 12. Jahrhundert an dort von den «Devoirants» erbaut wurden. Die einen wie die anderen liegen genau auf dem «Pilgerweg nach Compostela», so Saint-Savin, Luz-Saint-Saveur, Gavarnie, Tramesaïques, Arreau, Aragnouet, Cadéac und andere. Es lohnt, sich dies zu merken.

Aber den vielleicht überzeugendsten Beweis, daß es eine klare Abstammungslinie von den Goten zu den Cagots und von der Cagoterie zu den «Compagnons du Devoir de Liberté» gibt, liefert die Geheimsprache, die die Angehörigen der Bruderschaft untereinander benutzten. Erinnern wir uns, daß diese sich untereinander mit Tiernamen titulierten. Allein schon dadurch liegt die Vermutung nahe, daß die Bruderschaft viel ältere Einweihungsriten bewahrte, die bereits zu einer Zeit existierten, als die

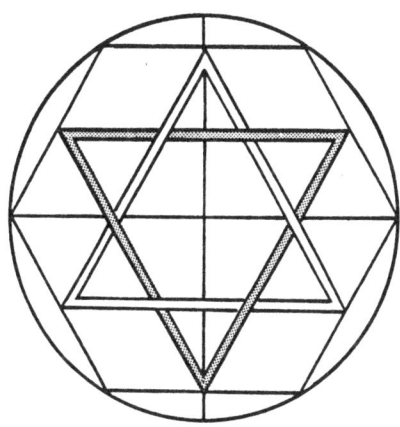

Das Siegel Salomonis, Zeichen der «Compagnons Estrangers du Devoir de Liberté». Es ist sowohl in der Kirche Saint-Martin de Limoux wie auch an der Kathedrale von Alet klar zu erkennen. Beide Kirchen liegen im Herzen des alten Wisigoten-Reiches

257

Gemeinschaft noch in Klans aufgeteilt und jedem dieser Klans ein Tier als Zeichen (Totem) zugeeignet war.

Aber die Tiernamen, die man ausgewählt hatte, sind besonders aufschlußreich: Der Eingeweihte des ersten Grades hieß «Fuchs», der des zweiten Grades «Wolf». Nur diejenigen, die nach fünf Jahren Probezeit ihr «Meisterstück» vollendet hatten, bekamen die Weihen dritten Grades und wurden «Hunde» genannt.[1] Hunde, genau wie die Cagots: «Hunde der Goten»!

Aber es kommt noch überzeugender. Jene Angehörigen der Bruderschaft, die wie die Cagots von Beruf Zimmerleute waren, erhielten den Namen «Gavots»! Also genau jenen Namen, den man später den Cagots gab, allerdings ohne zu wissen, was er einst wirklich bedeutet hatte.

Wir haben bereits darauf hingewiesen, daß einige Autoren, wie Grasset d'Orcet, die Ansicht vertreten, der Name «Gavot» sei möglicherweise eine Verballhornung des Wortes «Goten».[2] Auf jeden Fall war diese Bezeichnung sowohl eine geographische Einordnung wie eine Einstufung innerhalb der Rangordnung und der Riten der Bruderschaft.

Versuchen wir es zu erklären.

Gavots nannte man die Männer der «Gaves», jener Sturzbäche und Wasserfälle, die von den Berghängen der Pyrenäen herabdonnern. Sie heißen «Gaves», weil ihre Wasser beim Herabstürzen «zwitschern», und «Gaves» ist der Name für Vogelkehlen.[3] Die Gavots sind also auch

---

[1] Die Bezeichnung «Affe» war den Schutzherren, den «Großmeistern» vorbehalten

[2] Siehe Dritter Teil, Kapitel 7

[3] So bedeutet das Verb «gaver» die Nahrungsaufnahme in die «gave» (Kehle)

Menschen, die diese mysteriöse Sprache verstehen, die die Eingeweihten «Vogelsprache» nennen.

Diese «Vogelsprache», von der Rabelais, Cyrano de Bergerac, Jacques Cazotte, Dupont de Nemours, Fulcanelli und einige andere nur in verklausulierten Worten berichten, hat viele Neugierige veranlaßt, sich darüber Gedanken zu machen, und war immer wieder Anlaß zu gewagten Spekulationen.

Allen, die wissen möchten, was man ursprünglich unter der «Vogelsprache» verstand, erkläre ich, daß die Antwort auf diese Frage bei der «Cagoterie» zu finden ist.

Die Lösung findet man ganz exakt im Departement der atlantischen Pyrenäen, in der Nähe von Eaux-Bonnes, einem Dorf, wo der Wasserfall von Velentin – ein Nebenarm des Sturzbachs von Ossau – rauscht und zwitschert. Dieses Dorf, das einst von Cagots bewohnt wurde, trägt heute noch den Namen der alten Goten-Götter.

Der Name des Dorfes: Aas.

Dort leben noch die letzten der *silurs* (Berghirten).

Zur Zeit gibt es in Aas nur noch dreißig *silurs*. In einigen Jahren wird es wahrscheinlich gar keinen mehr geben.

Silurs heißen jene Berghirten, die die Vogelsprache in ihrer ursprünglichen Form noch beherrschen: Sie verständigen sich untereinander durch ein moduliertes Pfeifen.

Jeder Pfeifton ist eine Silbe, aus deren Gesamtheit sich ganze Sätze wie bei einer normalen Sprache bilden lassen.

Diese Pfeifsprache, die es um Aas seit urdenklichen Zeiten gibt, ist für die *silurs* ein ganz normales Mittel der Verständigung. Und dies nicht nur, um knappe Botschaften weiterzugeben, sondern alles, was sich in Worte fassen läßt, kann von ihnen auch gepfiffen werden. Es ist auch keine Einheitssprache, sondern jeder *silur* hat seinen eigenen Stil, durch den er sich von den anderen unterscheidet.

«Das Pfeifen ist sehr viel schwieriger zu erlernen als Englisch», erklären die *silurs* mit Augenzwinkern. Es stimmt, und deshalb bietet es viele Vorteile. Zunächst einmal ist es eine Kommunikationsart, die man anwenden kann, wenn man von Außenstehenden nicht verstanden werden will. So bedienten sich ihrer die *silurs* von Aas während der Résistance vor den Ohren der Nazis und deren französischer Freunde. Außerdem aber ist es die einzige «Telefonsprache» der Welt, denn sie erlaubt Verständigung über Entfernungen von 2,5 Kilometern in der Ebene und von 14 Kilometern in den Bergen: Um dies zu ermöglichen genügt es, mit den Fingern und der Zunge statt mit den Lippen pfeifen zu können.

Silurs gibt es nur noch an drei Stellen auf der Erde: in Aas, auf der kleinen kanarischen Insel Gomera und in einem türkischen Dorf in Kleinasien. Diese Rarität der Pfeifsprache und ihre Besonderheiten waren für Wissenschaftler Grund genug, 1959 ein wissenschaftliches Kolloquium zur Erforschung der gepfiffenen Sprache einzuberufen. Das Kolloquium kam zu einer verblüffenden Erkenntnis: die Sonogramme der *silurs* sind mit denen, die man bei Delphinen registriert hat, identisch.[1]

[1] Das Kolloquium stand unter der Schirmherrschaft der UNESCO. Prof. Busnel, Direktor des Labors für akustische Physiologie der I.N.R.A., ein Spezialist für Tiersprachen, hat die Sonogramme in Aas aufgenommen. Der amerikanische Wissenschaftler W. Batteau hat die Sprache der Delphine «sonographiert»

Das Schlußkommuniqué des Kolloquiums ist noch erstaunlicher:

«Nachdem nicht nur in den Pyrenäen und auf den Kanarischen Inseln, sondern auch in Kleinasien Pfeifer entdeckt wurden, ist die Vermutung erlaubt, daß die gepfiffenen Sprachen einst viel stärker auf der Welt verbreitet waren, als man bisher annahm. Sowohl der Gesang der Vögel wie die akustischen Signale der Delphine und die menschlichen Pfeiftöne sind wahrscheinlich auseinanderentwickelte Zweige einer sehr alten gemeinsamen Wurzel, einer Art von primitivem, universalem Esperanto.[1]

Es ist schon sehr merkwürdig, daß diese modernen wissenschaftlichen Schlußfolgerungen wieder zu jenem alten Thema zurückführen, das den Erforschern primitiver Sprachen schon immer am Herzen lag: der gemeinsame Ursprung von tierischer und menschlicher Sprache. Insbesondere aber der gemeinsame Ursprung bei der Sprache der Menschen und der Delphine, jener Tiere, die eine große symbolische Bedeutung in der antiken Mythologie, in der Alchimie und in der Wappenkunde hatten.

Silures, daran sei in diesem Zusammenhang erinnert, ist der Name jener Fischart, die im Volksmund Katzenfische heißt, aber auch der für die Ureinwohner Galliens! Schließlich sollte man auch daran denken, daß die Volksmärchen rund um den Erdball eine Zeit erwähnen, «als

---

[1] Zusammenfaßender Bericht über das Kolloquium in *Lecture pour tous,* Juli 1967

die Tiere sprachen». Selbstverständlich sprechen die Tiere auch heute noch, zuende ist lediglich die Zeit, in der die Sprache der Tiere vom Menschen verstanden wurde, weil es auch die seine war.

Die «Vogelsprache» kann man weder lesen noch schreiben: Es ist eine rein phonetische Sprache, eine Aus-Sprache, leicht zugänglich für Analphabeten, aber gleichzeitig unverständlich für die Allgemeinheit. Deshalb haben die Hermetisten[1] diese Sprache ohne Schrift «Vogelsprache» oder «Phonetische Kabbala» getauft, da sie ein phonetisches Rätsel ist, das nur Eingeweihte zu lösen in der Lage sind.

Eine solche Sprache für Eingeweihte ist zum Beispiel auch die der Wappen, deren Geheimnis nur für jene offenliegt, welche die heraldische Geheimsprache verstehen. Dieser *argot héraldique* ist auch die Sprache, deren Kenntnis es ermöglicht, die symbolischen Figuren auf den gotischen Kathedralen zu deuten. Und das ist kein Zufall!

Was bedeutet eigentlich *argot* genau?

Schlagen wir irgendein Wörterbuch, z. B. den Quillet, unter dem Stichwort «argot» auf, dann lesen wir:

ARGOT (Ursprung unbekannt). Eine Sprache, die von bestimmten sozialen oder berufsständischen Gruppen aus gemeinsamer Übereinkunft benutzt wird. Das Wort Argot bezeichnete früher die arme Bevölkerung, später die Sprache, die sie gebrauchten, wenn sie von niemand anderem verstanden

---

[1] Hermetisten: Wissenschaftler, deren Spezialgebiet verschlüsselte und geheime Schriften sind

werden wollten. Argot wird außerdem die «langue verte» (grüne Sprache) genannt (etwa zu vergleichen mit unserem «Rotwelsch» = Gaunersprache, A. d. Ü).

Diese Angaben helfen uns bei der Suche nach dem Ursprung des Wortes «argot» nicht weiter. Auch wenn wir den des Wortes «gueux» (arm) suchen, läßt uns der Quillet im Stich. Auch hinter diesem Stichwort steht «Ursprung unbekannt». Doch die Herausgeber des Quillet haben zu früh gepaßt! Die Erklärung, die sie geben, ermöglicht es, den Ursprung festzustellen.
Das Wort «argot» bezeichnete also zuerst eine Volksgruppe, bevor es nur für deren Sprache gebraucht wurde. Welche Volksgruppe war das? Die Gruppe der «gueux», der Armen. Wer aber können diese Gueux oder Argots gewesen sein?
Jawohl, ursprünglich waren es ganz einfach die Goten. Und hier ist die Erklärung dafür:
1. Das Wort «Gueux» wurde gelegentlich für die Bezeichnung «Goten» verwendet; das läßt sich aus der Geschichte der Ortsnamen nachweisen. So findet man im *Dictionnaire des noms de lieux de France* (Nachschlagewerk für die Ortsnamen in Frankreich) von Dauzat und Rostaing folgendes:
MONTGUEUX (Aude). 1152 erwähnt unter den Namen *Mons Gothorum*: Berg der Goten.
2. «Argot» ist aus den deutschen Worten *arg = schlau (z. B.: ein arger Fuchs* bei Goethe) und Gote gebildet und bedeutet also: schlauer, gerissener Gote.
So wie «le français» einerseits «der Franzose» bedeutet, aber auch «die französische Sprache» meinen kann, kann

auch «l'argot» einst ebenso «der arge Gote» bedeutet haben als auch seine für Fremde unverständliche Sprache. Argot wurde dann zur Bezeichnung für die ebenfalls unverständliche Sprache der Baumeister und Bauhütten, die die Tradition der «schlauen Goten» fortsetzten. Später dann nannte man die Geheimsprache der Cagoterie «Argot», und noch später übernahm man den Ausdruck für die verschlüsselte Sprache, mit der sich die Angehörigen der «coterie» verständigten. Coterie war die Bezeichnung für Freimaurer-Logen.[1]

Immer war das Argot eine Sprache für Eingeweihte, eine «grüne Sprache», denn grün ist die Farbe der Eingeweihten. Und genau wie aus den «Devoirants» die «Dévorants» wurden, entstand durch ein Wortspiel aus der «coterie» die «gotherie».

Und damit ist der sprachliche Unterbau für die Deutung des Begriffs «gotische Kunst» geschaffen: Die gotische Kunst ist eigentlich eine argotische Kunst, also eine Kunst für Eingeweihte.

---

[1] Im Altfranzösischen bedeutete «cote» eine Holzhütte. Die Unterkünfte (loges) der Zimmerleute, Steinmetze und Bildhauer, die sie für sich auf den Bauplätzen der Kathedralen errichteten, waren solche Holzhütten. Deshalb sprechen deutsche Freimaurer von ihren «Logen», französische von ihrer «coterie». (In der Kunstgeschichte sprechen wir vom Stil einer bestimmten «Bauhütte»)

9. Kapitel

Das Pendel Salomos und die Tiergeschichte von Asgard

Die Cagots könnten die Nachkommen eines vorgeschichtlichen Volkes gewesen sein, das eine spezielle Begabung für die Errichtung von Bauten gehabt und sich die Kenntnisse der «Vogelsprache» bewahrt hatte. Dieser Volksstamm hatte sich den Goten auf ihren Wanderungen angeschlossen und unter deren Aufsicht bestimmte architektonische Arbeiten übernommen.

Die erst kürzlich erfolgte Entdeckung von Pfeifern in einem Dorf in Kleinasien, in einer Gegend also, in der sich die Goten aufgehalten hatten, ist eine weitere Bestätigung für diese Annahme. Genauso wie die Existenz von Pfeifern auf den Kanarischen Inseln, denn bereits ein altes occitanisches Sprichwort besagt:

Andurans e Canarie
Tot aquo son que Cagoterie
(Andorra und Kanarische Inseln,
Nur dort gibt es Cagots)

Auch in jenen Gegenden der Pyrenäen, in denen die Cagots lebten, finden sich zahlreiche Ortsnamen gotischen Ursprungs; die Anwesenheit der Cagots in diesem Gebiet ist demnach eine Folge des vorherigen Aufenthalts der Goten.

Auch scheint es, als ob die Bruderschaft, oder richtiger:

der Zweig, der sich «Kinder Salomos» nannte, der direkte Nachfolger der Cagots aus den Pyrenäen war. Er hat das Erbe bestimmter Kenntnisse der Goten weitergetragen. Die Angehörigen dieser Bruderschaft waren die Erbauer der Kathedralen, die heute gotisch genannt werden. Es ist sicher kein Zufall, daß sich die älteste gotische Kathedrale auf französischem Boden, nämlich die von Agen, im Gebiet von Occitanien befindet.[1]

Wir sind auch überzeugt, daß die alte Schrift und der alte Glaube der Goten in versteckter Form weitergelebt haben bis zu den Erbauern der Kathedralen. So verbinden sich die einzelnen Glieder zu einer Kette, die die Goten mit der gotischen Kunst verbindet.

Dies alles bleibt eine Vermutung, wenn es nicht gelingt, die Annahme durch Belege zu erhärten.

Die Wiege der Goten war Asien oder das Land der Asen, unter dem man in der Antike das Gebiet zwischen dem Don und dem Indus verstand. Die Asen waren also die ersten Götter der Goten und die Asinnen ihre ersten Göttinnen. Aber die Goten hatten auch für den Esel den Namen *Asil,* so daß zwischen dem Namen ihrer Götter und dem des Esels Wortspiele möglich waren.

Man soll nun nicht gleich vermuten – obgleich es nicht ganz abwegig wäre –, daß dieses Wortspiel an einen primitiven Esels-Gott erinnert haben könnte. Auf keinen Fall war dieses Wortspiel abwertend, denn in Asien war der Esel ein heiliges Tier. In der Madras, der am höchsten entwickelten Gegend Indiens, rühmten sich die Angehörigen der königlichen Kaste der Cavanadongs, von einem

---

[1] Über die Kathedrale Saint-Caprais in Agen siehe in der gleichen Reihe *Les secrets des bâtisseurs* von Maurice Vieux

Esel abzustammen, und waren überzeugt, daß sie bei der Wiedergeburt die Gestalt eines Esels haben würden. In Lydien[1] war Midas ein Esels-König, ebenso wie Godea in Mesopotamien. Dem Esel wurden hellseherische Fähigkeiten nachgesagt, auch behauptete man, er könne sprechen, so wie im 22. Kapitel des Buches Numeri (Drittes Buch Mose) von der Eselin Balaam berichtet wird, die sprechen konnte, nachdem sie einen Engel gesehen hatte. Erinnern wir in diesem Zusammenhang an den *Asilu-Kairnus*, den Stein des Esels in der gotischen Kathedrale von Lund in Schweden. Auch er war ja in Wirklichkeit ein Stein der Asen. Es war eben ein Wortspiel, für die Goten selbstverständlich und alltäglich. Denken wir auch daran, was die Edda-Sagas berichten: Der gotische Held Sigurd – aus dem die deutschen Dichter des Mittelalters und später Richard Wagner Siegfried gemacht haben – verstand die «Sprache der Vögel» im Wald.[2]

Sicherlich haben die Goten das Wortspiel Ase-Asinus häufig angewendet, nachdem sie durch den Kontakt mit den Römern lateinische Vokabeln kennengelernt hatten. Auch nachdem sie Arianer geworden waren, vergaßen sie ihre alten Götter nicht, und später, als sie auf occitanischem Gebiet seßhaft geworden waren, konnten sie das Wortspiel sogar noch weitertreiben, denn in der Langue d'oc heißt der Esel *Ase*.

[1] Lydien: im Altertum Landschaft und Königreich im westl. Kleinasien

[2] Mehr über den gotischen Ursprung der Sage von Siegfried in dem Buch *Le message des Nibelungen* von Helmut Bernot, Ed. Laffont. (In diesem Zusammenhang kann man auch auf die zahlreichen katholischen Legenden verweisen, nach denen Heilige mit Vögeln zu reden verstanden)

Schauen wir uns einmal eine Karte der Pyrenäen an. Auf den ersten Blick erkennen wir, daß sich viele Ortsnamen auf die beiden sich ablösenden Religionen der Goten beziehen: auf den Asen-Kult und auf den Arianismus. Es gibt die Orte Aas und Assat an der Atlantik-Küste der Pyrenäen, Azet in dem oberen Teil der Pyrenäen, Azas im oberen Teil der Garonne usw. Wir entdecken die Arrious-Brücke (Brücke des Arius) an der atlantischen Küste der Pyrenäen, den Ort Camparan *(Camparianum = Feld der Arianer)*, den Pic de Lary (Gipfel der Arianer), Saint-Lary in den oberen Pyrenäen, und so weiter …

Aber auch die Ortsnamen, die sich auf die Gavots beziehen, sind nicht weniger zahlreich: Gabas, Gabat und Gabaston in den atlantischen Pyrenäen, Gavarnie und den Lac de Gaube in den oberen Pyrenäen und andere.

Am interessantesten aber ist die Feststellung, daß sich Ortsnamen gotischen Ursprungs immer in unmittelbarer Nachbarschaft von solchen Orten befinden, wo Bauwerke der Gavots – der Cagots oder der Angehörigen der Bruderschaft – stehen.

Im Wörterbuch der Ortsnamen wird z. B. die Herkunft des Namens Aas, jenes Dorfes, in dem die letzten *silurs* leben, so beschrieben:

> «Der Ortsname stammt von dem germanischen Männernamen Aason her, was wiederum von der Götterbezeichnung Ase abgeleitet ist.»

Unter diesem Blickpunkt kann man die Wasserfälle der «Großen Buche» («Grand Hêtre»), wenige Kilometer südlich von Aas, nicht unerwähnt lassen, erinnert ihr Name doch an die kosmische «Große Buche» Ygdrasil der Edda. Etwas weiter südlich von ihr gibt es den Pont d'Arrious oder die Arius-Brücke.

Zwischen Cadéac und Tramesaigues, deren Kirchen von den Gavots erbaut wurden, liegen dicht beieinander Camparan, Azet und Saint-Lary.

Oberhalb von Gavernie, dessen Kirche ebenfalls von den Gavots erbaut wurde, erhebt sich der Pic de Lary.

Oberhalb von Cauteret, einer Stadt, die von den Gavots gegründet wurde, liegt der Lac der Gaube. An den Ufern dieses Sees hat Heinrich Heine (1797–1856) die Atta Trolls, die Zwerge der Edda angesiedelt.[1] Das kann doch wohl kaum ein Zufall sein!

Genau so wenig wie es Zufall sein kann, daß in dieser Gegend, in der sich so viele gotische Bauwerke befinden, auch zahlreiche Ortsnamen gotischen Ursprungs sind.

Wie bereits erwähnt, kommt außerdem hinzu, daß die meisten Bauwerke, die von «Gavots» errichtet wurden, sich an den Pilgerstraßen über die Pyrenäen nach Compostela befinden oder zumindest in deren unmittelbarer Nähe. Verfolgt man diese Wege weiter nach Spanien, passiert man eine Fülle wisigotischer Kirchen und Kapellen.

Diese Pilgerreisen nach Compostela hat der Wisigote Witiza (750–821), Abt von Aniane im Hérault, der spätere heilige Benedikt von Aniane, initiiert.

Die Heiligsprechung durch die Kirche hat ihn jedoch keineswegs daran gehindert, alles andere als ein Musterbeispiel an orthodoxer Frömmigkeit zu sein. Als echter Vertreter der Toleranz seines Volkes war er Zeit seines Lebens ein Verfechter des religiösen Synkretismus.[2] Er war es auch, der die Vereinigung des Benediktinerordens

---

[1] Atta-Troll, Versepos Heinrich Heines, das sich gegen den Dichter Ferdinand Freiligrath richtete

[2] Synkretismus: Verschmelzung verschiedener Lehren

mit den irischen Mönchen vom Heiligen Columban, in deren Reihen viele ehemalige Druiden waren, betrieb und schließlich erreichte. So ermöglichte er eine Synthese aus keltischer, gotischer und christlicher Lehre.

Diese Mischung der Lehren spiegelt sich wider in jener Kunst, die man die «romanische Kunst der Sonne» nennt. Denn der Orden, der sich aus dieser Fusion gebildet hatte, war allen handwerklichen Arbeiten sehr zugetan und entwickelte in der Zeit der Karolinger ein starkes Interesse an allem, was mit Architektur zu tun hatte.

In seinem Buch *Le compagnonnage et les métiers* (Die Bruderschaft und die Berufe) hat Luc Benoist, Ehren-Konservator der französischen Museen, darauf hingewiesen, daß rund um die Klöster «Handwerker zehn verschiedener Fachgebiete lebten und viele von ihnen gotischer Herkunft waren. Ähnlich wie die römischen Handwerkskollegien schlossen auch sie sich zu berufsständischen Gruppen zusammen.»

Mit vollem Recht schreibt Louis Charpentier:

«Nur durch die Wisigoten wurde auf diesem Weg (dem nach Compostela) die Überlieferung an die in ihrem Beruf als Baumeister Eingeweihten weitergegeben.»

Die gemeinsame Legende von den Ursprüngen sowohl der Cagots wie der Angehörigen der Bruderschaften macht beide, wie bereits erwähnt, zu Nachfolgern der Erbauer des Tempels von Salomo. Es ist nicht verwunderlich, daß diese Legende aufkam, wenn man bedenkt, welch bedeutende Rolle der Schatz aus dem Tempel Salomos in der Geschichte der Wisigoten von Spanien und Occitanien gespielt hat. Wahrscheinlich waren sie seine letzten Besitzer, und die Legende über die Herkunft

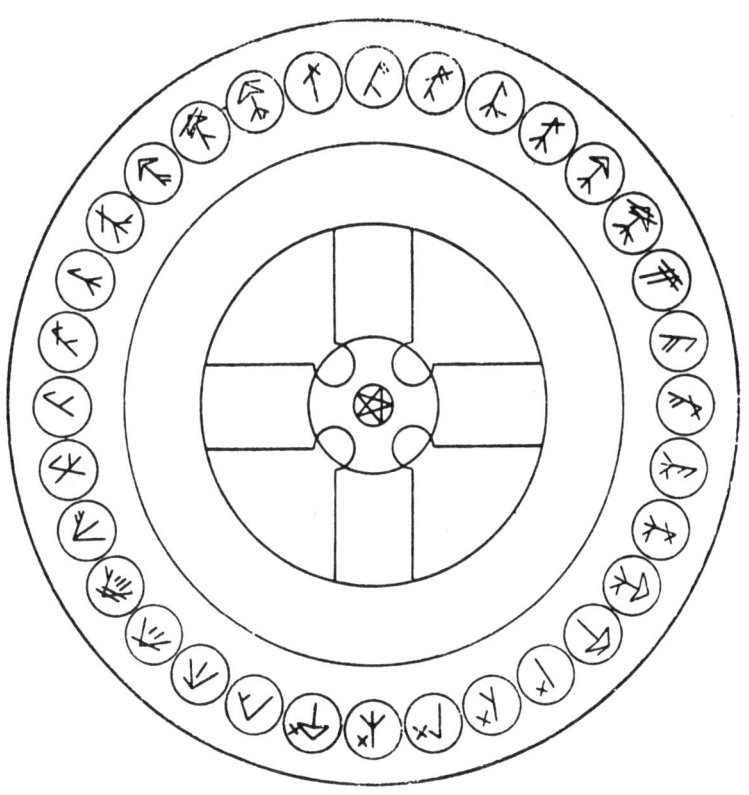

Das «Pendel Salomos», so wie es am Anfang des gleichnamigen Buches abgebildet ist. In diesem Werk des Mitglieds einer Bruderschaft, Raoul Vergez (Verlag Julliard 1957), heißt es dazu:
«Dieses Zeichen ist ebenfalls unter den Namen *Der Weg nach Compostela* bekannt. Man findet es auf vielen Kirchenfassaden in den Pyrenäen: in Saint-Savin, in Tramesaigues, in Aucun, in Gavarnie, in Cadéac, in Aragnouet. Einst zeigte es den *Jacquaires* den Weg bis zum Paß von Gavarnie. Doch dieses Zeichen trug, wie erst später bekannt wurde, noch einen anderen Namen. Einen ungewöhnlichen Namen: *Das Pendel Salomos.*

der Baumeister, die in einer wisigotischen Umwelt arbeiteten, läßt ja beide Möglichkeiten offen: Es kann sich sowohl um den realen Schatz handeln, den Alarich eroberte, wie auch um den Schatz an Erfahrungen, mit deren Hilfe es überhaupt erst möglich war, einen solchen Tempel zu errichten.

Aber der überzeugendste Beweis dafür, daß die Überlieferung der Goten über die Cagots an die Bruderschaften weitergegeben wurde, ist das Emblem, in dem die gesamte Tradition der Bruderschaft eingeschlossen ist und das das «Pendel Salomos» oder «Weg nach Compostela» genannt wird.

Dieses Emblem basiert auf der Kombination des Kreuzes mit einem Kreis und enthält die 32 Buchstaben des Geheim-Alphabets der Bruderschaft. Untersucht man diese Buchstaben, so entdeckt man, daß sie alle Runen sind oder aus zwei Runen zusammengesetzt wurden:

BUCHSTABEN AUF DEM PENDEL SALOMOS	RUNEN

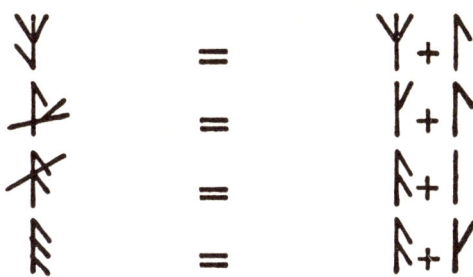

und so weiter.

Das «Pendel Salomos» (von dem die Mitglieder der Bruderschaft behaupteten, es weise den Weg nach Compostela, daher sein anderer Name) findet man in zahlreichen Kirchen der Pyrenäen, besonders markant in der von Saint-Savin, die, wie erwähnt, von den Cagots errichtet wurde.

Wer war eigentlich dieser heilige Savin?

Eine nicht näher zu bestimmende, um nicht zu sagen, eine legendäre Figur. Erst nach seiner Heiligsprechung hat man sich viel Mühe gegeben, eine Biographie zusammenzubasteln, aus der aber auch nicht viel mehr hervorgeht, als daß er im 4. Jahrhundert in Barcelona geboren wurde, eine Reise nach Poitiers unternahm und danach Einsiedler in den Pyrenäen wurde. Praktisch bleibt also nur sein Name, der uns vielleicht weiterhelfen könnte.

Die Kirche kennt den heiligen Sava, einen Goten, der besonders in den Balkanländern verehrt wird. Er war ein großer Märtyrer und wurde in einem Nebenfluß der Donau ertränkt, der seitdem seinen Namen trägt: die Save. Die Wisigoten haben die Erinnerung an ihn bei ihren Wanderungen bis nach Occitanien weitergetragen, denn ein Nebenfluß des Gers heißt ebenfalls Save. Auch eine heilige Savine gibt es, die aus Ravenna stammte, der Hauptstadt der Goten Italiens. Was nun den Namen Save betrifft, so bedeutet er in der Langue d'oc, der Sprache Occitaniens, nichts weiter als «der Weise» *(savi)*.

Was folgt daraus? Der heilige Savin ist eine erfundene Figur; er ist der weise Gote. Mit anderen Worten: Der Heilige ist das personifizierte Sinnbild für die Wisigoten. Kein Wunder also, daß die «Hunde der Goten» im 8. Jahrhundert in jenem Land, in dem einst die Wisigoten herrschten, eine Kirche zu seinen Ehren errichtet haben. Wie von selbst fügt sich hier eins ins andere.

Nachdem erwiesen ist, daß die Bruderschaft über die Cagots die heiligen alten Schriftzeichen der Goten übernommen und sich diese für die eigene Verwendung zurechtgeformt haben, liegt es nahe, daß sie auch von den religiösen Auffassungen der Goten beeinflußt worden sind.

Diese religiöse Richtung, im alten Asen-Kult wurzelnd, war in die arianische Ketzerei eingemündet. Eine Ketzerei, die – wie bereits erwähnt – hauptsächlich darin bestand, daß sie die Göttlichkeit Christi leugnete.

Tatsächlich kann man die «Kinder Salomos» als Nachkommen der arianischen Ketzer bezeichnen.

Hören wir, was zu diesem Thema Albert Bernet, ein führender Freimaurer, zu sagen hat. Seine Ausführungen sind von besonderem Wert, da er vor dem letzten Weltkrieg der Großmeister der «Compagnons Étrangers du Devoir de Liberté» war:

«Der (Logen)-Zweig der «Étrangers du Devoir de Liberté» ist der älteste Zweig der Bruderschaft. Die Bezeichnung «étranger» (Fremder) wurde ihm verliehen, weil in ihn Männer aller Nationalitäten und Glaubensrichtungen aufgenommen wurden. Als das Christentum sich durchzusetzen begann, war dieser Zweig durchaus bereit, die moralischen Wertmaßstäbe Jesu anzuerkennen, aber er weigerte sich, ihn Gott gleichzusetzen. Die «Étrangers» waren die ersten, an die der Ruf erging, Kathedralen zu errichten.»[1]

Diese Bruderschaft existierte bis zur Revolution 1789 als Geheimbund. Auch im Kaiserreich mußte sie sich verbergen, bis das Gesetz «Le Chapelier» 1830 in Kraft trat. Diese Existenz im Verborgenen war das Schicksal der Bruderschaft, weil sie gegen alle gleichmacherischen Tendenzen Stellung bezog. Aus diesem Grund hat auch das Königtum zwischen dem 14. und 17. Jahrhundert nicht weniger als 13 Verbote gegen die Bruderschaft verhängt.

Vor allem aber blieben sie im dunkeln, weil die besondere Art ihrer Riten und Gebräuche und vor allem ihre Heterodoxie[2] von der Obrigkeit nicht geduldet wurden. Lange vor dem Staat hatte bereits die Kirche die Bruderschaft verurteilt. Zum ersten Mal bereits im 10. Jahrhundert. Die Gründe für die Ablehnung sind bezeichnend: 1386 hält das Konzil von Lavaur der Bruderschaft vor, «Eide, Beschwörungen und Symbole» zu verwenden; 1655 erklären Theologen der Sorbonne, daß die Angehörigen der Bruderschaft «Gott lästern, ihre Mitglieder aus Spott taufen und noch andere Zeremonien und seltsame Zusammenkünfte ihrer Zunft nach teuflischen Lehren begehen». Schlußfolgerung: «Wer in die Bruderschaft eintritt, begeht eine Todsünde.»

[1] Albert Bernet: Joli-Coeur de Pouyastruc, Paris 1928
[2] Heterodoxie: Gegensatz zur allgemeinen kirchlichen (orthodoxen) Lehre

Verblüffend, daß sich unter diesen Umständen die Kirche nicht scheute, die Bruderschaft aufzurufen, Kathedralen zu bauen. Aber es gibt dafür einen einleuchtenden Grund: Alle qualifizierten Handwerker für solche Bauvorhaben waren in der Bruderschaft zusammengeschlossen, die sich dadurch eine Monopolstellung geschaffen hatte, an der auch die Kirche nicht vorbeikam.

Die Folge dieser Situation war, daß gotische Kathedralen entstanden, was in diesem Fall nichts anderes heißt, als daß in diesen Bauwerken auf verschlüsselte Art andere als die offiziellen religiösen Botschaften miteingearbeitet wurden. Solche nämlich, die ihre Wurzeln im alten Asen-Kult hatten.

Schon im Taufbecken der Kirche Saint-Jean zu Poitiers, das aus wisigotischer Zeit stammt (6. Jahrhundert), sind die Runen ᚾ, die Wotan bezeichnet, und ↑ für Tyr in den Stein gehauen. Im Alphabet der Bruderschaft zum Pendel Salomos erscheint die Rune ᚨ, die Ase bedeutet. Mehr noch, die Zahl der Buchstaben dieses neuen Runen-Alphabets entspricht genau der Anzahl der Asen, nämlich 32.[1] Auch das Emblem der Bruderschaft – das Winkelmaß und der Zirkel, die sich kreuzen – aus dem später das Freimaurer-Zeichen ✕✕ wurde, ergibt eine Reihe, die aus der Rune *othal* ✕✕✕✕ gebildet wird. Man findet sie z. B. an folgenden Bauwerken, die *alle* – das sei ausdrücklich vermerkt – sich an Orten befinden, in denen sich einst die Goten festgesetzt hatten:

---

[1] Von den drei *aettir* der alten Runen (3 mal 8) wechselte man später zu vier *aettir* (4 mal 8). Die *aettir* entsprechen den «Vierteln» der Himmelsaufteilung, durch die der Himmel in 32 «Grade» aufgeteilt werden kann

An Rundbögen:
- LE PUY: im Kreuzgang der Kathedrale und Kirche Saint-Michel d'Aiguille.
- SAINTES: in der Kirche Notre-Dame.
- CHARENTE-MARITIME: in der Kirche von Lorignac.
- SPANIEN: in der Kirche San Pedro von Besalu.
- SCHWEDEN: in der Krypta der Kathedrale von Lund.

Auf Altären:
- DÄNEMARK: in der Kirche von Lijsberg (zu besichtigen im Museum von Kopenhagen).

An Kirchenfenstern:
- SCHWEDEN: in der Kirche von Ethelhem.

Doch sind damit längst noch nicht alle aufgezählt.

Die Rune ⋈ ,*dag,* die «Tag» bedeutet, entdeckt man am Westportal der Kathedrale von Autun, außerdem ist sie gleich zweimal in der Kathedrale von Chartres angebracht: in der Empore der Saint Prat-Kapelle, die von einem Engel oder einem Menschen getragen wird, Symbol für den Apostel Matthäus, dem «Initiator»[1], und auf der alten Empore, die von einem Löwen getragen wird, dem Symbol des Apostels Markus.

Würde nur eine einzige Rune allein, zum Beispiel die Rune *othal* für Wotan, verwendet werden, könnte man dies für eine unterbewußte Rückerinnerung halten, die lediglich dekorativen Zwecken dient. Aber dem ist nicht so. Meist sind mehrere Runen zu einer ikonographischen Gesamtheit zusammengefügt, die einen klaren Sinn

---

[1] Das Evangelium nach Matthäus ist das Eröffnungsevangelium des Neuen Testaments. Der Name Matthäus weist auf die Mathematik (griechisch: *mathesis*) hin. Deshalb macht die Evangelisten-Legende aus Matthäus den «Buchhalter des Schatzes»

ergibt. Das ist ganz deutlich bei dem *Codex Vigilanus* der Fall, der in der Kirche des heiligen Laurentius im Eskorial erhalten ist.

Der Kopf Christi befindet sich in der Mitte eines Heiligenscheins, der die Form der Rune ◊ *inngws* hat. Diese Rune ist dem Asen Ingus gewidmet. In seiner linken Hand hält der Christus die Rune ✕ *giba,* durch die der Gedanke der Gabe und der Großzügigkeit ausgedrückt wurde. Außerdem ist er von sechs Runen ✳ umgeben, die den Süßwasserfisch bezeichnen und dadurch an das Monogramm Christi erinnern. Schließlich entdeckt man oberhalb des Christuskopfes den Buchstaben A, der jedoch so gezeichnet ist, daß er auch als Symbol eines sich kreuzenden Zirkels und Winkelmaßes gedeutet werden kann.

Die alten Götter konnten getrost sterben, denn das Volk, aus dem sie einst geboren, hielt die Erinnerung an sie wach, auch lange nachdem sie begraben waren. Schließlich waren sie es, die die erste Seite seines goldenen Buches beschrieben. Auch als die Wisigoten zum Arianismus bekehrt worden waren, blieb die Erinnerung an die alten Nationalgötter wach, denn diese hatten sie über Jahrhunderte begleitet, während der neue Glaube erst kurze Zeit für sie existierte.

Wie richtig diese Feststellung ist, geht auch daraus hervor, daß im Gebiet des alten Occitanien die Orte kaum zu zählen sind, in denen der Name Wotan-Odin vorkommt: Goudon in den Oberen Pyrenäen, Goudou im Oberlauf der Garonne, Goudet am Oberlauf der Loire, Odos in den Oberen Pyrenäen, Odival im Rhonetal, usw. Auch in Portugal haben die Wisigoten zwei Städte gegründet, die sie Braga nannten. Braga war der Sohn Wotans, ein Ase der Dichtkunst und der Beredsamkeit.[1]

Und dies alles zu einer Zeit, als sie bereits Christen waren!

Denn für sie war es selbstverständlich, daß in den neuen Göttern im Grunde die alten – nur mit neuen Namen und in neuer Gestalt – wiederauferstanden waren. Die gesamte Menschheitsgeschichte bestätigt diese Wahrheit, aber man mußte die Wahrheit unterdrücken, weil sie die Erzeuger von Dogmen ganz erheblich störte.

Dies ist auch der Grund, warum in den gotischen Kathedralen die alten Asen nur in verborgener Art durch die ihnen zugeeigneten Tiere zu finden sind. Betrachtet man aus diesem Blickpunkt die Giebelfelder und Kapitelle, so entdeckt man dort die gesamte Tierwelt von Asgard. Und eben diese Tierwelt ist gleichzeitig die Signatur der Bruderschaft, denn von daher stammten ja auch ihre Namensbezeichnungen für den jeweiligen Grad der Weihen.

Beginnen wir mit Wotan, dem «Gott der Raben» *(Ravnegud)*. Seine unverkennbare und traditionelle Darstellung mit den Raben Hugin und Munin, die ihm die Neuigkeiten der weiten Welt ins Ohr krächzen, ist zwar selten, aber zwei Darstellungen gibt es doch in Frankreich:

Zuerst einmal ein bearbeiteter Stein, der aus der alten Abtei von Compiègne stammt und der jetzt in der Antikensammlung in Saint-Germain-en-Laye zu besichtigen ist.

Dann das Fragment eines Bas-Reliefs, das in Alise-Sainte-Reine (Côte-d'Or) aufbewahrt wird und auf dem ein bärtiger Wotan dargestellt ist, der sich die Informationen zweier Raben anhört.

[1] Die Städte Braga und Braganca

Noch einmal: derart eindeutige Darstellungen sind selten, aber das braucht nicht zu verwundern, denn es gehört zu den Regeln des mythologischen Symbolismus, daß man einen Gott meist durch seine Attribute oder durch eine Szene, die an eine allgemein bekannte Episode aus seinem Leben erinnert, darstellt.

So entdeckt man z. B. auf dem Relief an einem Haus in Chartres aus dem 15. Jahrhundert (36, Rue de la Chantault), das einst der «cayenne des Compagnons» war,[1] die Darstellung jener Episode aus der Edda, in der die Raben Hugin und Munin Wotan ein Hemd mit magischen Kräften bringen.

In Brioude, in der Kirche Saint-Julien, sind Hugin und Munin allein dargestellt. Auf dem Südportal der Kirche von Aulnay befinden sie sich in der Gesellschaft von Geri und Treki, Wotans treuer Wölfe. Der Wolf war ja auch das Tier, das die Bruderschaft als Bezeichnung für jene Steinmetze gewählt hatte, die die Weihen zweiten Grades empfangen hatten.

Ein hervorragendes Beispiel für die Erinnerung an die Sagas der Edda und ihre neue Interpretation befindet sich in dem bebilderten Manuskript der Apokalypse des Heiligen Amandus. Auf einer der Zeichnungen sieht man im Mittelpunkt des in Kreisen stehenden Kreuzes Fenrir, den angeketteten Hund aus der Apokalypse der Asen. Fenrir war es auch, der Wotan zerfleischte. Die Abbildung dient im Manuskript zur Illustration jener Johannes-Passage, in der der alte Himmel und die alte Erde dem neuen Himmel und der neuen Erde weichen!

---

[1] Cayenne (von *caya,* Umbildung des spanischen *casa,* Haus): Treffpunkt und Versammlungsraum der Mitglieder der Bruderschaft

Eine aus der gotischen Mythologie «herübergerettete» Symbolfigur:
Der kosmische Wolf Fenrir, der den Weltenzyklus auslöste. (Manuskript der Apokalypse des Heiligen Amandus)

281

Die Asen und die ihnen entsprechenden Göttinnen, die Asinius, wurden durch den Esel dargestellt. Und das nicht nur wegen des gotischen Wortspiels Ase-Asil, auch nicht wegen des gotisch-lateinischen Wortspiels Ase, Asinius-Asinus oder des gotisch-occitanischen Wortspiels Ase-ase, sondern weil in der Figur des Esels für die eben erst zum Christentum bekehrten Goten die alten Gottheiten mit der Figur des Sohnes verschmolzen. Des Sohnes, den sie verehrten, ohne dessen Göttlichkeit anzuerkennen.

Das klingt zunächst merkwürdig und verdient erklärt zu werden.

Für die Zeitgenossen der ersten Christen, und vielleicht sogar für diese selbst, entwickelte sich Jesus zu einem Esels-Gott.

In Syrien fand man eine Terracottafigur, die Jesus mit Eselsohren darstellt, unter seine Arme hat er die Evangelien geklemmt.

1857 fand man in Rom, in der Nähe der Kapelle der heiligen Anastasia, auf dem Westportal des Palatins eine Zeichnung aus dem 3. Jahrhundert nach Christi, die

Christus mit einem Eselskopf am Kreuz zeigt. Ihre Unterschrift lautet: «Alexamenos betet seinen Gott an.» Übrigens wurden in Rom die Christen oft als *asinarii*, als Esels-Anbeter, bezeichnet.

Selbst in jener Zeit, als sich das Christentum – zumindest äußerlich – vollkommen von der orientalischen Mythologie, aus der es einmal entstanden war, gelöst hatte, blieb der Esel das symbolische Tier, das Jesus von der Geburt bis zur Kreuzigung begleitete: Ein Esel wärmt Jesus in der Krippe, trägt ihn als Kind nach Ägypten, und Jesus sitzt auf dem Rücken eines Esels, als er zum Passahfest in Jerusalem einreitet. Die christlichen Apologeten[1] haben nicht versäumt, darauf hinzuweisen, daß das Rückenfell des Esels eine doppelte Streifung in Form eines Kreuzes aufweist.

Aber selbst in seiner «offiziellen» Funktion als Träger des Christus – wodurch die frommen Gefühle nicht verletzt wurden – steht der Esel stellvertretend für das Göttliche. So wie es auf der Terracottafigur in Syrien und auf der Zeichnung in Rom dargestellt ist. Ethnologen wissen genau, daß das Reittier eines Gottes meist nichts anderes ist als die Tiergestalt, die jener Gott ursprünglich selbst hatte, bevor er weiterentwickelt und vergeistigt wurde. Das heißt selbstverständlich nicht, daß die ersten Christen, die schließlich innerhalb der griechisch-römischen Zivilisation lebten, noch Tiere anbeteten, so wie es in früheren Zeiten die primitiven Völker getan hatten. Wenn sie Jesus durch einen Esel darstellten oder auch durch einen Fisch, oder wenn sie jedem der vier Evange-

---

[1] Apologet (griech.): urspr. Verfasser von Schutzschriften oder -reden für einen Angeschuldigten, hier Verteidiger des Christentums in der frühen Kirche (seit Beginn 2. Jahrh.)

listen das seinem Tierkreiszeichen entsprechende Tier beigaben, dann bedeutet dies lediglich, daß sie sich mit den Geheimnissen der Astrologie befaßt hatten, so wie es alle Religionen immer schon getan haben.

Aus dieser Weltschau heraus traten auch die weisen (wisi) und die glänzenden (ostro) Goten dieser neuen Religion bei. Als sie im Orient und in Rom Esels-Christen kennenlernten, als sie hörten, daß Christen als *asinarii* bezeichnet wurden, wußten sie, was damit gemeint war; sie kamen nicht auf die Idee, in Jesus einen Zuchtesel zu sehen, wohl aber einen «Asen».

Deshalb war der Esel für sie nicht nur ein Symbol, bevor sie zum Arianismus bekehrt wurden, sondern blieb es auch danach. Der Erzbischof von Lyon, der heilige Eucher (370–440) und der Erzbischof von Sevilla, der heilige Isidor (570–630), berichten beide davon.

Weiß man dies alles, dann versteht man, wieso der Esel in den gotischen Kathedralen so oft in Stellungen und Rollen gezeigt wird, die keinerlei Bezug zu denen haben, die die christliche Legendenbildung ihm zugesteht.

Diese heterodoxen Darstellungen sind aus dem Geist der Bruderschaft entstanden und finden sich bereits in der «romanischen Kunst der Sonne».

Das überzeugendste Beispiel dafür ist das Mosaik von Lescar. Die Stadt Lescar, bei den Wasserfällen von Pau, existierte bereits im 4. Jahrhundert. Damals hatte sie den iberischen Namen Beneharnum, aus dem sich später Béarn entwickelte. Béarn war die erste Hauptstadt dieser Provinz. 841 wurde sie zerstört, und erst nach ihrem Wiederaufbau nahm sie ihren jetzigen Namen Lescar an. Dieser Name kommt aus dem spanischen Wort *lasca,* was soviel wie «bearbeiteter Stein» bedeutet. Tatsächlich war

Lescar für die Geschicklichkeit seiner Steinmetze bekannt.

Die Kirche von Lescar stammt aus dem 12. Jahrhundert. In ihr gibt es ein Mosaik, das auch heute noch die Archäologen vor ein Rätsel stellt. Jedenfalls die Schul-Archäologen. Denn es bedarf nur geringen Scharfblicks, um die in Bilder umgesetzten Signaturen der Meister des ersten und des zweiten Grades herauszulesen: den Wolf und den Hund. Aber es gibt in dem Mosaik auch ein Tier, das keinem Grad der Bruderschaft entspricht: ein Esel, oder richtiger gesagt, da wir uns ja im Languedoc befinden, ein *Ase*.

Ein Motiv, das unsere besondere Aufmerksamkeit verdient, ist der musizierende Esel. Umso erstaunlicher, weil doch dieses sympathische Tier nun wirklich nicht gerade mit einer besonders melodischen Stimme ausgestattet ist.

Aber es gibt viele musizierende Esel in unseren mittelalterlichen Kirchen: in den romanischen Kirchen wie denen von Broude, Aulnay, Saint-Benoît-sur-Loire ebenso wie in den gotischen von Nantes, Bourges und Chartres.

Der musizierende Esel von Chartres, eine Skulptur auf dem Südturm der Kathedrale, spielt auf der Leier (la vielle). Er ist unter dem Namen «l'Asne qui vielle» (der Esel, der auf der Leier spielt) bekannt. Aber Eingeweihte, die Rätsel und auch Kalauer zu deuten wußten, fanden eine andere Bezeichung für ihn (indem sie lediglich zwei Buchstaben veränderten) «L'Ase qui veille» (der Ase, der wacht).

Im *cursus honorum* erreicht der Esel später eine höhere Stufe in Darstellungen, die ihn sogar als Priester zeigen. Am Straßburger Münster gab es eine Skulptur, die einen

Esel darstellte, der das Evangelium zwischen den Vorderfüßen hielt. Doch das schockierte den oberflächlichen Glauben unwissender Betrachter und man hat die Figur entfernt. Am Südportal der Kirche von Aulnay-de-Saintonge allerdings kann man noch heute einen Esel sehen, der die Messe liest.

Es ist nicht weiter verwunderlich, daß der Esel auch die Eigenschaften eines Lehrers angehängt bekam. Da er sanft und geduldig ist und lange Ohren hat, verfügt er über alle Vorzüge, die einen braven Schulmeister auszeichnen, der zuzuhören versteht. Deshalb erhielt er im 11. Jahrhundert den Namen und den Titel eines Philosophen, von dem behauptet wurde, daß er auf allen Gebieten zuhause sei. Man nannte den Esel damals Maître Aliboron. Dieser Name könnte durch ein Wortspiel aus dem Wort «ellébore» abgeleitet worden sein, denn Ellébore ist der Name einer Pflanze, mit deren Hilfe angeblich Wahnsinnige geheilt werden konnten. Das ergäbe dann folgende Gedankenkette: Der Esel, der auf der untersten Stufe der Leiter zur offiziellen Wahrheit steht, ist in Wirklichkeit für die Eingeweihten der Weise unter den Verrückten.

In Moissac scheint der Esel eine noch höhere Würde erreicht zu haben; dort wird er zum Thron des Herrn. Und, noch bemerkenswerter: Er ist als Thron auf einem Wandbild dargestellt, das unter dem Motto «Der Sturz

287 Dieser musizierende Esel ist Heimdall, der weiße Ase, der mit seiner Trompete den Wechsel der Weltzyklen ankündigt. Er sitzt auf dem Kessel Thors und lehnt sich an ein Trinkhorn an. Unter ihm tanzen die «Affen», d.h. die Großmeister (im Sprachgebrauch der Bruderschaft)

der Idole» steht. Er gehört also nicht zu den falschen Göttern, die das Christentum verbannt hat und die gestürzt werden, sondern ganz im Gegenteil, er wird zum Thron des Gottes der Christenheit.

Was diese Allegorie ausdrücken will, liegt auf der Hand. Aber sie wird noch klarer, wenn wir uns erinnern, daß Moussac mitten im Languedoc liegt, wo der Esel – wir erwähnten es bereits –*Ase* genannt wird und wo das Wort *troun* zwei verschiedene Bedeutungen hat: einmal kann es Thron, zum anderen aber auch Donner (tonnerre) bedeuten. Jetzt erst wird richtig klar, daß hinter diesem Esels-Thron durch den Doppelsinn der Ase des Donners versteckt ist.

Doch es kommt noch besser: Im Mittelalter übernahm an einem Tag im Jahr, zur Zeit der Wintersonnenwende, in allen gotischen Kathedralen der *Ase* wieder insgesamt jene Funktionen, die er einst im alten Glauben der Goten inne gehabt hatte; es war dies der Tag der Esels-Messe.

Überall wurde diese Messe zelebriert. Von Notre-Dame bis Bayonne, von Beauvais bis Autun, von Rouen bis Laon, von Évreux bis Sens. Zwar konnte das Ritual dieser eigenartigen Zeremonie in den einzelnen Kathedralen gewisse Abweichungen zeigen, die aber nur bewiesen, mit welchem Eifer und Enthusiasmus das Volk daran teilnahm und dieses Fest seinen landschaftlichen Gewohnheiten anpaßte. In der großen Linie aber verlief die Messe überall gleich: Ein Esel wurde feierlich in die Kathedrale geführt, wo man zu seinen Ehren die heilige Messe sang.

Wir besitzen das Ritual dieser Messe, an dem vor allem verblüfft, daß es von Pierre de Corbeil niedergeschrieben wurde. Er war von 1194 bis 1212 Erzbischof von Sens!

So war der Ablauf: Beim Betreten der Kathedrale war der Esel mit einem prunkvollen, goldenen Mantel bekleidet, dessen Schleppe von den vier bedeutendsten Mitgliedern des Kapitels getragen wurde. Nachdem er seinen Platz im Chorgestühl eingenommen hatte, begann die Messe mit einem lateinischen Kirchenlied, das der gesamte Klerus anstimmte:

Orietis partibus
Adventavit asinus
pulcher et fortissimus.
Saltu vincit hinnulos,
Damos et capricolos.

(Aus dem Orient ist uns ein Esel erschienen, schön und sehr mächtig. Er hat alle Rehkälber, Hirsche und Rehböcke besiegt.)
Danach stimmte die Gemeinde ein französisches Lied an, das folgende Zeilen hatte:

Hez, Sire Asne, car chantez,
Belle bouche rechignez,
Vous aurez du foin assez
Et de l'avoine à planter.
He, Herr Esel, los, gesungen,
Macht kein mürrisches Maul.
Ihr werdet genug Heu bekommen,
Und Hafer pflanzen wir für euch auch an.

Nach der Introduktion, dem Kyrie und dem Credo schrien die Gläubigen für den Esel die Antwort: «Hi han!» (was etwa unserem «ia, ia» entspricht). Nach der

Verlesung einer Bibelstelle pries der Priester «diese Macht des Esels, der die Kirche das Gold des Landes Saba verdankt».

Danach sang man erneut:

> *C'est un beau jour, le plus beau des beaux jours;*
> *C'est une belle fête, c'est la fête des fêtes;*
> *C'est un noble jour, le plus noble des nobles jours,*
> *Le diadème rutilant des jours.*
> *Deo gratias! Ite missa est. Hi han!*
> Es ist ein schöner Tag, der schönste der
>   schönen Tage;
> Es ist ein schönes Fest, es ist das Fest der Feste;
> Es ist ein edler Tag, der edelste der edlen Tage,
> Das glänzende Diadem aller Tage.
> Deo gratias! Ite missa est. Hi han!

Und zum letzten Mal antworteten die Gläubigen: Hi han! Hi han, Hi han!

Der Tanz der Elfen. Auszug aus dem *Aufriß der Geschichte der Goten* von Olaus Magnus (1658)
Auf dieser «christianisierten» Darstellung sind die Elfen maskiert oder tragen Hörnermützen (Narrenkappen) wie beim «Fest der Verrückten»

Moderne katholische Exegeten haben es nicht verwinden können, daß es eine derartige Zeremonie gegeben hat, und mit allen erdenklichen intellektuellen Drehungen und Windungen haben sie versucht, dafür eine Erklärung zu finden. Vergeblich, denn ihnen fehlten die Verbindungsglieder, um dieses Rätsel zu lösen. Der Domherr Lambin schloß seine Untersuchungen mit den Worten: «Wir müssen unsere Unkenntnis der wahren Bedeutung dieser Eselsmesse bekennen.»

Die Eselsmesse wurde durch eine genauso seltsame Zeremonie abgeschlossen: durch das «Fest der Verrückten», das aus vielen ausgefallenen Spässen und groben Zweideutigkeiten bestand.

In Dijon zog die «Mère Folle» (Verrückte Mutter) auf einem weißen Esel durch die Straßen der Stadt. Vor ihr wurde eine Fahne geschwenkt, auf der eine sitzende Frau mit einer Narrenkappe abgebildet war. Unter ihrem Rock krochen unzählige kleine «Verrückte» hervor. Ihr folgte der Hofstaat und die Garde, die von der «Infanterie aus Dijon» gebildet wurde. Das Ganze war ein Mummenschanz, ein Karnevalsscherz, durch den die Jungfrau, das Kind und der Esel verspottet wurden. Die Eingeweihten verstanden ihn sehr wohl.[1]

In Rouen, Évreux und Lisieux führte man am 11. Juni, dem Namenstag des Heiligen Barnabas (ein Heiliger, den man um Regen bittet), auf einem prächtig geschmückten Wagen eine burleske Figur spazieren. Sie hatte die Mitra auf dem Kopf und trug ein Kreuz. Diese Figur hieß: der Abt der Gehörnten.

---

[1] Im Spanischen und im Portugiesischen bedeutet das Wort *infanteria* sowohl «Infanterie» wie «Krippe»

In anderen Städten wurden die niederen Kirchendiener (sous-diacres) mit Weinresten begoßen, was ihnen den Spitznamen «saouls diacres» (besoffene Kirchendiener) einbrachte.

In verschiedenen weiteren Städten war die Hauptperson des Maskenzugs ein Beamter der Stadtverwaltung, komisch mit einer grünen Toga verkleidet, der genau wie Jesus auf einem Esel ritt. Man nannte ihn den «Fiscal Vert»[1] (Grüner Fiskus). Auch in dieser Bezeichnung steckt eine Anspielung auf die Worte «Fils» (Sohn) und «Calvaire» (Golgotha). Eine Anspielung, die allen, die die «langue verte» (grüne Sprache, siehe Seite 263f.) beherrschten, nicht entgehen konnte.

Woher stammten diese «Feste der Verrückten»?

Sie scheinen tatsächlich auf jene merkwürdigen Zeremonien zurückzugehen, die besonders in Chartres veranstaltet wurden und die Rouillard, ein Historiker des 17. Jahrhunderts und Verfasser der *Parthénie,* beschreibt. Ganz offensichtlich enthielten sie Erinnerungen an Bräuche zu Ehren Odins.

Dies war die Zeremonie von Chartres: Im Monat der Goten (15. Februar bis 15. März) feierten der Bischof, die Domherren und die Nonnen von Saint-Fort[2] ein Bankett, in dessen Verlauf sehr viel starkes Bier getrunken wurde, das *bugelâtre* hieß. Dazu gab es *corneau,* ein Haferbrot. Sowohl vom Bier wie vom Brot hieß es, daß sie außerordentliche Kräfte schenkten.

---

[1] Das Wort *Fiscus* kommt aus dem lateinischen, wo es *Korb* bedeutete. Zuerst bezeichnete man damit den Privatschatz eines Herrschers. In Spanien heißt noch heute der Staatsanwalt *fiscal*

[2] Die Schwarze Madonna von Chartres wurde im Brunnen von Saint-Forts gefunden

Bemerkenswert ist, daß beide Worte aus dem Skandinavischen kommen: *Bugelâtre* = Bygglaudr (Gerstenschaum) und *corneau* = corn-ôll (Haferkeim).

Wenn alle Gäste ordentlich betrunken waren, stiegen die Nonnen von Saint-Fort auf einen Wagen und kutschierten übers Land, um die Saat zu segnen, gefolgt von einer Prozession von Gläubigen. Der Bischof und die Domherren gingen wild tanzend dem Wagen voraus und machten tausend Späße. Zu diesem Anlaß erhielt der Bischof den Titel *praesul,* ein lateinisches Wort, was soviel heißt wie «der, der voraustanzt». Oder er wurde *api* genannt, was auf alt-skandinavisch «Der Verrückte» bedeutet.

Die Zeremonie endete mit der Rückkehr in die Kathedrale, auf deren Altar die Nonnen von Saint-Fort Kuhmilch segneten und dabei den «Tanz der Hauben» aufführten, in dessen Verlauf sie hauchdünne Taschentücher in die Luft warfen.

Von diesen alten Fruchtbarkeitsbräuchen findet sich später viel in dem burlesken Gehabe des «Festes der Verrückten» wieder. So wurde aus dem alten Abt der *corneaux* der Abt der Cornards.

Aber für die meisten war der ursprüngliche Sinn der Zeremonie verloren gegangen; nur die Eingeweihten verstanden noch die Hintergründe der Wortspiele.

Nur wenigen war noch klar, daß die Esels-Messe und das Fest der Verrückten die Apotheose, die Verehrung des Argot war, der *art goth,* der gotischen Kunst.

Bibliographie

ABADAL DE LAS VINHYAS: *Del reino de Tolosa la reino de Toledo*, Madrid 1960

AMARDEL (G.): *Le «théta» des inscriptions monétaires des Goths*, 1899
Les derniers chefs goths de la Septimanie, Narbonne 1901

AMADOR DE LOS BIOS (J.): *El arte latino-bisantino en Espana y las coronas visigodas de Guarrazar*, Madrid 1861

BARRIÈRE-FLAVY: *Les arts industriels des peuples barbares de la Gaule*

BAYE (F. DE): *Les tombeaux des Goths de Crimée*, Nogent-le-Rotrou 1908

BOYER (R.) ET LOT-FALK (E.): *Les religions de L'Europe du Nord*, Paris 1975

BRANSTON (B.): *Gods of the North*, London 1955

BURGESS (J.) ET BAGWANLAL INDRAGI: *Inscriptions from the cave-temples of western India*, Bombay 1881

CHUECA-GOITIA (F.): *Historia de la arquitectura espanola, edad antigua y edad media*, Madrid 1965

DELGADO, DIOS DE LA RADO, GUERRA ET HINOJOSA: *Historia de la invasion de los pueblos germanicos* (2 vol.), Madrid 1897

DESDEVISES DU DÉZERT: *Les Wisigoths*, Caën 1891

DORLIAT (M.): *L'architecture espagnole*, Toulouse 1966

FEIST (S.): *Vergleichendes Wörterbuch der gotischen Sprachen*, Leiden 1939

FRANKS (SIR A. W.): *On a ring with a runic inscription*

HALPHEN (L.): *Les Barbares*, Paris 1948

HUGUES (J. F.): *Gothic legends*, London 1809

JAFFUS (F.): *La Cité de Carcassonne a-t-elle renfermé une partie des trésors du temple de Jérusalem?* Carcassonne 1867

JELLINEK (M. H.): *Geschichte der gotischen Sprache*, Berlin 1926

JORDANES: *De Origine et Actibus Getorum*

KONOW (S.): *Goths in ancient India*, London 1912

295

LAMBERT (E.): *La tradition wisigothique en Occident et dans l'art omeyiade espagnol*, Toulouse 1953

LASTEYRIE (F. DE): *Description du trésor de Guarrazar?* Paris 1860

LE BLANT (F.): *Histoire d'un soldat goth et d'une jeune fille d'Edesse*, Paris 1881

MADRAZO (P. DE): *Orfebreria de la epoca visigoda*, Madrid 1879

MENENDEZ PIDAL: *Historia de Espana*, Madrid 1940
   Leyandas del ultimo rey godo, Madrid 1901

MOSSE (F.): *Manuel de la langue gothique*, Paris 1961

ODOBESCU (A.): *Le trésor de Petroasa* (2 vol.), Paris 1900

OXTERNSTIERN (E.): *Die Urheimat der Goten*, Leipzig 1948

PALOL (P. DE): *L'art, en Espagne, du royaume wisigoth à la fin de l'époque romane*, Paris 1967

PEREZ PUJOL: *Historia de las instituciones de la Espana goda* (4 vol.), Madrid 1896

RENAULD-KRANTZ: *Anthologie de la poésie nordique ancienne*, Paris 1964

SCHUTTE (G.): *Our forefathers the gothic nations*, Cambridge 1933

SVENNUNG (J.): *Jordanes und Scandia*, Stockholm 1967
   Zur Geschichte des Gotizismus, Stockholm 1967

THOMPSON (E. A.): *The Wisigoths in the time of Wulfila*, Oxford 1966

VELTHEYME VELTEN (H. DE): *Studies in the gothic vocabulary*, Urbana (Illinois) 1930

VERNADSKI: *The origins of Russia*, Oxford 1959

WRANGEL (E.): *Det Medeltida Bildskåpel*, Lund 1913
   Luns Dembynkas, Lund 1923